111 GRÜNDE, EDWARD SNOWDEN ZU UNTERSTÜTZEN

Marc Halupczok

111 GRÜNDE, EDWARD SNOWDEN ZU UNTERSTÜTZEN

Eine Hommage an den wichtigsten Whistleblower der Welt

SCHWARZKOPF & SCHWARZKOPF

INHALT

Edward Joseph Snowden – Held oder Verräter?

Als der ehemalige CIA-Mitarbeiter und Computerexperte Edward Snowden zwischen dem 1. und 6. Juni 2013 den *Guardian*-Reportern Glenn Greenwald und Ewen MacAskill sowie der Filmemacherin Laura Poitras diverse Geheimdokumente überreichte und ein ausführliches Interview gab, trat er damit eine Lawine los, deren Auswirkungen die Weltpolitik und das Leben jedes Einzelnen bis heute beeinflussen. Snowden enthüllte, dass der US-Auslandsgeheimdienst NSA (National Security Agency) gemeinsam mit den britischen Kollegen vom GCHQ (Government Communications Headquarters) seit mindestens 2007 verdachtsunabhängig Daten der Telekommunikation und aus dem Internet sammelt. Jeder einzelne Bürger in unzähligen Ländern, auch in Deutschland, war und ist davon betroffen. Die Enthüllungen lösten weltweites Entsetzen aus. Und bis heute kommen täglich neue Details ans Licht. Snowden hingegen musste nach seinen Enthüllungen untertauchen und versteckt sich in Russland. Auch viele Monate nach seinem »Outing« ist nicht klar, ob und wann er jemals wieder in seine Heimat zurückkehren kann und was dann mit ihm geschieht.

111 Gründe, Edward Snowden zu unterstützen beleuchtet das Phänomen des Whistleblowers aus North Carolina näher. Ist er ein moderner Held oder ein Verräter? Ein Samariter, dem es um das Gemeinwohl und sein Gewissen geht? Oder ein nach Öffentlichkeit strebender Nerd? Wie konnte aus dem blassen, von seinen früheren Nachbarn als »netter Junge« beschriebenen Computerfreak einer der meistgesuchten Menschen der Welt werden? Welche beruflichen und familiären Hintergründe führten dazu, dass Snowden diesen mutigen Schritt machte und dabei alles aufs Spiel setzte? Wer sind seine Gegenspieler? Und welchen Einfluss haben Snowdens Enthüllungen auf unseren Alltag?

111 Gründe, Edward Snowden zu unterstützen beschäftigt sich mit dem Leben des Whistleblowers, verfolgt auch manch auf den ersten Blick abwegig erscheinende Spur bis nach Bietigheim-Bissingen und bringt den Menschen Edward Snowden näher. Dabei soll der Humor nicht zu kurz kommen. Denn bei aller Tragik, die diesem Thema innewohnt, gibt es auch komische Seiten. Wer hätte zum Beispiel jemals geglaubt, dass eines Tages die gesamte Welt atemlos an den Lippen von Hans-Christian Ströbele hängen würde?

Marc Halupczok

PS: Dem Autor ist die Ironie, dass die Recherchearbeit für dieses Buch zu großen Teilen via Telefon, E-Mail, Internet und diverse Online-Mediatheken lief, durchaus bewusst.

KAPITEL 1

PRIVATES – AUF DEN SPUREN DES WHISTLEBLOWERS

GRUND 1

Weil er aus dem Staat der »Teerfersen« stammt

Doch, in North Carolina lässt es sich recht gut leben. Das dachten sich zumindest Edward Snowdens Eltern Lonnie und Wendy, weshalb Letztgenannte ihren Sohn in genau diesem Staat am 21. Juni 1983 zur Welt brachte. North Carolina liegt an der Ostküste, grenzt im Norden an Virginia und im Süden, Überraschung, an South Carolina. In Sachen Flora und Fauna ist es für ein Kleinkind hier zwar nicht ganz ungefährlich (es gibt Alligatoren, Bären und fleischfressende Pflanzen), und im Bible Belt zu wohnen ist grundsätzlich auch nicht jedermanns Sache. Im Großen und Ganzen soll sich Snowden aber ziemlich wohlgefühlt haben. North Carolina ist die Geburtsstätte des ländlich geprägten Blues, es gibt den Great-Smoky-Mountains-Nationalpark, hier wurde 1893 das Getränk Pepsi vom einheimischen Apotheker Caleb Bradham erfunden, und eine kulinarische Spezialität der Region heißt Livermush, eine Mischung aus Schweineleber, Teilen des Schweinekopfes und Maismehl. Je nach Zubereitung sieht das Zeug aus wie die weißrussische Kopie einer deutschen Leberwurst oder ein seit Stunden vor sich hin brutzelnder Leberkäse, für den man in Bayern wahrscheinlich auf der Stelle hingerichtet werden würde. Lecker!

Snowden wurde in Elizabeth City geboren, einem Städtchen mit rund 20.000 Einwohnern. Seine Kindheit und Jugend verbrachte er allerdings im weiter südlich gelegenen und circa fünfmal so großen Wilmington direkt an der Atlantikküste, wo seine Großeltern, eine Tante und ein Cousin bis heute wohnen. Natürlich wurden sie nach Snowdens Enthüllungen sofort von der Presse belagert, hielten allerdings erstaunlich dicht. Wilmington, die Heimat der weltbekannten Venusfliegenfalle, ist gleich aus verschiedenen Gründen besonders. Hier fand am 10. November 1898 zum Beispiel der einzige erfolgreiche Staatsstreich in der Geschichte der USA statt (wenn man die beiden gewonnenen Präsidentschaftswahlen von George W. Bush nicht dazurechnet). 1.500 weiße Rassisten, aufgestachelt von Wirtschaftsbossen und Politikern, griffen ein von Schwarzen geführtes Bürogebäude an, in dem die Zeitung *Wilmington Daily Record* verlegt wurde. Sie verjagten die demokratisch gewählte Stadtverwaltung und brachten diverse farbige Mitbürger um. Verschiedene Quellen sprechen von bis zu 100 Opfern, mehrere Tausend verließen in den folgenden Tagen und Wochen die Stadt. Konsequenzen hatten die Aufständischen, die sich bei ihren Taten zum Teil gegenseitig fotografierten, nicht zu fürchten. Seit 2008 erinnern ein Park und ein Denkmal an die damaligen Unruhen.

In den 1980er-Jahren entdeckte dann Hollywood das Städtchen am Cape Fear River und machte den Ort nach Los Angeles und New York zur drittwichtigsten Filmmetropole des ganzen Staates. Hier entstanden in den folgenden Jahren diverse Blockbuster und erfolgreiche Serien wie *Kap der Angst*, *The Crow – Die Krähe*, *Matlock* oder *Dawson's Creek*. Wir haben also den Staatsstreich auf der einen und diverse Schauplätze für Kriminalfilme und -serien auf der anderen Seite. Und starb nicht auch Brandon Lee, Hauptdarsteller in *The Crow*, während der Dreharbeiten 1993 in Wilmington durch äußerst mysteriöse Umstände (durch das Fragment einer Pistolenkugelattrappe)? Das alles geschah in unmittelbarer Nachbarschaft zu Snowden. Seltsam, dass darauf noch kein Boulevardblatt angesprungen ist.

Zurück zum Staat North Carolina, der unter anderem auch »Staat der Teerfersen« genannt wird, seine Einwohner »Tar Heels«, also »Teerfersen«. Das klingt erst mal nicht sonderlich nett, hat allerdings historische Hintergründe. Denn in den vergangenen Jahrhunderten lebten große Teile der Bevölkerung von der Teer- und Terpentingewinnung aus den weitläufigen Kiefernwäldern des Staates. Und wer da kein festes Schuhwerk trug, holte sich schnell schwarze Füße. Der Ausdruck tauchte zum ersten Mal Ende des

19. Jahrhunderts auf und hat sich bis heute gehalten. Der offizielle Trinkspruch, der an den Universitäten des Staates nachgesprochen wird, heißt dann auch »The Tar Heel Toast«. In den USA ist die Bezeichnung sehr verbreitet, allerdings weiß kaum jemand, woher sie stammt. Snowden ist also eine »Teerferse«, wie auch die Schauspielerin Ava Gardner, die Sängerin Tori Amos, der Schmonzettenschriftsteller Nicholas Sparks oder die Boxlegende Sugar Ray Leonard. Ansonsten sieht es in Sachen Sport in North Carolina eher mau aus. Okay, die in den USA sehr populäre NASCAR-Rennserie hat hier ihre Heimat. Aber viel mehr sportliche Vorbilder hätte sich Snowden in unmittelbarer Umgebung gar nicht suchen können, weshalb er seine Freizeit trotz des sprichwörtlich sonnigen Wetters des Staates lieber vor dem Computer verbrachte. Mit den bekannten Ergebnissen.

GRUND 2

Weil er mit zweitem Vornamen Joseph heißt

»Namen sind Schall und Rauch«, meinte Johann Wolfgang von Goethe und stellte sich damit offen gegen den römischen Dichter Titus Maccius Plautus, der in ferner Vergangenheit behauptete, »Nomen est omen«, also »Der Name ist ein Zeichen«. In diesem Fall müssen wir uns, auch wenn es manchem nicht leichtfallen wird, auf die Seite des Norditalieners stellen. Denn Snowden hätte von seinen Eltern Lonnie und Wendy gar nicht passender getauft werden können.

Das bezieht sich vor allem auf den zweiten Vornamen, der eine besondere Bedeutung hat. Und damit ist die biblische gemeint, die natürlich auf der Hand liegt. Die Liste wichtiger, einflussreicher und geheimnisvoller Männer reicht von Josef von Nazareth, der die (von wem auch immer) schwangere Maria ehelichte und sich dann irgendwie klammheimlich aus der Jesus-Geschichte verabschiedete, über Josef, der als einer der Stammväter Israels gilt, bis hin zu Josef von Arimathäa, der seine Finger beim Verstecken des Heiligen Grals im Spiel gehabt haben soll. Und hätten sich die ausführenden Behördenmitarbeiter in den USA diese Kleinigkeit gemerkt, dann wäre Snowden wahrscheinlich gar nicht bis Russland gekommen, sondern hätte gleich von Hongkong aus (unter freundlichem Druck einiger Geheimdienstmitarbeiter) die Heimreise antreten müssen. Denn anders als häufig dargestellt, wäre Hongkong unter gewissen Umständen bereit gewesen, den Whistleblower an die USA auszuliefern. Das Magazin *Stern* berichtet jedenfalls von einem Tweet, der tief blicken lässt.[1] Absender der Kurznachricht war Justizstaatssekretär Rimsky Yuen, der so verriet, dass der Auslieferungsantrag fehlerhaft gewesen sei. Denn Snowden hatte sich in Hongkong mit dem Vornamen Edward Joseph ausgewiesen. Im Antrag der US-Behörden, in dem der Name mehrfach auftauchte, stand entweder James oder nur J. Das geht so natürlich nicht, also wiesen die Behörden den Antrag zurück, und Snowden konnte gen Russland entkommen. Andere Quellen sprechen davon, dass auf dem Antrag zudem die Passnummer fehlte. Da kann ja jeder kommen. Ein Hoch auf die Bürokratie!

Während Snowdens erster Vorname Edward nicht viel hergibt, hat der Nachname des Whistleblowers eine lange Tradition. Er bedeutet übersetzt so viel wie »verschneite Spitze«. »Snowden« leitet sich vom Begriff »Snowdon« ab, was ebenfalls »verschneite Spitze« oder »Berg« heißt. Die höchste Erhebung in Wales trägt diesen Namen. Und diese liegt im Snowdonia-Nationalpark. Ob das britische GCHQ (Government Communications Headquarters; zu Deutsch: Regierungskommunikationshauptquartier) schon überlegt, den Berg samt Nationalpark umzubenennen, um nicht an den Feind Nummer eins zu erinnern, ist nicht bekannt. Im alten England wurde der Name »Snowden« auch als Vorname für Jungen verwendet. Wer noch weiter zurückgeht, landet beim altnordischen »Snode«, was so viel wie »Mütze« oder »Kapuze« bedeutet. Andere Experten meinen, »Snode« hätte ursprünglich »glatt« oder »ohne Haare« bedeutet, was am Ende allerdings wieder auf das Gleiche herauskommt. Der Name war vor allem in Nord- und Mittelengland sowie in Schottland verbreitet. So trug das heute als »Stirling Castle« bekannte Schloss nordwestlich von Edinburgh in früheren Zeiten angeblich den Namen »Snowdoun«. Auf dem Gebiet der heutigen USA tauchte der Name nachweislich erstmals im 17. Jahrhundert auf.

Wer die Adelshistorie mag und gerne Sendungen mit Rolf Seelmann-Eggebert schaut, wird vielleicht auch wissen, dass die 2002 verstorbene Prinzessin Margaret (die kleine Schwester von Elisabeth II. und Tochter von König George VI) den Titel »Countess of Snowdon« trug. Den hatte sie erworben, weil sie 1960 den bürgerlichen Fotografen Antony Armstrong-Jones ehelichte und dieser dringend einen Titel brauchte. Da das britische Königshaus für solche Eventualitäten immer ein paar unbenutzte Titel in der Schublade liegen hat, wurde aus Antony der Earl, also quasi ein Graf, auch wenn sich die beiden 1978 wieder scheiden ließen. Als 1st Earl of Snowdon lebt Armstrong-Jones bis heute in London, interessiert die Öffentlichkeit allerdings wenig. Schade ist jedoch, dass seine Exfrau, die deutlich mehr im Rampenlicht stand, nicht mehr lebt. Denn die englische Boulevard-Presse hätte sicher einige schöne Wortspiele und Bezüge zwischen Prinzessin Margaret und dem Whistleblower hergestellt, über die sich vielleicht sogar Edward amüsiert hätte.

GRUND 3

Weil er seine Jugend mit *Tekken* und *Final Fantasy* zugebracht hat

Wer in den Siebzigern geboren wurde, hatte das Glück, die erste Generation der Heimcomputer mitzuerleben. Man denke nur an die Atari 400/800er-Reihe oder den legendären Commodore 16. Heutige Jugendliche können anhand der damals abrufbaren Möglichkeiten natürlich nur müde grinsen. Unter fotorealistisch läuft seit einigen Jahren gar nichts mehr. Edward Snowden aber wurde 1983 geboren und wuchs demnach in einer Zeit auf, in der die ersten Kinderkrankheiten der Heimcomputer zwar schon Geschichte waren, die Möglichkeiten aber immer noch begrenzt.

Der junge Edward begeisterte sich laut übereinstimmenden Medienberichten schon sehr früh für Computer, bastelte an verschiedenen Modellen herum und versuchte zu verstehen, wie diese Dinger eigentlich genau funktionieren. Er war aber kein hackendes Wunderkind, sondern ein durchschnittlicher Teenager. Und die wollen vornehmlich zocken. Zu seinen Lieblingsspielen gehörte die legendäre *Tekken*-Reihe. Der erste Teil des Spiels erschien 1994 sowohl als Spielautomat als auch für die erste Generation der Playstation. Das Spiel gehört zu den Begründern des 3D-Beat-'em-up-Genres; *Tekken* ist japanisch für »Schlagring«. Inhaltlich geht es um das »The King Of Iron Fist Tournament«, ein hartes Turnier für die besten Kombattanten der Welt. Was auf den ersten Blick wie ein simples Kampf-Spiel aussieht, erweist sich bei genauerem Hinschauen als recht tiefgründig, da alle Kämpfer eine Geschichte haben und miteinander in Beziehung stehen. Unter dem Strich geht es um Familienfehden, Rache und Ehre. Die bis heute fortgeführte Reihe schaffte es im Laufe der Zeit auch ins Kino. Da Snowden als Kind ein großer Fan von japanischen Anime-Serien gewesen sein soll, also durchaus ein passendes Spiel.

Ein weiterer Favorit des jungen Snowden war das Spiel *Final Fantasy*, das ebenfalls japanische Wurzeln hat und bereits 1987 auf den Markt kam. In dem Rollenspiel-Klassiker, der es bis heute auf insgesamt 14 Fortsetzungen und mehrere Filme gebracht hat, wurde ein simples Gut-Böse-Schema etabliert, in dem der Spieler seine heile Welt vor dem Eingreifen übermächtiger dunkler Mächte schützt. Dabei sieht es zu Beginn grundsätzlich so aus, als hätte er keine Chance. Mit geschickten Spielzügen lässt sich das Schicksal aber drehen. Von der NSA war damals allerdings noch keine Rede.

Natürlich versuchten Hobbypsychologen sofort nach Bekanntwerden dieser Tatsachen eine Verbindung zwischen den Spielen und Snowdens späterem Lebensweg zu ziehen, und schnell stand die Frage im Raum, ob es in den Spielen Elemente gab, die die Entwicklung des jungen Snowden zum Whistleblower gefördert oder gar hervorgerufen haben könnten. Wie bei Attentätern, bei denen auch erst die Festplatte nach »auffälliger« Musik und Spielen durchsucht wird, bevor man sich um zerrüttete Familienverhältnisse, seelische Defekte und Drogenprobleme kümmert, wurde eine schnelle Antwort gefunden: *Tekken* und *Final Fantasy* könnten durchaus solche Elemente enthalten haben. Möglich, aber die sind in Grimms Märchen ebenfalls zu finden. Denn auch dort versucht das Gute oft gegen das scheinbar unbesiegbare Böse zu gewinnen, was nicht selten gelingt. Aber deshalb rufen die Gebrüder Grimm noch nicht zum Datenklau auf. Abgesehen davon, würden diese (aus heutiger Sicht völlig harmlosen) Spiele eine solche Wirkung erzielen, die Welt wäre voll von Attentätern und Whistleblowern. Schließlich wurden von *Tekken* im Laufe der Zeit über 27 Millionen Exemplare verkauft, *Final Fantasy* bringt es sogar auf über 100 Millionen Stück. Und nicht wenige der Käufer werden sich, wie Snowden, die Nächte um die Ohren geschlagen haben, um in fremde Welten abzutauchen. Deshalb müssen diese Menschen aber noch nicht an Realitätsverlust leiden. Genauso wenig wie jeder *Fifa*-Spieler im späteren Leben Fußballstar wurde. Schade, eigentlich.

GRUND 4

Weil er ein Scheidungskind ist

In Industriestaaten wie Deutschland, der Schweiz oder den Vereinigten Staaten liegt die Scheidungsrate bei rund 50 Prozent. Keine schöne Sache, aber wohl nicht zu ändern. Oder doch? In den USA wurde vor einigen Jahren eine Initiative gegründet, die es sich zur Aufgabe gemacht hat, möglichst viele Ehen zu retten.[2] Mit erstaunlichem Erfolg. In Kansas City, dem Geburtsort der Initiative, wurde die Scheidungsrate um 70 Prozent gesenkt. Beteiligt sind Pastoren, aber auch Privatpersonen, die sich zu sogenannten »Marriage Savers« (Ehe-Rettern) ausbilden lassen können. Der Erfolg gibt den Organisatoren recht, mittlerweile gibt es in über 200 Städten der USA ähnliche Initiativen.

Ob sie auch Lonnie und Wendy Snowden, Edwards Eltern, geholfen hätte, ist Spekulation. Ihre Ehe ging jedenfalls in die Brüche. Die beiden hatten sich an der Northeastern Highschool in Elizabeth City kennengelernt und mit 18 Jahren (im Jahr 1979) geheiratet. Die Scheidung fand im Jahr 2001 statt, Lonnie heiratete später wieder und lebt seitdem mit seiner zweiten Ehefrau Karen in Pennsylvania. Zum Zeitpunkt der Scheidung war Edward 18 Jahre alt. Ein Jahr später kaufte Wendy ein kleines Häuschen in Maryland, in dem Edward für die nächsten zwei Jahre alleine lebte (für kurze Zeit wahrscheinlich mit einem Mitbewohner), bevor sie selbst einzog. Wie die Internetseite *Bloomberg* berichtet, schaute Mama Wendy einmal die Woche mit Lebensmitteln vorbei.[3] Eine Nachbarin will beobachtet haben, dass Edward nur sehr wenig Besuch bekam. Einzig eine junge Dame mit einem Kennzeichen aus Virginia war regelmäßig zu Gast. Woraus wir zweierlei lernen: In den USA sind die Nachbarn genauso neugierig wie hierzulande. Und Edward Snowden ließ es sich scheinbar gut gehen. Inklusive

Damenbesuch und Essen frei Haus. Depressionen, eine der häufigsten Erkrankungen von Kindern und Jugendlichen, deren Eltern sich scheiden lassen, hatte Edward vermutlich nicht. Dann schon eher einen übersteigerten Geltungsdrang, was ebenfalls von einer Scheidung herrühren kann. Nicht wenige Gegner werfen Snowden genau das vor. Aber die NSA-Affäre jetzt auf Lonnie und Wendy zu schieben, wäre ein bisschen arg einfach. Es sei denn, die Nachbarn erzählen etwas anderes.

GRUND 5

Weil er O'ahu, Hawaii, gegen Moskau, Russland, getauscht hat

Als Edward Snowden Anfang Juni 2013 in Hongkong seine Identität als Whistleblower enthüllte, war ihm klar, dass er damit sein bisheriges Leben über Bord wirft. Einige Tage später erwirkte das FBI den zu erwartenden Haftbefehl gegen Snowden, der ihm unter anderem Spionage vorwirft. Snowden machte sich am 23. Juni auf den Weg nach Russland, von wo aus er in ein Drittland (vermutlich Ecuador) weiterreisen wollte, um dort Asyl zu beantragen. Snowden landete auf dem Flughafen Moskau-Scheremetjewo und hat seit diesem Tag (Stand: Februar 2014) russischen Boden nicht mehr verlassen. Erst hielt er sich im Transitbereich des riesigen Geländes auf, dann tauchte er an einem unbekannten Ort, vermutlich im Großraum Moskau, unter. Eine große Umstellung für den Whistleblower, wie folgender Vergleich der beiden Wohnorte beweist.

O'ahu wurde im Jahr 1778 von James Cook und seiner Crew entdeckt, aber nicht betreten. Die ersten Europäer setzten erst rund ein Jahr später einen Fuß auf das Eiland, wo sie auf die eingeborenen Polynesier trafen. Die Insel bietet heute etwa einer Million

Menschen Heimat, die meisten davon wohnen in Honolulu (rund 337.000), welches gleichzeitig Hauptstadt des US-Staates Hawaii ist. Snowden lebte im 34.000-Seelen-Örtchen Waipahu, wo er ein hellblaues Haus mit 145 Quadratmetern Wohnfläche gemietet hatte. Nach seiner Flucht wurde die Immobilie für 555.000 US-Dollar zum Kauf angeboten. Von Waipahu aus sind sowohl die Innenstadt von Honolulu als auch der Militärstützpunkt Pearl Harbor innerhalb weniger Minuten zu erreichen. Und auch in puncto Wetter gibt es nicht viel zu meckern. Auf der tropischen Insel O'ahu liegt das Jahresmittel bei etwa 27 Grad Celsius, Waikiki (heute ein Stadtteil von Honolulu) gehört zu den regenärmsten Orten der ganzen Welt. Das hat Einfluss auf das Lebensgefühl und die Freizeitgestaltung. So wurde der Lanikai-Strand im Osten der Insel 2008 von *National Geographic* auf Platz fünf der schönsten Plätze auf diesem Planeten gewählt. Einige der bekanntesten Surf-Gebiete der Welt liegen ebenfalls auf beziehungsweise vor O'ahu.

Im rund 1.000 Quadratkilometer größeren Moskau sucht man den Strand hingegen etwas länger. Ist er dann endlich gefunden (es gibt durchaus Badeseen und Strände in und um Moskau), will sich das tropische Lebensgefühl doch nicht so ganz einstellen. Und das trotz 35 Grad Celsius, die im Sommer keine Seltenheit sind. Irgendwie fehlen die Palmen. Und die vielen verwilderten Hunde, die eher an Wölfe erinnern, trüben das Badevergnügen. Auch sind viele der Strände ziemlich vermüllt. Aber Snowdens Gesichtsfarbe nach zu urteilen ist er eh kein großer Freund von Outdoor-Aktivitäten. Vielleicht kommt ihm das Wetter im 1147 auf älteren Siedlungen gegründeten Moskau sogar entgegen. Allerdings leben hier über elf Millionen Menschen; Zählt man das Umland dazu, sind es sogar über 15 Millionen. Es herrscht also ein wenig mehr Betrieb als auf O'ahu. Moskau liegt in der kühlgemäßigten Klimazone mit Kontinentalklima, im Jahresdurchschnitt herrschen hier 5,4 Grad Celsius, im Winter geht es auch schon mal auf minus 20 Grad in den Keller. Der Niederschlag ist mit rund 700 Millimetern im Jahr recht hoch, ungefähr vergleichbar mit Hamburg. Es bleibt also zu hoffen, dass Snowden ein paar Jacken und Socken mehr eingepackt hat. Wenn möglich, auch ein wenig Bargeld. Denn Moskau ist aktuell die drittteuerste Stadt der Welt. Laut der Webseite Russian Sphinx kostet eine etwa 120 Quadratmeter große Wohnung im Stadtzentrum rund eine Million Dollar. Dafür hätte Snowden auf O'ahu einen Palast samt eigenem Sicherheitspersonal kaufen können.

Unterm Strich hat der Whistleblower einen interessanten Tausch vollzogen. Vom tropischen Paradies in die Heimat der Zaren. Moskau bietet zwar kulturell (Museen, Ausstellungen, Konzerte etc.) mehr Ablenkung als die kleine Insel O'ahu. Aber weitere Vorteile lassen sich beim besten Willen nicht ausmachen. Wäre da nicht dieser Haftbefehl, Snowden würde wahrscheinlich höchstpersönlich das Kerosin für den Heimatflug aus anderen Jets saugen. Aber so bleibt er in der kühlen Obhut von Putin und seinem FSB. Eine skurrile Situation. Hätte man einem US-Amerikaner vor 30 Jahren erzählt, dass sich ein Landsmann in Moskau verkriecht, weil er für die Freiheit der Welt eintritt, man hätte wahrscheinlich in den Lauf eines Revolvers geschaut. Oder zumindest in ein ungläubig schauendes Gesicht.

GRUND 6

Weil er eine Mischung aus Stephen Hawking und Bruce Lee ist

In der Öffentlichkeit wird Edward Snowden gerne so dargestellt, als hätte er sein Leben, mit Ausnahme seiner letzten Freundin Lindsay, mehr oder minder alleine verbracht. Er selbst trug zu diesem Bild bei, zum Beispiel ließ er vor vielen Jahren in einem Online-Forum wissen, dass nicht mal Gott wissen solle, wo er sich aufhält. Zu diesem Zeitpunkt war Snowden gerade mal 20 Jahre alt. Aber im Sommer 2013 tauchte plötzlich eine junge Dame auf, die sich als ehemalige Arbeitskollegin von Snowden ausgab und ihn in seiner Zeit in Genf (von Sommer 2007 bis Anfang 2009) kennengelernt hatte. Ihr Name: Mavanee Anderson. Ihr Ziel: das Bild des Whistleblowers in der Öffentlichkeit ein wenig geradezurücken. Deshalb schrieb sie einen Kommentar in der *Chattanooga Free Press*, der sich streckenweise fast wie ein Liebesbrief anhört. Anders als die meisten Kollegen von Snowden arbeitete Anderson nie direkt für die CIA oder den NSA (was sie genau tat, verrät sie nicht), unterliege also auch keiner Geheimhaltung. Hierin, so glaubt die junge Dame, liegt der Hauptgrund, warum nicht mehr ehemalige Weggefährten eine Lanze für den früheren Geheimdienstmitarbeiter brechen.

Unter anderem beschreibt Anderson in ihrem Kommentar Snowden als »klug, liebenswürdig und ehrlich. Er sprach sehr oft darüber, dass er die Highschool nicht abgeschlossen hatte (…). Er ist ein Computer-Zauberer – ich persönlich habe ihn immer als Genie gesehen –, der sich das meiste selbst beigebracht hat. Dabei ist er introvertiert und neigt wahrscheinlich ein wenig zum Grübeln. Eben die Art von Mensch, die sehr lange und intensiv nachdenkt, bevor sie eine Entscheidung fällt.«[4] Doch Mavanee möchte nicht als Plaudertasche dastehen und hält fest: »Er besitzt ein paar Fähigkeiten und Talente, die ich nicht mitteilen möchte. Denn momentan befindet er sich auf der Flucht. Ich werde nichts über ihn enthüllen, was die, die ihm Böses wollen, gegen ihn verwenden könnten.«[5] Was natürlich neugierig macht. Welche Fähigkeiten besitzt Snowden? Kann er fliegen? Durch Wände gehen? Das Internet verschwinden lassen? Letztgenanntes wahrscheinlich schon. Doch Mavanee spendiert uns noch einen Blick in die geheime Welt von Edward S.: »Ed ist interessant und brillant. Er beherrscht die Kampfkünste und nimmt an vielen Veranstaltungen dieser Art teil. Ich weiß, dass er jedes Jahr am chinesischen Neujahrsfest mit seinem Verein an Umzügen teilgenommen hat. Einmal gab er mir sogar eine kleine Einführung. Ich war überrascht über seine Fähigkeiten und amüsiert darüber, dass er mit einem Neuling nicht sonderlich nachsichtig umging.«[6] Zum Abschluss wird es wieder etwas romantischer: »Ich wünschte, ich könnte bei ihm sein und ihm irgendwie helfen oder ihn schützen. Hoffentlich kann ich ihm bald folgende Nachricht übermitteln: Ich denke an dich und feuere dich an. Und ich bin stolz auf dich.«[7]

Wer so schön schreibt, hat auch eine Antwort verdient. Zwar nicht vom Angeschmachteten, sondern nur vom Autor dieses Buches, aber vielleicht besser als nichts:

»Liebe Mavanee, sollte Ed Snowden wirklich die von dir beschriebene Mischung aus Stephen Hawking und Bruce Lee sein, wird er sicher einen Weg finden, den Kontakt zu dir wieder aufzunehmen. Und wenn er in Ketten liegt. Ich drücke dir die Daumen. Ganz ehrlich!«

GRUND 7

Weil er den Narzissten nur manchmal raushängen lässt

Der Begriff »Narzissmus« leitet sich aus der griechischen Mythologie ab, in der es einen hübschen Jungen namens Narziss gibt, der sich in sein eigenes Spiegelbild verliebt. Aus dem einfachen Begriff der Selbstverliebtheit entwickelten sich im Laufe vieler Jahre diverse Interpretationen des Begriffs, die meisten davon negativ, manche aber auch positiv belegt. Narzissmus kann demnach eine sexuelle Störung, aber auch eine wichtige Stufe im Erwachsenwerden bedeuten. Wir bleiben an dieser Stelle allerdings beim ursprünglichen Begriff. Denn nicht wenige Kommentatoren werfen Edward Snowden vor, ein selbstverliebter Bengel zu sein, der sich an seiner Macht und seiner Popularität berauscht.

So erschien bereits wenige Tage nach Snowdens »Coming-out« ein Kommentar im *New Yorker*, in dem der Journalist Jeffrey Toobin sehr deutlich darauf verwies, dass wir es mit einem machtgeilen Narzissten zu tun haben. Er schrieb: »Für seine Taten wird er (Snowden – Anm.d.A.), unter anderem auch von meinem Kollegen John Cassidy, als Held und Whistleblower gefeiert. Er verkörpert nichts von dem. Vielmehr ist er ein grandioser Narzisst, der es verdient hätte, im Gefängnis zu landen.«[8] Toobin begründet seine Einschätzung, indem er verschiedene Wege aufzeigt, die Snowden hätte gehen können, ohne das Gesetz zu verletzen. So hätte sich der Whistleblower laut seinem Kritiker zum Beispiel an den Kongress oder direkt an seinen Arbeitgeber wenden können. Toobin schließt mit dem Fazit: »Aber Snowden tat nichts davon. Er befriedigte lieber sein Ego als sein Gewissen und warf die Geheimnisse, die er kannte, einfach in die Luft. Anschließend hoffte er, dass dabei schon etwas Gutes herauskommen würde. Wir alle müssen nun hoffen, dass er sich nicht verrechnet hat.«[9]

Das ist die Meinung von Jeffrey Toobin, die sich auf Vermutungen und Einschätzungen des Journalisten stützt. Dennis Blair, der ehemalige Direktor der Nationalen Nachrichtendienste und Mitglied diverser Think Tanks, äußerte sich in der britischen Ausgabe der *International Business Times* in ähnlicher Weise.[10] Er bezeichnete den Whistleblower als »niederen Angestellten«, dem der Blick für das Ganze fehle. Deshalb sei Snowden »kein verlässlicher Zeuge«. Mit anderen Worten, der Mann macht sich einfach nur wichtig. Selbst die als Whistleblower-freundlich bekannte *Taz* stellt die Frage: »Hero oder Zero?«, kommt allerdings zu einem deutlich freundlicheren Ergebnis als die Kollegen aus den USA und Großbritannien: »Snowden sei selbstbewusst, ohne eitel zu wirken.«[11]

Doch natürlich sind all diese persönlichen Einschätzungen von Journalisten und Ex-Militärs nicht exakt, vielmehr sollen sie die Meinung des Urhebers widerspiegeln. Viel deutlicher tritt der Mensch Edward Snowden hervor, wenn man sich einige seiner Zitate genauer anschaut. In einem Artikel der *Zeit* zitiert das Blatt aus einem älteren Online-Eintrag von 2005, der von Snowden stammen soll, kurz nachdem er sein Informatik-Studium abgebrochen hatte: »Kluge Köpfe brauchen keine Universität. Sie bekommen, was sie wollen, und hinterlassen still ihre Spuren in der Geschichte.«[12] Das klingt zugegebenermaßen schon ein bisschen selbstverliebt. Und das mit den »stillen Spuren« hat auch nicht so recht geklappt. Doch es geht noch weiter. In einem Nutzerprofil beschreibt sich Snowden selbst als arrogant und grausam, »weil ich als Kind nicht genug umarmt wurde.« Etwas weiter unten dann: »Ich mag meinen mädchenhaften Körper, der die Mädchen anzieht«.[13] Auch hier lassen sich ohne viel Fantasie narzisstische Neigungen hineininterpretieren.

Auf der anderen Seite: Snowden ist zu diesem Zeitpunkt gerade einmal 21 Jahre alt und scheint absolut nicht zu wissen, in welche Richtung sein Leben verlaufen soll. Seine Eltern haben sich drei Jahre zuvor scheiden lassen, er hat erst die Schule, dann sein Studium abgebrochen. Die U.S. Army mustert ihn 2004 aus. Offensichtlich befindet sich Snowden nach einigen persönlichen Niederlagen zum Zeitpunkt der Einträge in einer Lebens- und Findungskrise, die er sich von der Seele schreiben will. Vorherige Generationen luden ihren Seelenmüll in ihrem Tagebuch ab, was heute gut versteckt in der untersten Schrankschublade liegt. Da passt das Internet leider nicht rein, weshalb wir uns heute an solchen Momentaufnahmen ergötzen können. Man sollte aber vorsichtig sein, zu viel in sie hineinzuinterpretieren. Was Snowden zu seinen Handlungen bewogen hat, weiß sowieso nur er selbst. Wenn überhaupt.

GRUND 8

Weil er ein verkappter Vegetarier ist

Was isst eigentlich Edward Snowden? Diese Frage gehört eigentlich in die Abteilung »Dinge, die man nicht wissen muss«, sorgt aber für munteres Rätselraten unter Journalisten, Hobbyköchen und Freunden des Satzes »Du bist, was du isst«. Denn der *Spiegel* merkte in einem (mittlerweile verschwundenen) Nebensatz einmal an, dass Snowden ein Vegetarier sei. Das brachte dem Whistleblower natürlich weitere Sympathiepunkte bei einer gewissen Klientel ein. Dummerweise berichtete der Politiker Hans-Christian Ströbele nach seinem Besuch in Moskau am 31. Oktober 2013 aber, man habe gemeinsam Steaks gegessen. Also bevorzugt der Whistleblower vielleicht nur pflanzliche Gerichte, ist als echter US-Boy aber auch einem gut abgehangenen Stück toten Tiers nicht abgeneigt.

In der Woche nach Ströbeles Reise versammelte sich eine illustre Runde in der Talkshow *Beckmann*, darunter auch Hans-Christian Ströbele und der *Bild*-Chefreporter Julian Reichelt, der aus irgendwelchen unerfindlichen Gründen als Experte zu diesem Thema gilt. Wie immer nahm Reichelt die Position der US-Regierung ein, verteidigte das massenhafte Ausspähen von Bürgern und die Verfolgung von Edward Snowden. An diesem Abend sagte er jedoch einen denkwürdigen Satz: »Wir wissen nicht mal, was Herr Snowden isst. Woher sollen wir wissen, wer er ist?« Mit anderen Worten, wer nicht weiß, was historische Persönlichkeiten wie Einstein, Gandhi oder Al Capone gefrühstückt haben, braucht sich gar nicht weiter mit ihnen auseinanderzusetzen. Interessante These. Aber wie sagte Winston Churchill einst so schön: »Mit dem Geist ist es wie mit dem Magen: Man kann ihm nur Dinge zumuten, die er verdauen kann.« Und die Kapazitäten sind hier wie dort recht unterschiedlich verteilt.

GRUND 9

Weil es viele schöne Zitate von ihm gibt

Was ein echter Weltstar ist, der hinterlässt dem gemeinen Volk nicht nur seine Arbeit, seine Werke oder Ideen. Nein, wirkliche Größen schaffen es, durch ein einziges Zitat unsterblich zu werden. Von »Mehr Licht« über »Und sie bewegt sich doch« bis hin zu »Ich bin ein Berliner« und »Ich habe fertig« reicht die Palette an einprägsamen Sätzen, die untrennbar mit einer Person verbunden sind. Die Zeit wird zeigen, ob sich auch Edward Snowden in diese Liste einreihen kann. Einige denkwürdige Sätze sind dem jungen Mann auf jeden Fall schon herausgerutscht, auch wenn seine Kommunikationsmöglichkeiten, aus bekannten Gründen, ziemlich eingeschränkt sind.

So sagte Snowden in einem Interview mit *The Guardian* auf die Frage nach den Risiken seiner Aktionen: »Du kannst dich nicht mit den mächtigsten Geheimdiensten der Welt anlegen und das Risiko nicht akzeptieren.«[14] Eine realistische, aber auch ziemlich düstere Einschätzung. Im gleichen Interview gibt Snowden zudem Einblicke in die Möglichkeiten der Geheimdienste. »Die NSA hat eine Infrastruktur errichtet, die es ihr erlaubt, alles abzuhören. Mit diesen Möglichkeiten wird die große Mehrheit der menschlichen Kommunikation erfasst, ohne dass man ein bestimmtes Ziel auswählen muss. Wenn ich deine E-Mails lesen oder das Telefon deiner Frau abhören wollte, müsste ich diese Daten nur herausfischen. So kann ich deine E-Mails, Passwörter, Telefonanrufe oder Kreditkartennummern bekommen.«[15] Eigentlich schade, dass diese Datenbanken nicht jedem zur Verfügung stehen. Wie viele Streitigkeiten über angeblich am Telefon Gesagtes könnten vermieden werden, wenn man ganz einfach das Gespräch noch einmal abrufen könnte? Davon abgesehen ist die Situation um Snowden natürlich ernst, wie er selbst bei seiner legendären Pressekonferenz am 12. Juli 2013 auf dem Flughafen in Moskau zugab. Im folgenden Statement prangert er die Tatsache an, dass sein Pass während seines Aufenthaltes in Moskau von den US-amerikanischen Behörden für ungültig erklärt wurde: »Die Regierung und die Geheimdienste der Vereinigten Staaten von Amerika haben versucht, ein Exempel an mir zu statuieren. Eine Warnung an all diejenigen, die wie ich das Maul aufmachen könnten. Ich wurde für meinen Akt des politischen Ausdrucks zum Staatenlosen und Gejagten gemacht.«[16]

Am 17. Juni 2013 richtete der Journalist Glenn Greenwald auf den Seiten der britischen Tageszeitung *The Guardian* eine Rubrik für Fragen der Nutzer an Snowden persönlich ein. Für fünf Stunden stellte sich der Whistleblower der Netzgemeinde. Und bewies bei der einen oder anderen Frage durchaus Schlagfertigkeit. So wollte jemand wissen, wie Snowden es denn gefunden hat, ausgerechnet von einem ehemaligen Vize-Präsidenten und von diversen skandalumwitterten Politikern als Verräter bezeichnet worden zu sein. Snowdens Antwort: »Von Dick Cheney Verräter genannt zu werden, ist die höchste Auszeichnung, die einem Amerikaner zuteil werden kann.« Oder über seine neu gewonnene Popularität: »Die Mainstream-Medien interessieren sich leider mehr dafür, was ich als 17-Jähriger gesagt habe oder wie meine Freundin aussieht, anstatt sich mit dem, nennen wir es unauffälligsten Kontrollprogramm der Menschheitsgeschichte zu beschäftigen.« Oder auf die Frage, ob er ein chinesischer Spion sei: »Angenommen, ich wäre ein chinesischer Spion. Warum bin ich dann nicht direkt nach Beijing geflogen? Ich könnte in einem Palast leben und mit einem Phönix rumknutschen.« Aber er kann auch pathetisch, zum Beispiel wenn es um sein Heimatland geht. »Dieses Land ist es wert, dafür zu sterben.« Starke Worte, die vielleicht auch dem (nur allzu verständlichen) Heimweh geschuldet sind.

Am liebsten aber spricht Snowden über die Bedrohung der Freiheit eines jeden Bürgers durch Geheimdienste, Regierungen und ihre Programme. Als Snowden am 9. Oktober 2013 der Sam Adams Award in Moskau übergeben wurde, hielt der Whistleblower eine kleine Rede. Die Webseite *Policymic.com* wählte daraus drei Zitate Snowdens aus, die belegen sollen, dass der US-Amerikaner ein echter Held sei. So sagte Snowden in Moskau: »Wenn wir die Strategien und Programme unserer Regierung nicht verstehen, können wir ihnen auch nicht zustimmen.« Und weiter: »Wir haben eine Exekutive [...], die über Leichen gehen würde, um jemanden zu verfolgen, der ihnen die Wahrheit gesagt hat.« Auch das dritte Zitat aus dieser Rede hat es in sich: »Diese Programme machen es für uns nicht sicherer. Sie schaden unserer Wirtschaft. Sie schaden unserem Land. Sie limitieren unsere Möglichkeiten, zu sprechen, zu denken, zu leben und kreativ zu sein.« Womit Edward Snowden, der zu diesem Zeitpunkt bereits rund vier Monate auf der Flucht war, vielen Menschen aus der Seele spricht. Denn ein Fakt, den Snowden abschließend bei der oben beschriebenen Fragestunde auf der Homepage des *Guardian* erwähnt, ist unbestritten: »Unfälle im Haushalt und Polizeibeamte töten mehr Amerikaner als Terroristen. Trotzdem sollen wir unsere heiligsten Rechte opfern, aus Angst, ihnen zum Opfer zu fallen.«

GRUND 10

Weil es viele schöne Zitate über ihn gibt

Wann immer ein Mensch mit der Wucht eines Edward Snowden ins Licht der Öffentlichkeit tritt, wird es prominente Mitbürger geben, die sich dazu äußern. Zum Teil, weil sie direkt betroffen sind. Andere wiederum, um ihre Unterstützung oder Ablehnung kundzutun. Im Fall von Snowden sind es natürlich in erster Linie Politiker, die sich zu Wort melden. Aber auch Künstler möchten der Welt mitteilen, was sie vom bekanntesten Whistleblower aller Zeiten halten. So zum Beispiel der Regisseur, Drehbuchautor, Produzent und Politaktivist Oliver Stone, unter anderem bekannt durch Filme wie *John F. Kennedy – Tatort Dallas* oder *World Trade Center*. Er sagte in einem Interview mit dem *Guardian*: »Für mich ist Snowden ein Held, denn er hat Geheimnisse enthüllt, die wir alle kennen sollten. Wir sollten wissen, dass die Vereinigten Staaten wiederholt den Vierten Zusatzartikel der Verfassung (der US-amerikanischen Bürgern das Recht vor Übergriffen des Staates garantiert – Anm.d.A.) missachtet haben. Er sollte willkommen sein und Asyl gewährt bekommen. Aber er findet keinen Platz, um sich zu verstecken, da alle Länder von den Vereinigten Staaten eingeschüchtert werden.«[17] Der US-amerikanische Politiker Ron Paul, Mitglied der Republikaner und mehrfacher Bewerber um das Amt oder die Kandidatur des Präsidenten, stößt in ein ähnliches Horn. In der Fernsehsendung des Moderators Piers Morgan von CNN sagte Paul: »[Snowden] hat einen tollen Job gemacht. Denn er sagt die Wahrheit, die wir so dringend brauchen. Das amerikanische Volk ist ausgehungert nach der Wahrheit. Und wenn du eine diktatorische oder autoritäre Regierung hast, wird die Wahrheit sehr wertvoll. Für jemanden, der dem Volk die Wahrheit sagt, ist das eine gewaltige Anstrengung.«[18]

Politiker handeln und sprechen natürlich nicht immer aus tiefer persönlicher Überzeugung heraus, sondern auch aus Berechnung. Wie eine menschliche Geste in Bezug auf das Gewähren von Asyl für einen Verfolgten zum Politikum werden kann, beweist eine Aussage von Nicolás Maduro, Präsident von Venezuela. Im Rahmen des Asylgesuchs von Snowden an sein Land wurde der sozialistische Politiker in den BBC News wie folgt zitiert: »Als Kopf des Staates und der Regierung der Bolivarischen Republik Venezuelas habe ich mich entschieden, dem jungen US-Bürger Edward Snowden humanitäre Hilfe anzubieten. Er kann also in das Heimatland von Bolivar (Simón, südamerikanischer Unabhängigkeitskämpfer –

Anm.d.A.) und Chávez (Hugo, Maduros Vorgänger im Amt, der sich wiederum auf Bolivar berief – Anm.d.A.) kommen, um weit weg von der nordamerikanischen, imperialistischen Verfolgung zu leben.«[19] Sein Amtskollege Daniel Ortega aus Nicaragua drückte sich gegenüber der BBC etwas zurückhaltender aus: »Wir sind offen und respektieren das Recht auf Asyl. Wenn die Umstände es erlauben, werden wir Snowden mit Freuden empfangen und ihm hier in Nicaragua Asyl gewähren.«[20]

Der ehemalige US-Präsident Jimmy Carter scheint in seiner Position Snowden gegenüber gespalten zu sein, kommt letztlich aber doch zu einer positiven Bewertung des Whistleblowers. Ende Juni äußerte sich Carter gegenüber CNN so: »Er hat offensichtlich die Gesetze Amerikas gebrochen, für die er verantwortlich ist. Aber ich denke, die Eingriffe in die Menschenrechte und die Privatsphäre der Bürger sind zu weit gegangen. Die Geheimniskrämerei wurde deutlich übertrieben. Letztlich war die Entscheidung, die Sache an die Öffentlichkeit zu bringen, auf lange Sicht gesehen wohl positiv.«[21] Der amtierende US-Präsident, Barack Obama, sieht das naturgemäß etwas anders. Auf einer offiziellen Pressekonferenz, die er am 9. August 2013 im Weißen Haus gab, sagte er: »Ich denke nicht, dass Mister Snowden ein Patriot war. Und wenn er wirklich daran glaubt, dass das, was er getan hat, richtig war, dann kann er herkommen, mit seinem Anwalt vor Gericht erscheinen und über seinen Fall entscheiden lassen. […] Und es besteht kein Zweifel daran, dass Mister Snowdens Enthüllungen keine so heftigen und leidenschaftlichen Reaktionen hervorgerufen hätten, wenn ich einfach einen Untersuchungsausschuss eingesetzt hätte. Wenn ich mich mit dem Kongress zusammengesetzt hätte und die bemängelten Punkte durchgearbeitet hätte. Das wäre nicht so spannend gewesen und hätte nicht so viel Wirbel in der Presse gegeben. Aber ich denke, wir hätten die gleichen Ergebnisse erzielt. Und das, ohne die nationale Sicherheit oder lebenswichtigen Kanäle, die die nationale Sicherheit gewährleisten, aufs Spiel zu setzen.«[22] Ob Präsident Obama einem kleinen, externen Mitarbeiter der NSA aber auch wirklich Gehör geschenkt hätte, steht auf einem anderen Blatt.

Natürlich gibt es noch unzählige weitere Statements und Zitate Prominenter, die sich mit Edward Snowden befassen. Die abschließenden Worte dieses Abschnitts sollen allerdings seinem alten Chef, Keith B. Alexander, gehören. Der äußerte sich Ende Juni 2013 gegenüber der ABC News-Sendung *this week* fast schon ein wenig persönlich beleidigt, indem er sagte: »[Snowden] hat den Glauben und das Vertrauen, das wir in ihn gesetzt haben, verraten. Er war ein Individuum, das eine Zugangsberechtigung für streng geheime Netzwerke besaß, um diese zu verwalten. Er hat dieses Vertrauen missbraucht und einige unserer Geheimnisse gestohlen.«[23] Ja, es ist eine grausame Welt.

KAPITEL 2

DIE ORGANISATION DER SCHLAPPHÜTE

GRUND 11

Weil durch ihn die fünf Buchstaben PRISM weltberühmt wurden

Fünf Buchstaben wie ein Donnerhall. P-R-I-S-M. Zu Deutsch »Prisma«, eigentlich ein schönes Wort, welches wir aus der Geometrie, der Optik, der Weltraumforschung, als Fernsehsendung, Buchverlag und Handelsplattform kennen. Aber seit Edward Snowden hat dieser Begriff einen bedrohlichen Klang.

PRISM ist der Name eines Programms, das die NSA unterhält, um über große Internet-Firmen wie Yahoo!, Google, Apple oder facebook an User-Daten zu gelangen. Dabei können sowohl Metadaten als auch konkrete Inhalte von E-Mails oder Chats, Suchanfragen oder hochgeladene Fotos abgerufen werden. PRISM markierte im Juni 2013 den Auftakt der Enthüllungsserie von Edward Snowden und sorgte weltweit für großes Aufsehen. Rückblickend sind vor allem die ersten Reaktionen der betroffenen Firmen äußerst interessant. So sagte ein namentlich nicht genannter Vertreter von Google Anfang Juni: »Google geht sehr vertraulich mit Kundendaten um. Wir legen Daten gegenüber der Regierung grundsätzlich nur offen, wenn wir gesetzlich dazu verpflichtet sind. Jede Anfrage wird sorgfältig von uns geprüft. Gelegentlich wird uns vorgeworfen, wir hätten eine Hintertür für die Regierung in unsere Systeme eingebaut. Aber es gibt keine Hintertür, um an private Daten unserer Kunden zu gelangen.«[24]

Wie wir heute wissen, brauchte die NSA dazu auch gar nicht die Hilfe von externen Firmen. Die Hintertüren sägten sie sich bei Bedarf nämlich einfach selber in die Systeme. Mehrere Manager großer Unternehmen äußerten, teils anonym, dass sie noch nie von PRISM gehört hätten, darunter auch der Pressesprecher von Apple. In welchem Umfang die betroffenen Internet-Firmen von den Möglichkeiten der NSA wussten, ist weiterhin umstritten. Fakt hingegen ist, dass die US-Regierung auch nach Veröffentlichung des Artikels versuchte, so viel wie nur möglich zu vertuschen. So wurde Angehörigen der US-Armee der Zugriff auf Webseiten, die sich mit dem NSA-Skandal auseinandersetzen, präventiv geblockt.[25] Zu diesem Zeitpunkt bestritt die Regierung noch, auch Bürger im Inland ohne Anlass auszuspähen.

Heute ist klar, dass möglichst jeder Bürger dieser Erde rund um die Uhr überwacht werden soll. So weit ist nicht mal die NSA, aber was technisch möglich ist, wird umgesetzt. PRISM markierte den Anfang einer Welle von Enthüllungen, die dank Edward Snowden das Leben eines jeden Einzelnen verändert haben. Für einige wenige sogar zum Positiven. Denn Experten konnten beobachten, dass vor allem Firmen, aber auch Privatnutzer verstärkt in Security-Software investieren. Und zwar mehr, als sie eigentlich benötigen würden. Oder um es mit den Worten von Amar Singh von der UK Security Advisory Group der weltweit aktiven Information Systems Audit and Control Association (ISACA) zu sagen: »PRISM hilft einigen Herstellern sicherlich, überflüssige Produkte zu verkaufen.«[26] So hat wenigsten irgendjemand etwas vom NSA-Skandal.

GRUND 12

Weil wir durch ihn wissen, dass die NSA Pornos guckt

Geheimdienstler werden in Filmen entweder als komplette Trottel oder unverwundbare Superagenten dargestellt. Dass die Jungs (und Mädels) auch echt Humor haben, wissen wir jedoch erst seit Edward Snowden. Denn irgendwann müssen sich die Schlapphüte mal gefragt haben, wie man einen Menschen im Ansehen so richtig runterziehen kann. Klar, indem man der Weltöffentlichkeit beweist, dass die betreffende Person Wasser predigt und Wein säuft. Im Fall von islamistischen Hasspredigern wäre das sogar wortwörtlich zu nehmen. Oder man kann beweisen, dass sich der gute Mann nach seinen aufstachelnden Reden heimlich am Laptop die nackten Tatsachen fremder Damen (oder Herren) anschaut. So berichtet es jedenfalls ein *Spiegel*-Artikel aus dem November 2013, der sich wiederum auf einen Artikel der *Huffington Post* stützt.[27] [28]

Edward Snowden enthüllte, dass sich die NSA ganz gezielt mit den »Schwachstellen« solcher Leute beschäftigt, um diese dann gegebenenfalls zu veröffentlichen. Gerade Radikale, so die *Huffington Post*, seien gut unter Druck zu setzen, wenn Privatleben und das Bild in der Öffentlichkeit nicht übereinstimmen würden. Dazu gehöre das Anschauen von »freizügigem Material«. Aber wie muss man sich das in der Realität vorstellen? Sitzen da drei NSA-Mitarbeiter in einem Kellerbüro beim Kaffee und warten, bis ein Abdul Majeed al-Zindani oder ein Mullah Mohammed Omar mal wieder online gehen? Und wenn dann die entsprechenden Bilder oder Filmchen über den Bildschirm laufen, wird fleißig mitnotiert, auf was der Radikalist so steht? Blond oder braun? Wahrscheinlich sieht es ziemlich genau so aus, allerdings sind Pornos nicht der einzige Zeitvertreib mancher Religionsführer. Die NSA hält laut Snowden auch fest, wenn sich ein solcher mit jungen Damen im Chat trifft und dort unangemessene Angebote macht oder sich in seinen eigenen Predigten selbst widerspricht. Solch ein Fehlverhalten wird laut Snowden in Tabellen eingetragen und bei Bedarf genutzt.

Natürlich werden auch die Online-Kontakte der entsprechenden Zielperson gecheckt. Sollten sich im Zuge dieser Überwachung Hinweise auf andere Straftaten ergeben, zum Beispiel Drogendelikte oder Ähnliches, zeigt sich die NSA großzügig und leitet die Erkenntnisse an die entsprechenden Behörden weiter. Diese Anordnungen sollen von NSA-Chef Keith B. Alexander persönlich stammen, was nicht weiter verwundert. Der Vier-Sterne-General ist für ausgefallene Ideen bekannt. Von den bisher nachgewiesenen »Porno-Opfern«, insgesamt sechs Männern, ist nur einer Bürger der USA. Und laut *Huffington Post* stand bisher auch keiner der Männer im direkten Verdacht, terroristische Aktionen zu planen. Allerdings soll einer der anderen fünf Bespitzelten eine »bekannte akademische Persönlichkeit« sein, die den Heiligen Krieg gegen Nichtgläubige für gerechtfertigt hält. Ein anderer wurde dadurch auffällig, dass er Andersgläubige als »Gefahr für den Islam« bezeichnet hatte.

Der Aktivist und Präsident der Bürgerrechtsorganisation ACLU, Ben Wizner, äußerte sich nach Veröffentlichung des Artikels in der *Huffington Post* über seinen Twitter-Account so: »Der NSA-Skandal geht in eine gefährliche Richtung. Ich wette, Washington ist voll von nervösen Menschen.«[29] Dass dies keine Vermutung, sondern eine Tatsache ist, hatte Wizner bereits einige Jahre zuvor feststellen müssen. Denn er vertrat einen damals 22-jährigen Studenten, der nach einem Auslandsaufenthalt am Flughafen von Philadelphia für mehrere Stunden festgehalten und verhört wurde. Grund für den Aufruhr: Der Student hatte arabisch beschriftete Karteikarten bei sich. An sich jedoch kein wirklich ungewöhnliches Ereignis, da der junge Mann diese Sprache studierte. Trotzdem wurden ihm Handschellen angelegt, und er verbrachte die Zeit zwischen den Verhören durch das FBI und einen Beamten für Verkehrssicherheit in einer Zelle. Laut Wizner wurde dem Studenten in den fünf Stunden zu keinem Zeitpunkt erklärt, warum er eigentlich festgehalten wurde. Auch wurde er nicht auf seine Rechte hingewiesen. Angesichts dieser Vorgehensweise sprach Wizner kurz darauf in verschiedenen Medien davon, dass Präsident Obama die Politik seines Vorgängers George W. Bush fortsetzen würde. Zumindest, was die verbrieften Rechte eines jeden Bürgers angehen würde. Spätestens mit den Enthüllungen von Snowden dürfte klar sein, wie richtig Wizner schon 2010 mit seiner Einschätzung lag.

GRUND 13

Weil er uns nach »Crypto City« führte

Mal ganz im Ernst, hätte Sie jemand vor Juni 2013 nach »Crypto City« gefragt, Sie hätten wahrscheinlich auf den nächsten Comicbuchladen verwiesen oder gleich die weißen Jungs mit der Klammerweste gerufen. Dass es so einen Ort tatsächlich gibt, wissen die meisten erst seit Edward Snowden. Diese »City« liegt im Anne Arundel County in Maryland, zwischen Washington D.C. und Baltimore. Und hier hat die mächtige NSA ihren Hauptsitz.

1956 besaß die vier Jahre zuvor gegründete NSA bereits Quartiere in verschiedenen Städten und Staaten. Doch da klar war, dass die Organisation sehr viel mehr Platz benötigte, begann man mit dem Ausbau des bereits existenten Forts George G. Meade, das schließlich zur Zentrale der NSA wurde, was es bis heute geblieben ist. Benannt wurde der Ort nach General George Gordon Meade (1815–1872), der genau wie später Keith B. Alexander die Militärakademie in West Point besuchte und es trotz gesellschaftlicher Nachteile im Rahmen des Sezessionskrieges bis zum Oberbefehlshaber der Potomac-Armee aufseiten der Union brachte. Auf dieser Position konnte er sich unter anderem in der berühmten Schlacht um Gettysburg beweisen, schließlich stellten auch seine Truppen den erfolgreichsten General des konföderierten Heeres, Robert Edward Lee. Meade wurde zu einem der Helden des Krieges, war bei seinen Soldaten allerdings wenig beliebt. Er galt als cholerisch und schnell reizbar. Deshalb, und wegen seines eher unappetitlichen Äußeren, bekam er von seinen Jungs den Spitznamen »Alte, glotzäugige Schnappschildkröte«. Leider wurde das Fort nach seinem Geburts- und nicht nach seinem Spitznamen benannt.

Das Gelände hat aber noch mehr Historisches zu bieten. So diente das nahegelegene Fort Hunt im Zweiten Weltkrieg als Gefangenenlager für deutsche Offiziere. Insgesamt 33 deutsche Soldaten und zwei italienische Kameraden sind auf dem bis heute existenten Friedhof begraben. Der ranghöchste und bekannteste dürfte U-Boot-Kapitän Werner Henke sein. Der Kapitänleutnant von U 515 versenkte 1942 das britische Passagierschiff »Ceramic«, weil er britische Truppen und Waffen an Bord vermutete, was auch den Tatsachen entsprach. Allerdings befanden sich unter den insgesamt 656 Passagieren auch 152 Zivilisten, darunter zwölf Kinder. Henke befahl die Zerstörung der »Ceramic«. Bei starkem Sturm starben bis auf einen 24-jährigen Soldaten der Royal Navy alle Mitreisenden. Aufgrund dieser Tatsache befürchtete Henke, der 1944 in US-amerikanische Gefangenschaft geriet, von den Briten zum Tode verurteilt zu werden (was von offizieller britischer Seite jedoch nie angedroht wurde). Tatsächlich befeuerten die Amerikaner diese Annahme, nachdem ihnen Henke, wenig geschickt, von dem Vorfall zwei Jahre zuvor erzählt hatte. Die USA boten dem deutschen U-Boot-Kommandanten ein Geschäft an. Er würde Militärgeheimnisse verraten, und sie ihn im Gegenzug nicht an die Briten ausliefern. Henke ging zuerst darauf ein, verweigerte dann aber eine Zusammenarbeit. Die USA drohten, Henke an das britisch geführte Kanada auszuliefern. Am Abend vor seiner Verlegung gen Norden versuchte Henke, aus Fort Hunt zu fliehen, und wurde erschossen. Andere Quellen sprechen davon, dass er den Fluchtversuch nur vorgetäuscht hätte, um erschossen zu werden. Ein indirekter Selbstmord, wenn man so will. Sein Grab kann noch heute auf dem Gelände von Fort Meade besucht werden.

Neben der NSA haben verschiedene Organisationen sowie die US-Streitkräfte Gebäudekomplexe auf dem rund 17 Quadratkilometer großen Areal angemietet. Unter anderem gibt es die Defense Information School, in der Offiziere für die Öffentlichkeitsarbeit (wie passend) ausgebildet werden. Zudem befindet sich seit 1993 das bei freiem Eintritt öffentlich zugängliche National Cryptologic Museum, in dem diverse Gegenstände, wie die »ENIGMA«-Maschine der Nazis, diverse Decodiermaschinen aus der Geschichte der Spionage und andere kryptologische Artefakte ausgestellt sind. Im Garten des Museums befindet sich eine Ausstellung von verschiedenen Spionage-Flugzeugen. War es lange Zeit ein reines Privatmuseum der NSA, so werden seit 20 Jahren vor allem Schulklassen durch die Räumlichkeiten geführt. Das Gelände der NSA ist nur einen Steinwurf entfernt, allerdings eher nicht öffentlich zugänglich. Diverse Wachmänner und elektronische Sperren verhindern den unbefugten Zutritt. Und weil nicht mal die direkten Nachbarn genau wissen, was hinter den Mauern dieser Gebäude vorgeht, wurde das NSA-Areal »Crypto City« getauft. Witzig! Aber ohne Edward Snowden würde uns das alles überhaupt nicht interessieren.

GRUND 14

Weil er durch Maschen schlüpfen kann

Wir schreiben das Jahr 2009. Edward Snowden steht seit zwei Jahren in den Diensten der CIA. Aufgrund seiner technischen Fähigkeiten und seiner schnellen Auffassungsgabe ist er die Karriereleiter schnell hinaufgeklettert. Seine Vorgesetzten schicken ihn ins schweizerische Genf. In der dortigen diplomatischen Vertretung (andere Quellen sprechen von einem getarnten Rechenzentrum) hat der junge, unscheinbare Mann, der als Diplomat getarnt reist, administratorische Aufgaben zu erledigen.[30] Doch Snowden scheint ziemlich neugierig. Er versucht, sich Zugang zu geheimen Unterlagen zu verschaffen, die an sich nichts mit seiner Arbeit zu tun haben. Das fällt den Vorgesetzten, die später mit der *New York Times* sprechen, auf. Snowden wird aus Genf abgezogen, ein Vorgesetzter schreibt einen negativen Bericht in seine Personalakte.

Normalerweise würden hier die Alarmglocken läuten und Snowden hätte sich rechtfertigen oder zumindest für alle Zeiten aus dem öffentlichen Dienst ausscheiden müssen. Interessanterweise passiert anschließend gar nichts. Snowden verlässt die CIA und heuert umgehend bei den Kollegen von der NSA an, die nichts von der Vorliebe ihres neuen Mitarbeiters für geheime Daten ahnt. Der spätere Whistleblower wird auch nicht weiter von der CIA überwacht. Die Personalakte wird, was unüblich ist, nicht weitergereicht. Das sind gleich mehrere Fehler, die sich, wie vier Jahre später herauskommt, rächen werden. Ein ehemaliger CIA-Mitarbeiter sagt rückblickend gegenüber der *New York Times*. »Er ist einfach durch die Maschen geschlüpft.«[31]

Es steht zu befürchten, dass die US-Dienste nicht immer so schlampig arbeiten. Aus deutscher Sicht wäre es allerdings wünschenswert. Denn wer schon einen Whistleblower in den eigenen Reihen verbusselt, kann auch mit abgehörten Daten von Firmen und Privatpersonen nicht viel anfangen.

GRUND 15

Weil in Utah das nächste Lügengebäude entsteht

Was ist von einer Stadt zu erwarten, die den Namen Bluffdale trägt? Ehrliche Kartenspieler? Rechtschaffene Heiratsschwindler? Unbestechliche Schiedsrichter? Aufrichtige Taschendiebe? Am Ende gar ein Geheimdienst, der die Wahrheit sagt? Natürlich nicht! In dem Kaff bei Salt Lake City wird getrickst, bis der nahe gelegene Salzsee Süßwasser führt. Oder die hier ebenfalls ansässige Kirche Jesu Christi der Heiligen der Letzten Tage (ein Ableger der Mormonen) freiwillig ihre Vollmachts- und Ausschließlichkeitsansprüche aufgibt. Diese sagen nämlich unter anderem aus, dass ausschließlich besagte Glaubensgemeinschaft die Vollmacht von Jesus bekommen habe, in seinem Namen zu sprechen, und sowieso die einzig wahre Kirche auf diesem Planeten sei. In so einer Nachbarschaft muss sich die NSA einfach wohlfühlen.

Seit 2011 wird an einem riesigen Datencenter im Herzen von Bluffdale (circa 7.500 Einwohner) geplant und gebaut. Die Kosten für das Intelligence Community Comprehensive National Cybersecurity Initiative Data Center, so der offizielle Name, sollen bei rund 1,7 Milliarden Dollar liegen. Experten gehen allerdings von einem weitaus größeren Betrag aus. Während die lokalen Politiker vor allem auf die entstehenden Arbeitsplätze und den Ruf Utahs als Technologiestandort verweisen, schlagen Datenschützer weltweit die Hände über dem Kopf zusammen. Zwar gibt es bis heute keine gesicherten Erkenntnisse über die genaue Rechenleistung der riesigen Anlage, die wahrscheinlich im September 2013 in Betrieb ging. Selbst die Einschätzungen von anerkannten Experten schwanken stark. Der ehemalige technische Direktor der NSA und heutige Whistleblower, William Binney, schätzte in einem Interview mit der britischen Zeitung *The Guardian*, dass das Center eine Speicherrate von 20 Terabytes pro Minute leisten könne.[32] Das würde dem Gesamtbestand der Kongress-Bibliothek der Vereinigten Staaten, der zweitgrößten Bibliothek der Welt, mit rund 31 Millionen Büchern, über zwölf Millionen Fotos etc. entsprechen. Pro Minute! Damit wäre es der NSA theoretisch möglich, über jeden lebenden Menschen auf dieser Erde (momentan circa 7,2 Milliarden) ein Profil zu erstellen, zu speichern und sämtliche Kommunikationswege abzuhören. Edward Snowden warnte in verschiedenen Interviews vor der totalen Kontrolle durch die NSA. In Bluffdale wird sie Realität.

Und selbst der Hinweis auf die positive Auswirkung auf den Arbeitsmarkt ist Augenwischerei. Richtig ist, dass während der Planungs- und Bauphase mehrere Tausend Menschen eine Beschäftigung gefunden haben. Letztlich werden in der riesigen Anlage aber nur rund 200 hoch spezialisierte Mitarbeiter beschäftigt. Den

Rest machen die Computer. Der US-amerikanische Journalist und Buchautor James Bamford, der mit *The Puzzle Palace* 1982 unter anderem das erste Buch über die NSA überhaupt veröffentlichte, verglich in einem Artikel für den *Guardian* die frühen Mormonen, die sich einst in Utah vor ihren Feinden versteckten, mit der NSA.[33] So wie die Mormonen in Ruhe ihre Heiligen Schriften studieren wollten, wollen die Geheimdienste in Ruhe mithören, was die Bürger so zu sagen haben. Außerdem weist Bamford darauf hin, dass die Geheimdienste zum ersten Mal nach den Nixon-Skandalen ihre Überwachungsapparate auf die eigene Bevölkerung richten sowie Supercomputer und Datencenter aufbauen, um jedes Wort mithören zu können. Die drei Buchstaben NSA, so Bamford, ständen mehr denn je für »Never Say Anything« (Sag Niemals Irgendwas).

Es ist kein Zufall, dass die Wahl für den Bau des riesigen Centers ausgerechnet auf diesen Landstrich in Utah fiel. Hier leben mehr Patrioten als irgendwo anders in den USA. Die NSA muss also nicht befürchten, von einer aufgebrachten Menge ausgepfiffen und attackiert zu werden. Und wenn dies passieren sollte, würden sie es wahrscheinlich schon lange vorher wissen. James Bamford warnt in seinem *Guardian*-Artikel eindringlich vor den Folgen dieser überlegenen Technologie, die in den Händen Einzelner unendlich viel Unheil anstellen kann. Seine Beschreibung des Intelligence Community Comprehensive National Cybersecurity Initiative Data Centers: »Es ist im Grunde eine Festplatte. Es ist auch eine Cloud, ein Lager. Es wird nicht nur Texte und Audiodaten, sondern auch Videos und Bilder speichern. Demgegenüber besteht Desinteresse. Die Öffentlichkeit nimmt davon keine Notiz, bis es zu spät ist.«[34]

Und wahrscheinlich ist es längst zu spät. Das renommierte *Wall Street Journal* feierte das Datencenter als »Symbol der Tapferkeit der Geheimdienste«, das durch die Enthüllungen von Snowden viel (zu viel) Aufmerksamkeit erhalten habe.[35] Sätze, die den Journalisten, die sie geschrieben haben, vielleicht eines Tages im Halse stecken bleiben werden.

GRUND 16

Weil er das GCHQ ans Licht zerrte

Dank James Bond sowie manch anderer Krimiserien von der Insel sind wir hier auf dem Festland ganz gut informiert, was Scotland Yard, das MI5 und das MI6 angeht. Aber was soll bitte dieses ominöse GCHQ (Government Communications Headquarters) sein, das seit den Enthüllungen von Edward Snowden dauernd durch die Presse geistert? Nun, die Organisation, auf Deutsch so viel wie Regierungskommunikationshauptquartier, existiert in ihren Grundzügen bereits seit 1919 und beschäftigt sich mit Kryptografie und Datenübertragungen. Und das intensiver, als es jemals jemand geahnt hätte.

Das GCHQ erlangte vor allem im Zweiten Weltkrieg große Bedeutung, damals noch unter dem Namen Government Code and Cypher School. Die im Bletchley Park untergebrachten Codeknacker, darunter neben echten Kryptografen auch Mathematiker, Physiker und andere Gelehrte, entschlüsselten die ENIGMA, eine angeblich nicht zu knackende Verschlüsselungsmaschine der Nationalsozialisten. Bis heute wird davon ausgegangen, dass das Knacken des Codes, das zu großen Teilen dem hochqualifizierten Alan Turing zugesprochen wird, den Krieg um Monate, vielleicht sogar Jahre, verkürzt hat. Heutzutage betreibt das GCHQ, das seinen Sitz in dem Städtchen Cheltenham hat, gemeinsam mit der NSA und anderen Geheimdiensten ein riesiges Netz zur Datengewinnung. An dieser Stelle kommt Edward Snowden ins Spiel.

So fanden sich in den Unterlagen des Whistleblowers interessante Details über ein Treffen der G-20-Staaten im Frühjahr 2009 in London. Bei dieser Gelegenheit versuchte das GCHQ nicht nur, Mobiltelefone und Computer der befreundeten Staatsvertreter zu knacken. Manche Abgeordnete wurden in extra errichtete, falsche

Internet-Cafés gelockt, um so ihren E-Mail-Verkehr überwachen zu können. Die Zeitung *The Guardian* schrieb dazu: »Diese Enthüllung wirft neue Fragen bezüglich der Grenzen der Überwachung des GCHQ und seiner Schwesterorganisation, der NSA, auf. Bisher hatten sie sich immer damit verteidigt, dass das Ausspähen von Telefonaten und Internetdaten wichtig im Kampf gegen Terrorismus und Kapitalverbrechen sei.«[36] Neben dieser Verfehlung wurde mithilfe der gleichen Quelle enthüllt, dass das GCHQ das TAT-14 (das transatlantische Kabel Nummer 14), das seit 2001 in Betrieb ist und über das ein nicht unerheblicher Teil der deutschen Kommunikation mit Übersee läuft, ausgespäht wird. Unter dem Codenamen »Tempora« und unter gütiger Mithilfe der Telekommunikationsunternehmen Vodafone und der BT Group wurden über viele Jahre Internet- und Telefon-Daten gesammelt und ausgewertet. Die *Süddeutsche Zeitung* schrieb: »Das Überwachungsprogramm ›Tempora‹ ist nach Angaben von Snowden ›schlimmer‹ als das jüngst bekannt gewordene ›Prism‹-Programm der USA. So soll sich der britische GCHQ heimlichen Zugang zu mehr als 200 Glasfaserkabeln weltweit verschafft haben – darunter auch TAT-14.«[37] Das Online-Magazin *heise.de* zitiert Regierungssprecher Steffen Seibert mit den Worten: »Eine Maßnahme namens ›Tempora‹ ist der Bundesregierung außer aus diesen Berichten erst einmal nicht bekannt.«[38]

Das GCHQ ließ sich solch eine Berichterstattung, die in Großbritannien maßgeblich über den *Guardian* lief, nicht gefallen. Im August 2013 nahm die ganze Geschichte absurde Züge an, als *Guardian*-Chefredakteur Alan Rusbridger öffentlich machte, von GCHQ-Mitarbeitern über die vergangenen Wochen hin belästigt worden zu sein. Und das im direkten Auftrag des amtierenden Premierministers David Cameron. Der *Independant* schrieb: »David Cameron beauftragte den Kabinettssekretär (Sir Jeremy Heywood), den *Guardian* zu kontaktieren, um ihnen die ernsten Konsequenzen darzulegen, die folgen könnten, wenn sie weiter Material von einem NSA-Whistleblower und US-Flüchtigen veröffentlichen würden.«[39]

Im *Guardian* erschien sogar der genaue Wortlaut der Drohungen: »Ihr hattet euren Spaß, jetzt wollen wir unser Material zurück.«[40] Weil dies offensichtlich nicht fruchtete, bekam der Verlag am 20. Juli schließlich Besuch von Technikern des GCHQ. Rusbridger, ein Computerexperte aus der Redaktion, sowie ein Redakteur wurden aufgefordert, die Festplatten und Speicherkarten, auf denen die Dokumente von Snowden gespeichert waren, auszuhändigen oder vor den Augen der Geheimdienstler zu zerstören. Sowohl dem GCHQ als auch der Regierung war zu diesem Zeitpunkt längst bekannt, dass Kopien der Dokumente außerhalb von Großbritannien existierten. Der Akt war also eher als Einschüchterungsmaßnahme zu verstehen. Die drei Mitarbeiter des *Guardian* gingen mit ihrem Besuch in den Keller, um die Datenträger mit Bohr- und Schleifmaschinen zu pulverisieren. Der *Guardian* nannte die Aktion »eine der eigenartigsten Episoden im Zeitalter des digitalen Journalismus«.[41]

Danken wir also Edward Snowden, dass er uns diese Organisation samt ihren Methoden vorgestellt hat. Würde man nicht wissen, dass es stimmt, man könnte es nicht glauben.

GRUND 17

Weil er uns vor »wütender Nachbar« warnte

Der US-Computerfachmann und Aktivist Jacob Appelbaum ist schon eine interessante Persönlichkeit. So interessant, dass das Musikmagazin *Rolling Stone* sogar ein Porträt über ihn brachte, in dem seine schwierige Familiensituation (sein Vater war heroinabhängig und wurde 2005 ermordet aufgefunden) und seine schwierige Jugend (Appelbaum schmiss die Highschool und brachte sich alles selbst bei) dargestellt wird.[42] Für einen Mann, der von sich selbst sagt, er möchte so viel Privatleben wie möglich haben, sicher eine

Qual. Ähnlich wie seine Kollegen, die Dokumentarfilmerin Laura Poitras oder Snowden selbst, ist der bekennende WikiLeaks-Unterstützer Appelbaum fest entschlossen, die Wahrheit um jeden Preis ans Licht zu bringen. Dabei lässt er sich von Drohungen des FBI ebenso wenig einschüchtern wie von Einbrüchen in seine Wohnung (Watergate lässt grüßen). Zum Abschluss der 30. Tagung des Chaos Computer Clubs (CCC) Ende Dezember in Hamburg, stellte der IT-Fachmann eine Methode der NSA vor, die sich manche wahrscheinlich nicht mal in ihren kühnsten Träumen hätten ausmalen können. Das Programm »Angryneighbor« (»wütender Nachbar«) trägt seinen Namen jedenfalls nicht umsonst. Die Informationen über diese Spyware sollen direkt von Edward Snowden stammen, mit dem Appelbaum in Kontakt steht.

In Hamburg bildete Appelbaums Vortrag den Abschluss der CCC-Tagung. Teilnehmer sprachen davon, dass der Inhalt des Vortrages die Stimmung noch einmal richtig gedrückt hätte. Denn der Aktivist stellte das NSA-Programm »Angryneighbor« vor. Die Hardware-Komponenten, die unter dieser Bezeichnung laufen, sind so etwas wie kleine Wanzen, die in Büros oder Konferenzräumen versteckt werden. Anders als die bis dato bekannten Abhörgeräte sendet die »Angryneighbor«-Hardware sehr schwer zu ortende Signale. Mithilfe der kleinen Geräte kann die NSA feststellen, wie viele Personen sich im Raum aufhalten und was gesprochen wird. Darüber hinaus werden allerdings auch die Bildschirme etwaiger Computer und sogar deren Tastaturen überwacht. Und dafür muss das Gerät nicht mal online sein. Was auf der Tastatur eingegeben wird, erscheint eins zu eins auf dem Bildschirm des Geheimdienstes. Eine Vorgehensweise, die für die Betroffenen kaum zu erkennen ist. Okay, das ist ja auch Sinn der Sache. Der Nachteil von »Angryneighbor«: Bevor der Hightech-Zauber zu wirken beginnt, muss jemand den Raum wie in guten alten Zeiten verwanzen. Es sei denn, der Nutzer benötigt ein neues Kabel oder andere Teile für seinen PC. In diesem Fall liefert die NSA die Spyware nämlich gerne frei Haus.

Etwas mehr Abstand hält das Programm »Nightstand« (übersetzt so viel wie »Nachttisch« oder »Nachtkonsole«), das Appelbaum ebenfalls vorstellte. Hier installiert die NSA die Spyware über das WLAN-Netz und kann anschließend Computer aus einer Entfernung von bis zu zwölf Kilometern ausspähen. Allerdings soll dies nur funktionieren, wenn der Nutzer Windows XP oder einige andere Konkurrenzprodukte verwendet. Frank Rieger, Sprecher des Chaos Computer Clubs, sagte dazu in der *Zeit*: »Wirklich neu ist das alles nicht. Dass so etwas möglich ist, wussten wir. Interessant ist, dass sie es in diesem industriellen Maßstab machen, mit dieser Dreistigkeit und Selbstverständlichkeit.«[43] Und was die NSA nicht auf direktem Wege bekommt, so der *Zeit*-Artikel weiter, holt sie sich eben über Umwege. Eine weitere beliebte Masche ist das Abfischen von Informationen, indem sie Webseiten exakt kopiert und die Zielperson auf diese leitet. Für den Nutzer ist ein Unterschied zwischen Original und Kopie unmöglich zu erkennen. Was ist im Internet also noch sicher? Absolut nichts! Der britische Aktivist und Künstler Tim Pritlove regte in seinem Vortrag auf dem Treffen des CCC an, einfach ein neues Netz aufzubauen. Das dürfte schwer umzusetzen sein. Und wer sagt, dass unter den Aktivisten nicht längst diverse Menschen hocken, die auf dem Lohnzettel der NSA stehen?

Zurück zu Jacob Appelbaum, der sich, wie eingangs erwähnt, mit seinen Aktivitäten nicht nur Freunde macht. In seiner Heimat musste er sich nach einer Europa-Reise den Fragen des FBI stellen, Computer und Handys wurden konfisziert. Seit einiger Zeit lebt Appelbaum in Berlin, aber auch hier ist er offenbar nicht sicher. Wie der *Focus* berichtet, wurde wenige Tage vor dem 30. Treffen des Chaos Computer Clubs in seine Wohnung eingebrochen und sämtliche PCs durchsucht.[44] Ob die Einbrecher etwas von Wert gefunden haben, wurde nicht mitgeteilt. Sollte die Aktion zum Ziel gehabt haben, Appelbaum vom Kongress des CCC fernzuhalten, ging das Vorhaben jedenfalls nicht auf. Der Mann kämpft weiter.

GRUND 18

Weil wir durch ihn wissen, was im Inneren des Schmalzgebäckkringels passiert

Fragt man nach typischem US-Essen, so landen neben Hotdog, Hamburger und Popcorn auch die Donuts (oder Doughnuts) auf den ersten Plätzen. Das Schmalzgebäck wurde unter diesem Namen wohl in den USA erfunden (vermutlich von holländischen Einwanderern), hat aber auf der ganzen Welt seine Entsprechungen. In Deutschland setzen sich die Teigkringel seit einigen Jahren ebenfalls immer stärker durch, obwohl der Markt hierzulande ja längst von Berlinern, Krapfen oder Pfannkuchen beherrscht wird. Aber wir hatten ja auch schon Kaffee, bevor Starbucks die germanischen Innenstädte überflutete.

Viel interessanter wäre zu erfahren, warum sich die Architekten des Hauptquartiers des GCHQ in Cheltenham ausgerechnet die Form eines Donuts ausgesucht haben. Der ringförmige Protzbau, der aus der Luft tatsächlich wie besagtes Gebäckstück aussieht, soll laut Wikipedia circa 450 Millionen Euro gekostet haben. Das schweizerische *Journal 21* schreibt zur Optik des Gebäudes: »Die Anlage scheint von James-Bond-Filmen inspiriert. Alles ordnet sich in die Kreisform ein, es herrscht ein weitreichendes radiales Regime. Metallisch kalt glänzen die Gebäudekörper. Sie provozieren die von Science-Fiction genährte Vorstellung, dass ihr innerster Kreis sich irgendwann öffnen könnte, um unbekannten Flugobjekten oder futuristischen Strahlenwaffen freie Bahn zu geben. Die drei den Ring übergreifenden Spangen geben dem Bau ein technoides Aussehen …«[45]

Wer das Städtchen Cheltenham, nebenbei auch ein beliebter Bade- und Kurort, mit seinen rund 115.000 Einwohnern besuchen möchte, ist natürlich herzlich willkommen. Die offizielle Partnerstadt des olympischen Ortes Sotschi in Russland ist auf Touristen eingestellt. Und Pferdesport wird hier ebenfalls großgeschrieben. Wer aber gleichzeitig hofft, einen Blick auf das riesige Gelände des GCHQ werfen zu können, wird enttäuscht sein. Denn der »Donut« liegt hinter einem künstlich aufgeschütteten Wall, der zusätzlich von recht massiv wirkenden Zäunen gesichert wird. Nicht wenige Menschen erlauben sich die Frage zu stellen, warum man erst fast eine halbe Milliarde Euro verbaut, um das Ergebnis hinterher zu verstecken. Auch hier glaubt das *Journal 21* eine Antwort gefunden zu haben: »Der Doughnut von Cheltenham manifestiert das Bedürfnis des GCHQ nach Selbstdarstellung. Diese Organisation will nicht bloß im Verborgenen ihren Job machen; sie will sich auch artikulieren. Offensichtlich hängt aber beides zusammen. Um ihren Überwachungsauftrag zu erfüllen, benötigt sie eine Identität. Diese ist in Cheltenham architektonisch inszeniert mit einem Bau, der ein unglaublich mächtiges Zeichen setzt: Das GCHQ markiert mit seiner Kreisform den Mittelpunkt staatlichen Handelns und mit seiner radialen Struktur die Spitze staatlicher Autorität. Die Organisation schließt sich gegen die Außenwelt hermetisch ab und versteht sich als vollkommener, dem Wissens- und Technik-Niveau der Gesellschaft meilenweit überlegener Apparat.«[46]

Und das sollen vor allem die Mitarbeiter des GCHQ spüren, wenn sie morgens zur Arbeit erscheinen. Sie sind keine normalen Arbeitnehmer, sondern helfen dem Staat, unter größter Geheimhaltung Verbrechen aufzuklären und Terroristen zu stoppen. Oder eben einfach ziemlich wahllos Daten ihrer Mitbürger einzusammeln. Bei der Gelegenheit: Wer sammelt eigentlich die Daten der Mitarbeiter der Geheimdienste? Sind das die Kollegen im Büro nebenan? Oder dürfen besonders vertrauenswürdige Angestellte ihre eigene Kommunikation aufzeichnen? So nach dem Motto: »Gestern 20 Minuten mit Onkel Herb telefoniert. Es ging hauptsächlich ums Wetter und seinen Diabetes.«?

Letztlich auch egal; Edward Snowden haben wir es zu verdanken, dass wir zumindest erahnen können, was im Inneren des »Donuts«

vor sich geht. Es werden Politiker und Bürger befreundeter Nationen ausgespäht, Überseekabel angezapft oder Journalisten unter Druck gesetzt. Und wenn der Kantinenchef in dem Laden mal richtig gute Laune hat, gibt es vielleicht sogar Donuts zum Kaffee.

GRUND 19

Weil er uns neue Fachausdrücke beigebracht hat

Wer auf Bambi-Verleihungen und anderen Stehpartys eine gute Figur machen will, sollte nicht nur auf sein Äußeres achten, sondern auch seinen Sprachschatz pflegen. Überraschen Sie Ihr Gegenüber beim nächsten Sektempfang doch einfach mal mit einer lockeren Ausführung über die US-Spionagesoftware »XKeyscore« (auf die Aussprache achten). Diese Software ist dafür zuständig, sich durch die Tonnen von Metadaten zu wühlen, die die NSA und ihre Verbündeten täglich sammeln. In Echtzeit können Daten von bestimmten Personen, Staaten oder anderen Gruppen abgerufen und im gleichen System gelesen werden. Egal, ob die Zielperson(en) E-Mails geschrieben, bei facebook Kommentare hinterlassen oder irgendwo auf eine beliebige Webseite zugegriffen haben. Bei den Schlapphüten landet alles auf dem Bildschirm. Zudem knackt »XKeyscore« auch noch gewisse E-Mail-Verschlüsselungsprogramme. Das spart eine Menge Zeit. Und wenn Sie dann noch wissen, dass die Benutzung eines solch mächtigen Instruments diversen Auflagen unterliegt, die laut Edward Snowden aber von nahezu jedem Nutzer mit einfachen Knopfdrücken umgangen werden können, ernten Sie sicher bewundernde Blicke.

Sollten Ihre Gesprächspartner eher der britischen Lebensweise zugetan sein, dann zitieren Sie einfach Edward Snowden: »Es ist nicht nur ein US-Problem. Auch Großbritannien hat einen großen

Hund im Rennen.«[47] Anschließend werfen Sie den Begriff »Tempora« in den Raum. So heißt seit Ende 2011 das britische Überwachungsprogramm, mit dem das Internet beherrscht und so viele Kommunikationsdaten wie nur möglich abgeschöpft werden sollen. Und das natürlich alles, ohne die Öffentlichkeit darüber zu informieren.[48] Wer die meisten Daten hat, ist König, und hier liefern sich die USA und Großbritannien, obwohl sie in regem Austausch stehen, ein absurdes Rennen. Da die Insel geografisch günstig liegt und mehrere Glasfaserkabel, mit denen 95 Prozent aller internationalen Online-Daten transportiert werden, auf ihrem Territorium verlaufen, haben es die Briten allerdings auch nicht wirklich schwer. Schwer beeindruckt werden Ihre Gesprächspartner sein, wenn Sie mit so viel Wissen glänzen. Oder Sie werden als Klugscheißer abgestempelt und nie wieder eingeladen. Aber Risiko gehört in diesem Geschäft nun mal dazu.

GRUND 20

Weil er die NSA (fast) zu Reformen zwang

Man hat zwar nicht immer den Eindruck, aber der Umfang der Spionagetätigkeiten der NSA und anderer Organisationen erschreckt bisweilen sogar Teile der US-amerikanischen Bevölkerung. Und auch im Land der unbegrenzten Möglichkeiten wurden nach Edward Snowdens Enthüllungen die Stimmen lauter, dass die NSA reformbedürftig sei, ihre Befugnisse beschnitten werden müssen. Deshalb war die Erleichterung groß, als im Herbst 2013 angekündigt wurde, eine Expertenkommission zu beauftragen, die sich mit möglichen Verbesserungen befasst. Mitte Dezember ließ der US-Bundesrichter Richard Leon gar verlauten, dass das massenhafte Sammeln von Telefondaten »vermutlich verfassungswidrig« sei und Klagen große Aussichten auf

Erfolg hätten. Die US-Regierung hatte bisher immer das Gegenteil behauptet und dabei auf die Terrorgefahr verwiesen. Leon meinte laut *Spiegel Online* jedoch, dass bisher kein einziger Fall öffentlich bekannt sei, bei dem die Abschöpfung privater Daten einen Terroranschlag verhindert hätte.[49] Und just zu diesem Zeitpunkt meldeten sich auch Firmen wie Google, YAHOO! oder facebook zu Wort. Die hatten die NSA (wohl nicht immer ganz freiwillig) zuvor mit Daten versorgt, forderten nun aber auch Verschärfungen der Gesetze.

Die bereits erwähnte Expertenkommission legte nach, empfahl dem Gesetzgeber (natürlich unverbindlich) in ihrem am 18. Dezember 2013 vorgelegten und 309 Seiten starken Abschlussbericht unter anderem, die Telefondaten nicht mehr bei der NSA, sondern von dritter Stelle abspeichern zu lassen, wo sie die NSA bei begründeten Verdachtsmomenten anfordern könne. Des Weiteren solle der NSA verboten werden, auf dem Schwarz- und Graumarkt (den gibt es wirklich) Sicherheitslücken von Computersystemen aufzukaufen. Allein 2013 soll die NSA laut *Spiegel Online* dafür mehr als 25 Millionen Dollar ausgegeben haben. Zudem solle der NSA verboten werden, sich in die Entwicklung von US-amerikanischer Software einzumischen und so selbst Sicherheitslücken zu schaffen, über die sie später bei Bedarf vermeintlich sichere Kommunikation abhören könne. Diese Vorgehensweise, so *Spiegel Online* weiter, gehe aus Dokumenten hervor, die aus dem Fundus von Edward Snowden stammen.[50] Am meisten Geld soll die NSA im Übrigen darauf verwenden, Verschlüsselungsstandards von globalen Programmen zu knacken, die sogar von US-Regierungsbehörden benutzt werden. Unglaubliche elf Milliarden Dollar pro Jahr und 35.000 Mitarbeiter sollen allein für diese Arbeit eingesetzt worden sein.

Diese und viele andere Vorschläge wurden US-Präsident Barack Obama im Dezember 2013 vorgelegt und weltweit begrüßt. Wenige Tage später kam allerdings heraus, dass der Bericht unzählige Möglichkeiten bietet, die vorgeschlagenen Reformen abzuschwächen oder sogar komplett zu umgehen. Immer wieder wird in dem

Papier darauf verwiesen, dass die Sicherheitsinteressen des Landes an erster Stelle stehen. Und die NSA weiter in der Lage sein müsse, ihre Arbeit zu machen, um Land und Bevölkerung zu schützen. Oder anders: Wenn die Regierung und/oder die NSA der Meinung ist, ihre Maßnahmen seien gerechtfertigt, um eine drohende Gefahr abzuwehren, dürfen sie weiter fast jedes Grundrecht verletzen. Wer sich die Aussagen von NSA-Direktor Keith B. Alexander oder Präsident Obama zum Skandal vor Augen führt, wird nicht unbedingt zu dem Schluss kommen, die Herren hätten das Gefühl, irgendetwas Unrechtes getan oder veranlasst zu haben.

Fürsprecher meinen, dass Snowdens Enthüllungen die US-Regierung immerhin dazu gebracht haben, sich mit der NSA und ihrem Gebaren auseinanderzusetzen. Kritiker glauben jedoch zu erkennen, dass sich de facto überhaupt nichts geändert hat. Wahrscheinlich wird die NSA in Zukunft noch vorsichtiger sein, wenn es um das Einstellen von Mitarbeitern oder das Ausstellen von Zugangsberechtigungen für besonders sensible Bereiche geht. Mehr aber auch nicht. Angesichts der Opfer, die Edward Snowden persönlich für seine Enthüllungen erbracht hat, eine ziemlich magere Ausbeute. Aber zumindest wissen wir jetzt endlich, was Obamas mysteriöser Wahlspruch »Yes we can« wirklich zu bedeuten hatte: »Ja, wir können es. Und zwar wirklich restlos alles, was wir wollen.« Das Einzige, was nicht so richtig klappt, ist die Geheimhaltung. Der Bericht der Expertenkommission hätte nämlich erst Anfang 2014 vorgestellt werden sollen. Da aber zuvor bereits Details an die Presse durchgesickert waren, entschied die US-Regierung, das Papier bereits kurz vor Weihnachten öffentlich zu machen. Und das, obwohl Snowden ja in Moskau weilte. Wenn es nicht so traurig wäre, man könnte sich kaputtlachen.

KAPITEL 3

DIE UNTERSTÜTZER

GRUND 21

Weil er Unterstützung von Daniel Ellsberg bekommt

Es fühlt sich ja immer gut an, wenn man im Job oder bei der Ausübung eines Hobbys Unterstützung oder gar Anerkennung von einem nachgewiesenen Meister des Faches bekommt. Edward Snowden kann sich in diesem Fall also glücklich schätzen, denn seine Enthüllungen wurden von einem der bekanntesten Whistleblower aller Zeiten für wichtig befunden. Dabei gibt es zwischen Snowden und Daniel Ellsberg einige Parallelen, aber auch viele Unterschiede.

Daniel Ellsberg wurde 1931 geboren, wuchs in Detroit auf und studierte später Wirtschaftswissenschaften. Ab 1954 übernahm er einen Job als Analyst bei der »RAND Corporation«, zehn Jahre später dann im Verteidigungsministerium. Diese Firma zählt bis heute zu den wichtigsten »Think Tanks« in den USA und berät vor allem die Streitkräfte des Landes. Die Firma war unter anderem in die Regierungspropaganda während des Kalten Krieges eingebunden. Sie hat Niederlassungen in den USA, im arabischen Raum und in Europa, unter anderem auch in Berlin. Für die Firma arbeiteten beispielsweise der ehemalige US-Verteidigungsminister Donald Rumsfeld und die ehemalige US-Außenministerin Condoleezza Rice. Ellsberg erhielt als Analyst, ähnlich wie später Snowden, Zugang zu den geheimsten Unterlagen des Pentagon, darunter auch die legendären »Pentagon-Papiere«, in denen unzählige Details zu dem seit 1955 schwelenden Vietnamkonflikt festgehalten wurden. Ellsberg erkannte damals, dass diese Akten im krassen Widerspruch zu dem standen, was der Öffentlichkeit über diese Kontroverse mitgeteilt wurde. Ellsberg kopierte fast 50 Ordner mit Dokumenten und spielte sie verschiedenen Zeitungen, darunter die *New York Times* und die *Washington Post*, zu. Die *Times* begann im Sommer 1971 mit der Veröffentlichung der Dokumente, was den amtierenden Präsidenten Richard Nixon in arge Bedrängnis brachte. Nixon versuchte alles, um weitere Veröffentlichungen zu verhindern. So untersagte er der *Times*, kurz darauf auch der *Washington Post*, weitere Abdrucke der Geheimunterlagen. Ellsberg spielte die Papiere daraufhin diversen anderen Zeitungen zu, die aus diesem Grunde ebenfalls mit einer Zensur belegt wurden. Noch im gleichen Jahr entschied der Oberste Gerichtshof, dass die Veröffentlichungen rechtmäßig seien und hob den Bann des Präsidenten auf. Ellsberg wurde trotzdem verhaftet. In einem beispiellosen Prozess, so Nixons Idee, sollte der »Verräter« zu bis zu 115 Jahren Haft verurteilt werden. Dazu war dem Präsidenten jedes Mittel recht. Er ließ Ellsberg überwachen und stimmte einem Einbruch in die Praxis von dessen Psychiater zu. Nixon hoffte, bei dem Arzt belastendes Material zu finden, das er gegen Ellsberg einsetzen könnte. Allerdings kam der Einbruch, rund ein Jahr vor der eigentlichen »Watergate-Affäre«, ans Licht, der Prozess fand nie statt. Ellsberg hatte gesiegt und etablierte sich als Vorkämpfer für Bürgerrechte, hält bis heute auf der ganzen Welt Vorträge zu diesem Thema und kritisiert regelmäßig den jeweils amtierenden Präsidenten der USA. Ellsberg erhielt diverse Auszeichnungen (unter anderem im Jahr 2006 den Right Livelihood Award, auch als »Alternativer Nobelpreis« bekannt), seine Geschichte wurde mehrfach verfilmt.

In einem großen Gastbeitrag in der *Washington Post* äußerte sich Ellsberg am 7. Juli 2013 ausführlich zum Thema Snowden. Die *Süddeutsche Zeitung* druckte am 13. Juli eine Übersetzung dieses Beitrages ab. In dem Text nimmt Ellsberg seinen »Kollegen« in Schutz und lobt dessen Einsatz. Unter anderem heißt es: »Für viele schneidet Edward Snowden im Vergleich zu mir schlecht ab, weil er das Land verlassen hat und Asyl sucht, statt sich – wie ich damals – einem Gerichtsverfahren zu stellen. Das finde ich falsch. Das Land, in dem ich damals lebte und blieb, war ein anderes Amerika.«[51] Ellsberg verweist darauf, dass auch er für 13 Tage untertauchte und Haftbefehle ignorierte, auch wenn er das Land nie verlassen hat. Weiter schreibt Ellsberg: »Ich hoffe, dass Snowdens Enthüllungen eine Bewegung anstoßen, die unsere Demokratie rettet. Er selbst aber hätte nie in den USA bleiben und Teil dieser Bewegung werden können. Würde er in die USA zurückkehren, wären die Chancen gleich null, dass man ihn auf Kaution freilassen würde. Aber selbst wenn er das Land überhaupt nicht verlassen hätte, wäre es unwahrscheinlich, dass man ihm eine Kaution genehmigt hätte. Stattdessen säße er genau wie Bradley Manning ohne Kontakt zur Außenwelt in einer Gefängniszelle.«[52]

Der Urvater der modernen Whistleblower findet zudem starke Worte über die Zustände, die derzeit in seinem Heimatland USA herrschen: »Ich hoffe, er findet einen Zufluchtsort, an dem er vor der Entführung oder Ermordung durch US-Spezialeinsatzkräfte so sicher wie nur möglich ist; nach Möglichkeit ein Ort, an dem er frei sprechen kann. Wenn wir seinen Enthüllungen und den daraus folgenden Herausforderungen gerecht werden, hat er uns die größte Chance gegeben, dass wir uns vor einer vollkommen außer Kontrolle geratenen Überwachung retten, die alle effektive Macht an die Exekutive und ihre Geheimdienste verschiebt: an eine Vereinigte Stasi von Amerika. [...] Denn das war in der Tat so etwas wie eine globale Erweiterung der Stasi, des Ministeriums für Staatssicherheit in der stalinistischen Deutschen Demokratischen Republik, dessen Ziel es war, ›alles zu wissen‹. Allerdings – Mobiltelefone, Glasfaserkabel, PCs und den Internetverkehr, zu denen sich die NSA Zugang verschafft, gab es in der Blütezeit der Stasi noch gar nicht.«[53] Und Snowden erhält abschließend noch mehr Rückendeckung: »Snowden glaubt, dass er nichts Falsches gemacht hat. Dem kann ich nur voll und ganz zustimmen. Mehr als 40 Jahre nach meiner unautorisierten Herausgabe der ›Pentagon Papers‹ bleiben solche Leaks das Lebenselixier einer freien Presse und unserer Republik. Eine Lektion der Pentagon Papers und von Snowdens Leaks ist ganz einfach: Geheimhaltung korrumpiert ebenso wie Macht.«[54] Dem ist nichts mehr hinzuzufügen.

GRUND 22

Weil er Glenn Greenwald berühmt machte

Für viele ist Glenn Greenwald (geboren 1967 in New York City) einfach nur der Mann, der das bekannte, tagelang andauernde Interview mit Edward Snowden für die englische Tageszeitung *The Guardian* führte. Allerdings hat der gelernte Jurist (J.D.) schon lange vor Snowden versucht, politischen Einfluss zu gewinnen, Ungerechtigkeiten aufzudecken und Menschen bei Verletzungen ihrer Bürgerrechte zu helfen. Bereits mit 17 Jahren kandidiert der mit seiner Familie in Lauderdale Lakes, Florida, wohnende Greenwald für den Stadtrat und versucht es wenige Jahre später noch einmal. Beide Anläufe scheitern; Greenwald sagt später, er habe sich da ein wenig verrannt. Denn der Gerechtigkeitsfanatiker ist nicht für die Politik gemacht, auch wenn sein Großvater als Vorbild dient. Der setzte sich als Stadtrat vor allem für die Mittelschicht ein, die gegen große Konzerne und mächtige Industriebosse kämpfte. Aber Greenwald liegt es nicht, sich Mehrheiten zu beschaffen und anderen nach dem Mund zu reden. Er selbst bezeichnet sich auch nicht als Liberalen (auch wenn er in der konservativen Presse oft so dargestellt wird), Demokraten oder Republikaner.

Greenwald studiert Jura in Washington und New York, erwirbt erst den Bachelor, später dann den Titel Juris Doctor. Dank seiner herausragenden Noten erhält er diverse Jobangebote und wechselt 1994 zur angesehenen Anwaltskanzlei Wachtell, Lipton, Rosen & Katz, wo er sich auf Prozessrecht spezialisiert und Klienten wie Goldman Sachs vertritt. Nach seiner eigenen Definition steht er plötzlich auf der falschen Seite. Später wird er sagen, dass es nicht das Geld war, was ihn an diesem Job reizte, sondern der Name der bekannten Kanzlei als Symbol. Eine ehemalige Kollegin beschreibt Greenwald als humorvoll und ehrgeizig, aber auch als verbissen und ein wenig gruselig. Das liegt auch an seinem durchdringenden, starren Blick und seinem strengen, militärischen Haarschnitt. Nach zwei Jahren, Greenwald ist mittlerweile 28, gründet er seine eigene Firma, die Kanzlei Greenwald Christoph & Holland. Laut eigener Aussage möchte er nicht die Reichen vertreten, sondern sie verklagen. Zu dieser Zeit entdeckt der Anwalt zudem ein neues Medium, das Internet. Er verbringt Stunden damit, vor dem Computer zu sitzen, Kette zu rauchen und politische Debatten mit Menschen aus den ganzen USA zu führen.

Greenwald bekennt sich mittlerweile offen zu seiner Homosexualität, was auch Probleme mit sich bringt. Gemeinsam mit seinem damaligen Lebensgefährten sucht er ein Appartement in Manhattan. Der Vermieter verlangt von einem Paar ein gewisses Einkommen. Da Greenwald und sein Partner nicht verheiratet sind (weil sie es zu diesem Zeitpunkt von Staats wegen noch gar nicht dürfen) und ihre Gehälter jeweils einzeln betrachtet die Mindestgrenze nicht erreichen, fordert er eine Sicherheit von Greenwalds Vater, die dieser unterzeichnet. Anschließend verklagt der sich gedemütigt fühlende Greenwald seinen Vermieter und hat Erfolg. Auch die Kanzlei, die später in »Greenwald Christoph PC« umbenannt wird, läuft nach einigen Anfangsschwierigkeiten immer besser. Auch weil Greenwald mit eiserner Hand regiert und Sieben-Tage-Wochen die Regel sind.

Im Jahr 2005 hat Greenwald genug vom Anwaltsdasein. Er ist finanziell unabhängig und reist nach Brasilien, wo er einige Wochen verbringen und sich über seinen weiteren Weg Gedanken machen will. Am zweiten Tag seines Aufenthalts lernt er in Rio seinen heutigen Ehemann David Miranda, damals 19 Jahre alt, kennen. Da dieser keine Aufenthaltserlaubnis für die USA bekommt, zieht Greenwald nach Brasilien. Von dort aus startet er spontan einen politischen Blog ohne festes Thema. Wenige Wochen später wird die Meldung bekannt, dass US-Präsident George W. Bush der NSA nach den Attentaten vom 11. September 2001 die

Erlaubnis erteilt hat, die eigenen Bürger umfassend auszuspionieren. Greenwald liest sich fanatisch in das Thema ein und beginnt, darüber zu schreiben. Kurz darauf werden seine Texte im Magazin *Slate*, einer wichtigen liberalen Publikation, zitiert. Für Greenwald öffnet sich eine neue Tür, die ihn erst zum Web-Magazin Salon.com und schließlich zum britischen *Guardian* führt. Doch damit nicht genug, die Artikel von Greenwald fallen unter anderem auch einem gewissen Edward Snowden auf, der sich schließlich an den ungelernten Journalisten wendet, um ihm im Juni 2013 ein Interview zu geben. Warum Snowden ausgerechnet Greenwald für den Richtigen hält, ist bis heute nicht bekannt. Aber offensichtlich kann sich der Whistleblower mit den Standpunkten seines Landsmannes identifizieren.

Auf der Webseite *buzzfeed.com* erinnert sich Greenwald wenige Wochen nach dem Treffen an die auch für ihn so einschneidende Begegnung mit Snowden. »Als ich nach Hongkong kam, war mein wichtigster Ansatz, so nah wie möglich an ihn heranzukommen. Ich wollte sehen, ob er etwas zu verbergen hatte. Ich fragte ihn fünf oder sechs Stunden ohne Pause aus. Dabei benutzte ich die gleichen Tricks und Techniken wie als Anwalt.«[55] Snowden hat jedoch nichts zu verbergen, ganz im Gegenteil. »Er übergab mir so viele Dokumente, dass ich sie bis heute noch nicht alle durchgesehen habe.«[56] Außerdem fällt Greenwald auf, dass die Dokumente penibel geordnet sind, »in fast schon erschreckendem Maße«.[57] Er befürchtet sogar, angesichts der Massen an Informationen irgendwann in eine Irrenanstalt eingeliefert werden zu müssen.

Doch so schlimm kommt es nicht. Greenwalds Serie im *Guardian*, die sowohl von der *Washington Post* als auch vom *Spiegel* aufgegriffen wird, sprengt alle Dimensionen. Die Auswirkungen spürt auch Greenwald privat, der laut eigenen Angaben einen Teil aller Dokumente von Snowden kopiert hat und die wichtigsten Unterlagen immer bei sich führt. Am 18. August 2013 kommt es zum Eklat, als Glenns Lebensgefährte David Miranda auf seinem Weg von Berlin (wo er die Filmemacherin Laura Poitras getroffen hatte) nach Rio rund neun Stunden am Flughafen London Heathrow festgehalten wird. Zudem muss er alle elektronischen Geräte wie Laptop, Smartphone und Kamera abgeben. Und auch der *Guardian*, bei dem Greenwald mittlerweile gekündigt hat, berichtet, dass dieser gezwungen wurde, mehrere Festplatten voller sensibler Daten zu löschen. Greenwald hat also das geschafft, von dem jeder Enthüllungsjournalist träumt: Er hat die ganz Großen richtig nervös gemacht. Dafür zahlt er, wie Snowden, nun den Preis.

GRUND 23

Weil Julian Assange Snowden für einen Helden hält

Der australische Journalist, Computerspezialist, Aktivist und Mitbegründer der Enthüllungsplattform WikiLeaks Julian Assange gehört selbst in der dubiosen Welt des Geheimnisverrates noch zu den dubiosesten und schillerndsten Figuren. Der 1971 in Townsville geborene Assange hat allerdings auch eine Biografie, die nicht mit normalen Maßstäben zu messen ist. Aufgewachsen in einem Künstlerdorf, mit den Eltern und ihrem Wanderzirkus umhergezogen, später mit der Mutter auf der Flucht vor einer Sekte und seinem Stiefvater. Da kann man nicht von einer entspannten Kindheit sprechen. Als erfolgreicher Hacker geriet Assange schon in jungen Jahren mit der Justiz in Konflikt, mit der Gründung von WikiLeaks zog er dann den Zorn sämtlicher Geheimdienste und Regierungen auf sich. Anhänger des Aktivisten, der seit Sommer 2012 in der ecuadorianischen Botschaft in London festsitzt, weil in Schweden ein Haftbefehl wegen minder schwerer Vergewaltigung, sexueller Belästigung und Nötigung gegen ihn vorliegt und Großbritannien ihn ausliefern würde, glauben fest, dass es sich bei den Vorwürfen um eine Kampagne gegen Assange handelt, um ihn mundtot zu machen. Diesen Standpunkt vertritt auch er selbst. Kritiker, und davon gibt es nicht wenige, werfen dem WikiLeaks-Gründer jedoch vor, schon vor Jahren jedes Augenmaß verloren zu haben. Assange soll extrem eitel und selbstbezogen sein. Abwechselnd wird berichtet, dass er sehr viel Geld habe oder pleite sei.

Anders als Edward Snowden tritt Julian Assange recht aggressiv in der Öffentlichkeit auf. Das brachte ihm in der Vergangenheit neben Beachtung auch sehr viel Kritik ein, um nicht zu sagen Hass. Die republikanische Politikerin Sarah Palin fordert dazu auf, Assange wie »einen Führer von Al-Qaida oder der Taliban zu jagen«, während ihr Parteifreund Mike Huckabee, immerhin ein ehemaliger Baptisten-Priester, dazu riet, die Staatsbediensteten, die geheime Informationen weitergeben, hinzurichten.[58] In der Wirtschaftssendung *Follow The Money* sagte der eigentlich als liberal geltende Moderator Robert »Bob« Beckel vor laufender Kamera Folgendes: »Ein toter Mann kann keine Dinge veröffentlichen. Der Typ ist ein Verräter, er ist verräterisch, und er hat gegen jedes Gesetz der USA verstoßen. Und ich bin nicht für die Todesstrafe, also … gibt es nur einen Weg. Erschießt diesen Hurensohn auf illegalem Weg.«[59] Man stelle sich vor, Anja Kohl oder Mick Knauff würden solche Botschaften senden.

So oder so, Assange hat genügend eigene Probleme. Bereits wenige Tage nach Snowdens Enthüllungen bezeichnete Assange den Whistleblower als Helden und gab indirekte Kontakte zwischen WikiLeaks und Snowden zu. Die *Süddeutsche* zitiert Assange mit den Worten, er habe »die Öffentlichkeit über eines der wichtigsten Ereignisse des Jahrzehnts informiert«.[60] Am 22. Juni 2013 wandte sich Assange medienwirksam per Brief an Edward Snowden, in dem er nicht nur erklärte, Snowden gehöre zu ihnen (also zu WikiLeaks), sondern ihm überdies Unterstützung zusicherte. Das blieben keine leeren Worte. Bereits zwei Tage später tauchte Assanges Assistentin, Sarah Harrison, an der Seite von Snowden auf und begleitete ihn auf seinem Flug von Hongkong nach Russland. Und fortan ließ Assange keine Gelegenheit mehr aus, den Whistleblower zu loben. So sagte er bei der Lead Award-Preisverleihung in Hamburg, zu der er live zugeschaltet wurde: »Zwar wussten Experten und Insider, was die NSA über mehrere Jahre hinweg tat. Snowden fügte dem aber die fehlenden Puzzlestücke hinzu, infolgedessen die Komplexität überhaupt erst klar wurde. Selbst für die Experten bewahrheiteten sich damit die schlimmsten Befürchtungen.«[61]

Doch längst nicht alle Menschen sehen in der Verbindung zwischen Snowden und Assange etwas Gutes. Vor allem Snowden, so die Befürchtung vieler Kommentatoren, könnte unter dem Zweckbündnis leiden. Auch gibt es Befürchtungen, dass die angeschlagene Seite WikiLeaks, die in den Monaten vor Snowdens Enthüllungen ein wenig in Vergessenheit geraten war, die Prominenz des ehemaligen NSA-Mitarbeiters ausnützen würde, um Werbung für sich zu machen. Das *Handelsblatt* zitiert Edwards Vater Lonnie Snowden: »Die Rechtshilfe und die finanzielle Unterstützung seien Teil des Plans der Plattform, ihn davon abzuhalten, das Richtige zu tun. Sie benutzen ihn, um Spenden zu sammeln.«[62] Und auch der US-Regisseur und Oscar-Preisträger Alex Gibney, der 2013 den von Julian Assange nach anfänglicher Begeisterung schwer kritisierten WikiLeaks-Dokumentarfilm *We Steal Secrets: The Story of WikiLeaks* veröffentlichte, zeigt sich in der *Frankfurter Rundschau* skeptisch. Seiner Meinung nach habe sich Snowden die Fehler, die Julian Assange gemacht hat, genau angeschaut und will diese vermeiden. Zum Beispiel die Nachlässigkeiten von WikiLeaks, wenn es darum geht, Namen aus zu veröffentlichenden Dokumenten zu streichen.[63] Über den Versuch von Assange, sich in die Snowden-Geschichte einzuklinken, sagt Gibney: »Das ist wirklich schlimm, ehrlich. Das wird für keinen von beiden gut enden«.[64] Damit ist klar: Auch wenn Edward Snowden jeden Unterstützer gebrauchen kann, muss er sich seine Freunde sehr genau auswählen.

GRUND 24

Weil er sogar einen eigenen Anwalt hat

Anatoly Kucherena sieht ein bisschen so aus, wie man sich einen russischen Anwalt vorstellt. Dezent aufgedunsen, ein strenger, leicht verwässerter Blick, graue Haare. Bis vor wenigen Monaten konnten nur Kreml-Experten und Polit-Junkies etwas mit diesem Namen anfangen. Doch dann wurde Kucherena zum Anwalt von Edward Snowden. Und der Mann aus dem Dunstkreis von Präsident Wladimir Putin wurde plötzlich weltberühmt. Auch, weil er mittlerweile zu einer Art Pressesprecher des Whistleblowers geworden ist. Um die seltsame Beziehung der beiden Männer zu begreifen, muss man allerdings die Vorgeschichte kennen.

Wir schreiben den 23. Juni 2013. Edward Snowden sitzt im Flieger von Hongkong nach Moskau. Mit großer Sicherheit möchte er den Flughafen Scheremetjewo nur als Zwischenlandeplatz nutzen, um weiter nach Süd- oder Lateinamerika zu reisen, wo ihm mehrere Staaten Asyl angeboten haben. Doch die US-Regierung hat mittlerweile reagiert und Snowdens Pass für ungültig erklärt. Also ist eine Weiterreise unmöglich, Snowden sitzt auf dem Airport fest. Nach mehreren Versuchen, Asyl in verschiedenen Ländern zu beantragen, kommt es am 12. Juli 2013 zu einer denkwürdigen Konferenz im Transitbereich des Flughafens. Snowden lädt mehrere hochrangige Persönlichkeiten per E-Mail ein, sich mit ihm zu treffen. Darunter auch Anatoly Kucherena. In der *New York Times* wird die Szene so dargestellt: »Anatoly Kucherena verstand die Mail nicht, die er in diesem Monat erhielt und die mit Edward Joseph Snowden unterschrieben war. Also fragte er eine Assistentin seiner Anwaltskanzlei, die englisch spricht: ›Soll das ein Witz sein?‹ Es war keiner.«[65] Snowden hatte tatsächlich ihn ausgewählt. Der Anwalt folgte der Einladung, wie auch Vertreter von Menschenrechtsgesellschaften wie Amnesty International, andere Anwälte und Politiker. Snowden verkündete bei dem Treffen (bei dem die ersten Fotos und bewegten Bilder von Snowden auf russischem Boden gemacht wurden), dass er, nach einem gescheiterten ersten Versuch, Asyl in Russland beantragen möchte – und Kucherena solle ihn vertreten.

Wer dem zuvor zitierten Artikel in der *New York Times* Glauben schenken mag, der sieht einen überraschten Anwalt, welcher innerhalb weniger Tage in den politischen Brennpunkt geraten ist. Allerdings erst, nachdem er sich von den hehren Zielen des Edward Snowden überzeugt hat, wie er betont. Er selbst sagt zudem, dass er nicht in die Öffentlichkeit gehöre, sondern nur ein einfacher Anwalt sei. Was so auch nicht ganz stimmt. Denn zufällig gehört er auch einem Kontrollorgan an, das den FSB, den russischen Inlandsgeheimdienst, kontrolliert. Außerdem ist er Mitglied der sogenannten Gesellschaftskammer, die die Interessen zwischen Bürgern, Nichtregierungsorganisationen und staatlichen Behörden koordinieren soll. Beide Kontrollorgane stehen nicht im Verdacht, besonders regierungskritisch oder gar liberal zu sein. Aber Zufälle in Russland sind eh so eine Sache. Niemand weiß, wie Snowden ausgerechnet auf den Putin-Getreuen Kucherena gekommen ist, und ob er ihn überhaupt persönlich ausgewählt hat. Zumindest wird er ihn nicht auf Google gefunden haben. Nicht wenige Menschenrechtsvertreter, auch aus Russland, sprechen von einer Inszenierung, die nur zum Ziel haben soll, die USA zu besänftigen.

Fakt ist aber auch, dass Kucherena die nötigen Unterlagen für die Asylgewährung beschafft, Snowden das Asyl (begrenzt auf ein Jahr) nicht einmal drei Wochen nach dem Treffen gewährt wird und beide im Taxi unbehelligt das Flughafengelände verlassen. Wo Snowden sich aufhält, wissen nur sehr wenige. Einer, der immer alles zu wissen scheint, ist Anatoly Kucherena. Seit Snowden vollständig untergetaucht ist, fungiert der Anwalt, der in einem kleinen Ort im heutigen Moldawien geboren wurde und vor seiner Tätigkeit als Anwalt unter anderem bei der Armee und als Verkehrspolizist arbeitete, als Pressesprecher des Whistleblowers. Snowden ist pleite, hat einen neuen Job, wird von einer eigenen Sicherheitstruppe bewacht, ärgert sich über die Verratsanschuldigungen aus seiner Heimat: All diese Informationen werden von Kucherena weitergegeben. Ob sie wirklich aus Snowdens Mund stammen oder vor der Veröffentlichung noch ein bisschen »zurechtgebogen« werden, ist völlig unklar. Aber allein die Idee, ein Wladimir Putin würde so einen wichtigen Job irgendjemand zufällig Ausgewähltem überlassen, klingt weit unwahrscheinlicher als all die Vorwürfe derer, die glauben, Kucherena sei auch nur ein weiteres Puzzlestück im Kampf zweier Großmächte. So oder so, für den »kleinen Anwalt aus Moskau« könnte sich der Job lohnen. Er trat vorher schon als Buchautor und gelegentlicher Fernsehkommentator auf. Das Interesse an seiner Person wird durch die Snowden-Episode ganz gewiss nicht nachlassen.

GRUND 25

Weil er mit Sarah Harrison eine charmante Begleiterin hat

Stellen Sie sich einfach einmal vor, sie wären der Präsident oder Kanzler einer der größten Industrienationen der Welt. Eines Tages würde der Brief eines zehnjährigen Mädchens auf Ihrem Schreibtisch landen, in dem sich die Kleine, nennen wir sie einfach mal Sarah, bitterlich über die Obdachlosigkeit in ihrem ach so reichen Staat beklagt. Wie würden Sie reagieren? Den naseweisen Brief zerknüllen und wegwerfen? Nein, natürlich nicht. Schließlich sind die Zehnjährigen die Wähler von übermorgen. Also ein bisschen Zeit im Terminkalender freischaufeln und der Göre freundlich antworten (lassen). Vielleicht liegt irgendwo im Schreibtisch ja auch noch eine Freikarte für den Zirkus herum. So ungefähr dachte es sich zumindest der damalige britische Premierminister John Major, der 1992 einen Brief der zehnjährigen Sarah Harrison beantwortete und damit ihr Interesse an Politik noch befeuerte. Heute ist Harrison eine der bekanntesten Mitarbeiterinnen von WikiLeaks und engste Beraterin (und Exfreundin) von Julian Assange. Sie begleitete Edward Snowden auf seinem Flug von Hongkong nach Moskau und kümmerte sich auch in Moskau um den Whistleblower. Ob der konservative Major diesen Brief auch beantwortet hätte, wenn er diese Entwicklung vorausgesehen hätte? Vermutlich wäre er lieber nach Plan A verfahren und hätte das Geschreibsel der unbekannten Grundschülerin in den Papierkorb geworfen. Tja, zu spät!

Sarah Harrison wuchs mit ihren Eltern und ihren beiden Schwestern in einem Haus in der Grafschaft Kent auf, das nicht unbedingt als Nährboden für eine spätere Revolutionsführerin durchgeht. Ihr Vater Ian (nicht zu verwechseln mit dem britischen Bodybuilder und Wrestler gleichen Namens) war zweifacher englischer Tischtennismeister und -trainer, Harrisons Mutter Jennifer verdingt sich als Lehrerin. Viel bürgerlicher geht es nicht. Doch Sarah interessierte sich früh für den Beruf der Journalistin, studierte Anglistik und absolvierte 2009 ein folgenreiches Praktikum am »Centre for Investigative Journalism«, in dessen Rahmen sie Daten für einen Dokumentarfilm über Julian Assange zusammentrug. Ihr gefiel die Arbeit von WikiLeaks, sie heuerte 2011 bei Assange an und kletterte die Karriereleiter schnell nach oben.

Wie genau sie das erste Mal auf Snowden traf, ist nicht bekannt. Fakt ist, dass der Whistleblower, vielleicht auf Empfehlung von Assange, Harrison als Begleitung auswählte, um von Hongkong nach Moskau zu fliegen. Experten rätselten, warum Snowden ausgerechnet die juristisch nicht ausgebildete junge Frau wählte, im WikiLeaks-Fundus hätten sich diverse spezialisierte Anwälte befunden. Aber der Amerikaner wird seine Gründe gehabt haben. Harrison, deren beide Schwestern in Hongkong leben, begleitete Snowden während seiner Zeit auf dem Flughafen Scheremetjewo und tauchte auch auf den wenigen Fotos aus dieser Zeit auf. In einem Interview, das ihre Mutter der britischen Tageszeitung *Daily Mail* gab und das am 29. Juni 2013 veröffentlicht wurde, sagte Jennifer Harrison: »Ich bin sehr stolz auf meine Tochter und vertraue ihr bedingungslos. Ich traue ihrem Urteilsvermögen, ihren Werten und glaube, dass sie die richtigen Entscheidungen treffen wird. Sie ist in ihrer Arbeit sehr engagiert und loyal den Leuten gegenüber, die für sie wichtig sind. Außerdem ist sie ein sehr herzlicher Mensch, hat aber gleichzeitig auch ein gutes Gespür für Prioritäten.«[66] Im weiteren Gespräch gab Jennifer Harrison zu, sich trotzdem Sorgen um Sarah zu machen, das gelte aber auch für ihre anderen beiden Töchter. Deutlich zurückhaltender präsentierte sich Vater Ian, der mit der plötzlichen Aufmerksamkeit der Presse nicht so viel anzufangen wusste wie seine Gattin. Er sagte im gleichen Interview: »Wir wussten, dass sie für WikiLeaks arbeitet, waren aber von ihrem Kontakt zu Snowden überrascht. Wir wissen nicht einmal, wie sie nach Hongkong gekommen ist. Unsere Hoffnung ist, dass sie keine Gesetze bricht, wobei wir das auch nicht glauben. Wir machen uns einfach sehr, sehr große Sorgen um unsere Tochter.«

Am 2. November 2013 wurde bekannt, dass Sarah Harrison, die Edward Snowden nach gewährtem Asyl auch in sein Versteck begleitet hatte, nach Berlin reisen würde. Wenige Tage später, am 6. November, wandte sich die Britin in einem offenen Brief an die deutsche Bevölkerung, in dem sie auch ihre Rolle in der Snowden-Affäre erklärte: »Ich war mit ihm (Snowden – Anm.d.A.) unterwegs nach Lateinamerika, als die USA seinen Reisepass für nichtig erklärten und er in Russland strandete. Die nächsten 39 Tage verbrachte ich mit ihm im Transitbereich des Moskauer Scheremetjewo-Flughafens und half ihm, in 21 Ländern, darunter auch Deutschland, Asyl zu beantragen. Trotz des erheblichen Drucks der USA gelang es uns, ihm Asyl in Russland zu verschaffen. Ich blieb weiter an seiner Seite, bis sich unser Team sicher war, dass er sich dort eingerichtet hat und ihn keine Regierung der Welt stört.«[67] Des Weiteren rief Harrison zum Kampf gegen Machtmissbrauch auf und lobte das deutsche Volk für seine Zustimmung für Snowden. Nachdenklich macht jedoch eine andere Passage des Briefes, in dem die Journalistin berichtet, dass sie in ihrer Heimat wahrscheinlich Verfolgung zu befürchten hätte: »Fast jeder Bericht, der über das umfangreiche Spähprogramm der NSA oder des britischen Geheimdienstes GCHQ veröffentlicht wurde, fällt in die Kategorie von »Terrorismus«, wie ihn die britische Regierung interpretiert. Deshalb haben mir unsere Anwälte geraten, dass es für mich nicht sicher ist, in meine Heimat Großbritannien zurückzukehren.« So konnte sich Deutschland zwar nicht zur Gewährung von Asyl für Edward Snowden durchringen, bietet aber immerhin einer seiner Helferinnen Schutz. Besser als nichts.

GRUND 26

Weil es einen offiziellen Appell gibt, Edward Snowden zu schützen

Die Berichte über Edward Snowden haben wohl niemanden kaltgelassen. Viele Artikel, Berichte, Meldungen und Diskussionen über den jungen Mann sind auffällig emotional verfasst oder geführt. Sei es, weil sich der Verfasser mit der Position von Snowden identifizieren kann. Oder eben, weil er genau die gegenteilige Meinung vertritt. Doch wie kann man selbst seine Sympathie zu Snowden kundtun, ohne gleich ein ganzes Buch über ihn zu verfassen? Ganz einfach, die Organisation »Campact« bietet auf ihrer Website einen Appell an, den jeder Unterstützer unterzeichnen kann. Die schnelle Petition 2.0 soll Edward Snowden »eine sichere Zuflucht in Deutschland« garantieren und grundsätzlich Hinweisgeber gesetzlich besser schützen. Ganz konkret fordert »Campact« von der Bundesregierung:

1. Schützen Sie Edward Snowden durch eine vom Asylverfahren unabhängige Aufenthaltserlaubnis und mit einem Zeugenschutzprogramm.
2. Sorgen Sie dafür, dass Hinweisgeber in Deutschland durch ein Whistleblower-Gesetz besser abgesichert werden.
3. Wir brauchen Menschen wie Edward Snowden, um Verstöße gegen Bürgerrechte und Missstände bei den Geheimdiensten ans Licht zu bringen.[68]

Diese drei Punkte unterschreibt jeder Teilnehmer des Appells. Bis zum heutigen Tage haben ihn laut Homepage (Stand Februar 2014) über 181.000 Menschen unterschrieben. Den Newsletter der Organisation empfangen angeblich sogar rund 960.000 Menschen. Dabei sieht sich »Campact« als Vermittler und Nicht-Fachorganisation, die auf Missstände der Gesellschaft aufmerksam machen möchte und sich zu diesem Zweck mit Organisationen wie der Deutschen Umwelthilfe, dem BUND, Attac oder LobbyControl für Kampagnen, Demonstrationen und Aktionen zusammenschließt. Neben Umweltaspekten, Anti-Kriegs-Aufrufen und anderen Aktionen geht es »Campact« auch um den Schutz der Privatsphäre und um den der Whistleblower.

Am 18. November 2013 beteiligte sich »Campact«, neben anderen Organisationen wie dem »Whistleblower-Netzwerk«, an einer Demonstration vor dem Bundestag. Unter anderem waren auch Juristen aus der Gruppe »Anwälte gegen Totalüberwachung« dabei, die auf Plakaten den Schutz des Anwaltsgeheimnisses forderten. Eine so bunte wie seltsame Allianz. Dabei wurde Edward Snowden in Wort, Bild und Pappmaschee unter anderem als heiße Kartoffel dargestellt, an der sich niemand die Finger verbrennen möchte. Die Aktivistin Anette Sawatzki schrieb in ihrem Blog zur Kampagne »Welcome to Germany, Edward Snowden« und der Demonstration: »Es ist, als wäre dieser Mann eine heiße Kartoffel. Die Politiker winden sich und suchen Ausreden, warum sie ihm nicht helfen. Seine Enthüllungen nahmen sie dankbar an, aber Schutz in Deutschland wird ihm verweigert. Mit unserer Aktion vor dem Bundestag forderten wir die Parlamentarier auf, Rückgrat zu zeigen – und Snowden vor einen Untersuchungsausschuss zu laden.«[69] Um die Politiker zu überzeugen, überreichten Vertreter von »Campact« die bis dahin gesammelten 160.000 Unterschriften an Katrin Göring-Eckardt von den Grünen, sowie Gregor Gysi und Katja Kipping von den Linken. Große Hoffnung auf ein Einlenken der Politik in Sachen Snowden habe aber niemand. Zu deutlich waren bisher die Abweisungen der Forderungen (beziehungsweise das Totschweigen des Falls an sich). Sawatzki in ihrem Blog: »Die Politiker/innen, die den Appell entgegennahmen, stellten sich zwar hinter unsere Forderungen (…) oder versprachen eine ›sorgfältige Prüfung‹, wie eine sichere Aufnahme Snowdens gewährleistet werden könne (Christian Lange, SPD). Doch das Plenum berief keinen Untersuchungsausschuss ein. Die Koalitionäre in spe verschoben die Entscheidung darüber in einen anderen Ausschuss, der noch gar nicht existiert. Die heiße Kartoffel wird weitergereicht. Wie lange noch?«[70]

Auch die *Süddeutsche Zeitung* berichtete über die Ausflüchte der Politiker, wenn es darum geht, sich intensiv mit dem Fall Snowden und seinen Folgen zu befassen. So veröffentlichte die Zeitung einen Artikel zu dem Thema *Mit welchen Tricks Union und SPD im Bundestag vermieden haben, über Anträge der Opposition zur NSA-Affäre abstimmen zu müssen* und prangerte dort die Winkelzüge der drei Regierungsparteien an, die sie zur Verlangsamung des Prozesses einsetzten.[71] Mittendrin Thomas Oppermann von der SPD, der sich wenige Monate zuvor, als Vorsitzender des Parlamentarischen Kontrollgremiums und Oppositionspolitiker, noch fast täglich über Innenminister Friedrich und Kanzleramtsminister Pofalla aufgeregt und lautstark mehr Transparenz und Aufklärung gefordert hatte. Nun, als Teil der designierten Regierung, schlug er plötzlich andere Töne an. Es ist halt alles eine Sache des Standpunktes.

GRUND 27

Weil er Alan Rusbridger Gelegenheit zu einem amüsanten Auftritt gegeben hat

Ob Alan Rusbridger im Juni 2013 die Dokumente von Edward Snowden wirklich angenommen hätte, wenn er geahnt hätte, was da auf ihn und seine Zeitung, den *Guardian*, zukommt? Wahrscheinlich ja, aber er hätte sich eine Extraportion Schlaf- und Nerventee besorgt. Allein, um den 3. Dezember 2013 durchzustehen. An diesem Tag stand Rusbridger nämlich vor dem Innenausschuss des britischen Unterhauses und musste seinen Landesvertretern Rede und Antwort stehen. Und zumindest partiell hätten die Dialoge auch aus der Feder der legendären Monty Python stammen können. Der Pressefreiheit sei Dank wurde die Anhörung, die den offiziellen Titel »Terrorabwehr« trug, live übertragen und so für die Nachwelt gesichert. Hätte Rusbridger sie nur mündlich wiedergegeben, man hätte ihm vermutlich nicht geglaubt.

So fragte der Vorsitzende Keith Vaz von der Labour-Partei sein Gegenüber zu Beginn der Anhörung, ob er bestätigen könne, freiwillig vor dem Ausschuss erschienen zu sein. Denn es habe Gerüchte gegeben, die britische Regierung hätte den Chefredakteur gezwungen. Rusbridger erwiderte, er sei sich nicht bewusst gewesen, eine Wahl gehabt zu haben. Damit war die grundsätzliche Stoßrichtung des Gespräches klar. Rusbridger war nicht gewillt, sich die Butter vom Brot nehmen zu lassen. Wie die *FAZ* noch am gleichen Tag berichtete, gab sich der Pressevertreter keine Blöße, sondern ließ die Politiker der Reihe nach und nach allen Regeln der Kunst auflaufen.[72] So wies er die Behauptung der drei Chefs der britischen Geheimdienste, die Veröffentlichungen im *Guardian* würden Terroristen in die Hände spielen, vehement zurück. Bislang seien von über 55.000 Dokumenten, die Edward Snowden geliefert hat, gerade einmal 27 in dem Blatt erschienen. Und hierbei handele es sich zumeist um Dokumente, die für die Dienste eher peinlich denn gefährlich seien. Rusbridger verwies zudem darauf, dass seine Zeitung sehr gewissenhaft mit der Prüfung der Dokumente umgehe und sich von ehemaligen Offizieren der Dienste beraten lasse. Abgesehen davon seien bisher insgesamt 35 Artikel zum Thema erschienen (Stand 3. Dezember 2013). Davon seien 34 mit den britischen und US-amerikanischen Geheimdiensten abgestimmt worden. Nur ein einziger sei ohne vorherige Rücksprache publiziert worden, um kein Veröffentlichungsverbot zu riskieren.

Ratlose Blicke bei den Fragestellern. So war dem Journalisten also nicht beizukommen. Und weil britische Politiker nicht anders sind als ihre deutschen Kollegen, kamen sie anschließend auf recht absurde Gedanken. So wurde Rusbridger gefragt, ob er »dieses Land« (seine Heimat Großbritannien) lieben würde. Mit der Antwort »Ja, vor allem die Meinungsfreiheit« hatte er die Lacher auf seiner Seite. Höhepunkt des würdelosen Theaters waren allerdings die Fragen des konservativen Abgeordneten Michael Ellis. Der jüdischstämmige Politiker wollte laut *Spiegel*-Artikel von dem Journalisten allen Ernstes wissen, ob er seinerzeit »auch die Geheimnisse der britischen ENIGMA-Codeknacker im Zweiten Weltkrieg an die Nazis verraten hätte«.[73] Rusbridger weigerte sich verständlicherweise, auf diese Frage einzugehen. In einem Akt der Verzweiflung versuchte der Ausschuss schließlich, Rusbridger für das Verschwinden von Geheimdokumenten verantwortlich zu machen. Mit einer abermals abenteuerlichen Begründung. Der Ehemann des damaligen *Guardian*-Mitarbeiters Glenn Greenwald, David Miranda, war am 18. August 2013 auf dem Weg von Berlin nach Rio de Janeiro bei einem Zwischenstopp in London neun Stunden lang festgehalten worden. Miranda sollte einige Dokumente von Deutschland nach Rio bringen. Nach der Landung in London-Heathrow wurden die Dokumente, neben einigen privaten Dingen von Miranda, von britischen Sicherheitsleuten eingezogen. Da Rusbridger Mirandas Flug bezahlt hatte, sollte er nun auch die Schuld am Verschwinden der Dokumente tragen. Mit anderen Worten, hätte Rusbridger Miranda den Flug nicht bezahlt, wären die Dokumente immer noch im Besitz des *Guardian* und nicht in Händen der Regierung. Eine Schlussfolgerung, für die man schon eine ausgeprägte Fantasie braucht. Rusbridger konterte laut *Spiegel* lakonisch, dass seine Zeitung, im Gegensatz zur NSA, bisher keine Dokumente verloren hätte.[74]

Zeitgleich zum Verhör vor dem Ausschuss meldeten sich mehrere Unterstützer von Rusbridger, darunter auch der Brite Ben Emmerson, UNO-Sonderbeauftragter für Terrorabwehr und Menschenrechte, der ankündigte, die UNO werde die Machenschaften der NSA und des GCHQ untersuchen. Einen Tag nach der Vorladung von Rusbridger erschien im *Guardian* zudem ein offener Brief des Watergate-Enthüllers Carl Bernstein, der der britischen Regierung empfahl, sich lieber mit den Risiken des modernen Überwachungsstaates zu befassen, als Journalisten einzuschüchtern.[75] Kleine Besonderheit am Rande: Während in Deutschland und anderen Ländern ausführlich über die Anhörung berichtet wurde, fand sie in britischen Medien so gut wie gar nicht statt. Angeblich, weil die Öffentlichkeit auf der Insel kein Interesse an der Verhandlung hatte.

GRUND 28

Weil er der Filmemacherin Laura Poitras Gelegenheit gibt, noch mehr Preise zu gewinnen

Wer glaubt, dass das Leben als Dokumentarfilmer/in öde und langweilig sei, der sollte mal bei Laura Poitras nachfragen. Die 1964 in Boston geborene Filmemacherin hat in den letzten sieben Jahren mehr erlebt als James Bond in seiner ganzen Karriere. Und Poitras, die die Filmaufnahmen von Edward Snowden in Hongkong machte und neben dem Journalisten Glenn Greenwald als einziger Mensch im Besitz aller von Snowden gestohlenen NSA-Dokumente ist, wähnt sich noch lange nicht am Ende ihrer Reise.

Der Name Poitras geisterte zum ersten Mal 2003 durch die einschlägige Presse, als ihr Film *Flag Wars* veröffentlicht wurde. Die rund 90-minütige Dokumentation, die Poitras gemeinsam mit ihrer Kollegin Linda Goode Bryant drehte, behandelt die Probleme eines schwarzen Arbeiterviertels in Columbus, Ohio, in das nach und nach immer mehr weiße, homosexuelle Menschen aus der Mittelschicht ziehen und damit die bestehende Gemeinschaft im Viertel auf die Probe stellen. Der Streifen entstand über einen Zeitraum von vier Jahren und gewann unter anderem den Filmmaker Award auf dem Full Frame Documentary Film Festival, den SXSW Competition Award und den renommierten Peabody Award von der University of Georgia. Außerdem war der Film für einen Emmy nominiert. Nach weiteren Projekten drehte Poitras 2006 *My Country, My Country*, mit schwerwiegenden Folgen. Die Dokumentation über das Leben des irakischen Volkes unter der US-amerikanischen Besatzung begeisterte zwar die Kritiker und wurde sogar für einen Oscar nominiert. Doch das Ministerium für Innere Sicherheit der Vereinigten Staaten sah das irgendwie anders. Weil Poitras deutliche Kritik an der US-Invasion übte, wurde sie als »terrorverdächtig« eingestuft. 2012, also sechs Jahre nach Veröffentlichung von *My Country, My Country* gab sie einem gewissen Glenn Greenwald für das Magazin *Salon* ein Interview und berichtete darüber, wie sich ihr Leben verändert hat, seit sie auf der Watchlist des Außenministeriums steht. Sobald Poitras von einer Auslandsreise zurückkehrt, wird sie (bisweilen noch auf dem Rollfeld) von Bundesagenten in Empfang genommen. Die fragen sie nicht nur über ihre Reiseroute und den Grund ihrer Reise aus, sondern kopieren die Speicherkarten ihrer Kameras, Computer und Telefone. Wer genau was mit diesem Inhalt anstellt, wird ihr nie gesagt. Diese Befragungen können im Übrigen mehrere Stunden dauern.

Auch Poitras' bislang letzter Film, *The Oath* aus dem Jahr 2010, trug nicht gerade dazu bei, die Situation zu entspannen. Denn hier wird das Schicksal zweier arabischer Freunde dokumentiert, die Mitte der Neunziger durch einen Zufall Osama Bin Laden kennenlernten und für diesen als Bodyguard und Fahrer arbeiteten. Nach den Anschlägen vom 11. September 2001 wurden beide Männer verhaftet. Während der eine nach kurzer Zeit wieder entlassen wurde, sitzt der andere bis heute im kubanischen Guantanamo Bay. Sein Fall beschäftigt sogar den Obersten Gerichtshof der Vereinigten Staaten. *The Oath* gewann ebenfalls mehrere Preise (darunter den True Vision Award) und soll nach *My Country, My Country* der zweite Teil einer Trilogie sein. Der dritte Film wird den Titel *The Program* tragen und sich auch mit den Geschehnissen um Edward Snowden befassen.

Wie Snowden auf Laura Poitras kam, ist schnell erzählt. Greenwald hatte nach seinem Interview mit der Filmemacherin 2012 den Kontakt nie abbrechen lassen. Und so schien es logisch, dass sie die Filmaufnahmen machen sollte, die im Juni 2013 um die Welt gingen. Bereits Anfang 2013 bekam Poitras, die stets befürchtete, auch in ihrem Heimatland abgehört und überwacht zu werden, einen anonymen Hinweis, wie sie sich gegen Hacker-Angriffe wehren könne. Es wurde und wird gemutmaßt, dass hier vielleicht Snowden seine Finger bereits im Spiel hatte. Sicher ist dies aber nicht. Es existiert ein Zitat des Whistleblowers, das mit den Angriffen der US-Geheimdienste auf Poitras in Verbindung gebracht wird. Bezüglich der Möglichkeiten, die den Geheimdiensten zur Verfügung stehen, um private Rechner zu knacken, sagte Snowden einmal: »Nimm an, dein Gegenspieler kann eine Billion Versuche pro Sekunde leisten.« Poitras, die seit dem in Hongkong gedrehten Interview in Berlin lebt (und mit Greenwalds Ehemann Miranda vor dessen Eklat am Londoner Flughafen sogar eine WG bildete), gab bekannt, dass die Dokumente von Snowden, die sie bearbeitet, auf einem Gerät gespeichert sind, das keinen Zugang zum Internet oder anderen öffentlichen Netzwerken hat.

Fazit: Eine Frau, die weltweit anerkannte, mutige Dokumentarfilme dreht und dafür von ihrer eigenen Regierung als »terrorverdächtig« eingestuft wird, das klingt nach *1984* und *Schöne neue Welt*. Leider ist dies die Realität. Dass in den USA längst nicht alle so denken, beweist eine Auszeichnung, die Poitras 2012 zugesprochen bekam. Das MacArthur Fellow Program (im Volksmund auch »Genie-Preis« genannt) zeichnet jährlich zwischen 20 und 40 US-amerikanische Bürger aus, die unabhängig vom Berufsfeld und Alter herausragende Ergebnisse vorweisen können und von denen solche auch in Zukunft zu erwarten sind. Der Preis ist mit 625.000 Dollar dotiert, das Geld wird über mehrere Jahre ausgezahlt. Mit diesem Stipendium dürfte die Filmemacherin, die auch eng mit dem deutschen Nachrichtenmagazin *Der Spiegel* zusammenarbeitet, momentan ihren Lebensunterhalt bestreiten. Und das ist wichtig, denn *The Program* wird weitere wichtige Details enthüllen. Schön, dass wenigstens die MacArthur-Stiftung dies genauso sieht.

GRUND 29

Weil er den Chaos Computer Club belebt

Der Chaos Computer Club (CCC) ist in der Hacker-Szene eine Legende. Bereits 1981 gegründet, stellt der Verein mit seinen über 3.000 Mitgliedern eine wichtige, unabhängige Kontrollinstanz für Datensicherheit dar. Mitglieder des Vereins drangen in den letzten Jahrzehnten immer wieder über angeblich unüberwindbare Vorkehrungen in Netzwerke ein und demonstrierten so, dass Sicherheit relativ ist. Unter anderem wurden Rechner der NASA, des KGB, der Hamburger Sparkasse, von Apple oder der Deutschen Telekom geknackt. 2006 erregte der CCC großes Aufsehen, als es einigen Hackern gelang, die Wahlcomputer der Firma Nedap zu manipulieren. Verschiedene deutsche Gemeinden verzichteten anschließend auf den Kauf der Computer. Wir sind hier ja schließlich nicht in Florida.

Vom 27. bis 30. Dezember 2013 traf sich der CCC in Hamburg zum 30. Mal. Rund 8.000 Teilnehmer diskutierten über neue Entwicklungen in der IT-Branche und vor allem über die Enthüllungen von Edward Snowden. Nicht, dass die meisten Mitglieder des Vereins großartig überrascht waren von den NSA-Machenschaften. Aber plötzlich besitzen die Themen Datensicherheit und Privatsphäre in der Kommunikation einen ganz anderen Stellenwert. Und damit rückt auch der CCC weiter in das Licht der Öffentlichkeit. CCC-Sprecher Frank Rieger bestätigte der Tageszeitung *Die Welt*, dass die Teilnehmerzahlen im Vergleich zu den letzten Jahren um ein Drittel gestiegen seien. So sagte Rieger: »Der Snowden-Faktor spielt da schon eine Rolle. Durch die Snowden-Enthüllungen haben viele gesehen, dass wir die ganzen Jahre nicht gesponnen haben.«[76] In einer Pressemitteilung des Vereins zum CCC-Treffen 2013 hieß es, in Hamburg würde ein »viertägiger Kongress um Technologie, Gesellschaft und Utopie« stattfinden. Ein passendes Motto, auch für Snowden und seine Geschichte, die auf dieser Veranstaltung allgegenwärtig war. Bereits am Eröffnungstag war der Journalist Glenn Greenwald live via Skype aus Brasilien zugeschaltet und hielt eine viel umjubelte, rund 30-minütige Rede, die in die Geschichte des CCC einging. Denn das Thema Snowden, das bewies Greenwald, ist sehr emotional besetzt.

Greenwald, der zu Beginn seiner Rede scherzhaft bemerkte, dass er keine Ahnung vom Programmieren habe, kritisierte die Regierungen von Staaten wie Deutschland, Frankreich oder Brasilien, die von Snowdens Enthüllungen profitiert hätten, ihn danach aber im Stich gelassen haben. Greenwald mahnte eine moralische Verpflichtung speziell der europäischen Staaten gegenüber Snowden an. Er lobte im gleichen Atemzug die Entscheidung des Whistleblowers als heldenhaft, da dieser ein großes Risiko eingegangen sei, um die Rechte vieler Menschen zu schützen. Am meisten Zeit verwendete der Journalist allerdings, um die USA und seine Geheimdienste mit Vorwürfen zu überschütten. So warf er der NSA vor, die Privatsphäre gleich vollständig abschaffen zu wollen. Jede Art von Kommunikation werde abgehört und aufgezeichnet, soweit das technisch möglich sei. Der US-Regierung warf Greenwald zudem vor, die Terrorabwehr nur vorzuschieben. Die totale Überwachung, das würden diverse Dokumente aus dem Fundus von Snowden belegen, diene auch der Wirtschaftsspionage. Hoffnung, die Enthüllungen würden etwas an der grundsätzlichen Einstellung der USA ändern, hegte Greenwald nicht. Er rechne nur mit symbolischen Gesten, hinter den Kulissen würde es weiterlaufen wie bisher. Außerdem merkte er an, dass die Regierung Snowden am liebsten lebenslänglich hinter Gittern sehen würde. Zudem würdigte der Journalist die Verdienste anderer Whistleblower wie Daniel Ellsberg oder Chelsea Manning (vormals Bradley Manning) und andere Aktivisten wie Sarah Harrison, die Edward Snowden bei seiner Flucht unterstützte. Zum Abschluss seiner Rede verwies Greenwald laut einem Artikel von *Spiegel Online* darauf, dass er gemeinsam mit der Filmemacherin Laura Poitras an weiteren Veröffentlichungen von Snowdens Dokumenten arbeiten würde. Allerdings seien diese sehr kompliziert und umfangreich. Die Gegenseite würde nur auf einen Fehler von Greenwald und seiner Kollegin warten. Wörtlich sagte er: »Es werden noch eine Menge Geschichten kommen und eine Menge neuer Dokumente veröffentlicht werden.«[77] Klingt so, als gäbe es auch in den folgenden Jahren auf den CCC-Treffen eine Menge zu diskutieren.

GRUND 30

Weil er einen alten Hasen überraschte

Mal ganz im Ernst, wie viel Spaß muss ein Schulkind in einem englischsprachigen Land haben, das mit dem Namen MacAskill durch die Weltgeschichte läuft? Der britische Journalist Ewen MacAskill kann wahrscheinlich ein Liedchen davon singen, auch wenn seine Schulzeit ganz offensichtlich schon eine ganze Weile zurückliegt. Anders als sein Kollege Greenwald zeigt sich MacAskill selten in der Öffentlichkeit und hielt sich mit Äußerungen zurück. Deshalb ist er der am wenigsten bekannte der drei Journalisten, die Edward Snowden in Hongkong interviewten. Damit wird er aber nicht uninteressanter.

Eigentlich hatte Snowden sich nicht an MacAskill gewandt, sondern an Greenwald (der anfangs wenig begeistert von der Geschichte des Whistleblowers war und sich nicht weiter damit beschäftigen wollte) und Poitras. Poitras war es, die Greenwald letztlich überredete, sich genauer mit dem geheimnisvollen Informanten zu befassen, der angeblich wichtige Informationen für sie hätte. Die beiden kamen überein, noch einen dritten Mann an Bord zu holen, wahrscheinlich, um sich abzusichern. Außerdem hören sechs Ohren mehr als vier. Greenwald schlug schließlich MacAskill vor, der wie er beim *Guardian* arbeitet, seit April 2013 in Washington. MacAskill ist ein *Guardian*-Veteran, seit über 20 Jahren in verschiedenen Funktionen dabei, unter anderen viele Jahre als Auslandskorrespondent. In einem seiner seltenen Interviews mit dem Magazin *journalist* erzählt er wenig von sich, erinnert sich aber sehr genau an seine erste Begegnung mit dem Whistleblower: »An einem Freitagabend vor einigen Wochen bat mich die US-Chefin des *Guardians*, Janine Gibson, am nächsten Tag, dem 1. Juni, mit Glenn Greenwald und Laura Poitras nach Hongkong zu fliegen. Wir sollten jemanden treffen, der behauptet hat, geheime Dokumente zu besitzen. Der Auftrag war, herauszufinden, ob dieser Kerl die Wahrheit sagt oder ob er ein Fantast ist. (…) Ich stellte ihm viele Fragen zu seiner Person und erkundigte mich nach zahlreichen Details, etwa seiner Sozialversicherungsnummer. Nach zwei Stunden war klar, dass er der echte Edward Snowden ist. Aber dann fing er an, sein Leben zu schildern. Er war gerade mal 29 Jahre alt und erzählte, dass er für die Special Forces der US-Armee trainiert habe, sich dann aber beide Beine brach; dass er keine Universität besucht, aber in Genf für die CIA und in Japan für die NSA gearbeitet habe. Ich dachte: Das klingt doch alles nicht echt.«[78]

Aber Snowden war (und ist) echt und überzeugt die Journalisten. Insgesamt sechs Tage interviewen sie den Whistleblower, immer mit der Angst im Rücken, Snowden könnte es sich plötzlich anders überlegen oder Spezialkräfte könnten das Hotelzimmer stürmen und alle festnehmen. Denn Snowden hatte laut MacAskill einen großen Fehler gemacht: Zwar verschlüsselte der Whistleblower all seine Mails. Aber im Mira-Hotel hatte er unter seinem richtigen Namen eingecheckt und zahlte auch alle Rechnungen mit der eigenen Kreditkarte. Und das zu einem Zeitpunkt, zu dem die NSA-internen Sicherheitskräfte bereits seine Wohnung in Hawaii durchsucht hatten. Für MacAskill eine große Überraschung, denn so machte Snowden all seine Bemühungen um die Verschleierung seines Aufenthaltsortes zunichte.

Ewen MacAskill berichtet in dem Interview mit *Journalist Online* außerdem davon, warum sich der US-Amerikaner ausgerechnet eine britische Zeitung für seine Enthüllungen ausgesucht hat. Die Erklärung ist simpel: »Er kam nicht zum *Guardian*, er mochte meinen Kollegen Glenn Greenwald, der eine sehr klare Haltung zu Eingriffen in die Privatsphäre und zum Verhältnis von Geheimdiensten und Bürgern hat. Dazu kommt, dass Snowden den traditionellen Medien misstraut. Die *New York Times* hatte 2004 recherchiert, dass die Bush-Regierung die Bürger ohne Gerichtsbeschluss überwachen ließ, hielt dies aber auf Bitten der Regierung ein Jahr lang zurück, weil die behauptete, dies zu veröffentlichen gefährde die nationale Sicherheit. Und das in einem Wahljahr! Snowden empörte das. Eigentlich wäre die *New York Times* das naheliegende Medium für ihn gewesen. Aber aufgrund dieses Vorfalls traute er der Zeitung nicht mehr. Snowden hat sich eher Glenn als Individuum ausgesucht als den *Guardian* als Zeitung.«[79]

Im Dezember 2013 veröffentlichte MacAskill im *Guardian* einen Artikel mit der Überschrift *Der lange Arm des US-Gesetzes: Wie geht es mit Edward Snowden weiter?*[80] Darin erklärt er, dass Snowden immer noch freien Zugang zum Internet habe, und lobt die deutschen Unterstützer, unter anderem aus dem Lager der Grünen. Er äußert aber die Befürchtung, dass der Whistleblower trotz seines Asyls in Russland nicht sicher sein könnte. »Nach ereignisreichen sechs Monaten hofft Edward Snowden auf ruhigere Zeiten. Allerdings muss es nicht so ruhig sein wie das Leben in einem US-amerikanischen Hochsicherheitsgefängnis. (…) Eines der schlimmsten Worst-Case-Szenarien für Snowden wäre es, wenn sich Russland auf einen Deal mit den USA einließe, um im Austausch mit ihm einen prominenten Russen aus einem amerikanischen Gefängnis zu bekommen.«[81] Hoffen wir für Edward Snowden, dass dieser Fall niemals eintritt.

KAPITEL 4

DIE GEGENSPIELER

GRUND 31

Weil er uns Keith B. Alexander vorstellte

Ja, es ist wahr. Hätte es Edward Snowden nicht gegeben, weite Teile der Welt hätten nie erfahren, dass es einen Keith B. Alexander gibt. Was wirklich schade gewesen wäre, denn der Direktor der National Security Agency (seit August 2005) ist eine nähere Betrachtung wert. Und das, obwohl der im Bundesstaat New York aufgewachsene Alexander optisch eher an den Leiter der örtlichen Sparkassenniederlassung erinnert. Aber Vorsicht: Hinter der biederen Fassade und dem unaufdringlichen Lächeln steckt ein echter US-Geheimdienst-Supermann, der schon so manchen Freund und Feind das Fürchten gelehrt hat.

Alexander wird am 2. Dezember 1951 in Syracuse geboren, einem kleinen Industriestädtchen mit nicht einmal 150.000 Einwohnern. Laut Wikipedia werden hier vor allem Chemikalien, elektronische Geräte und Flugzeugmotoren hergestellt. Alles Dinge, die Alexander in seiner späteren Karriere wieder begegnen werden. Angeblich will der junge Mann gar nicht zum Militär, schreibt sich sicherheitshalber aber an der United States Military Academy in West Point, New York, ein, wo er nach vier Jahren mit dem Bachelor of Science abschließt, was in den USA bekanntlich nicht viel heißt. In dieser Zeit wird er als Nachrichtenoffizier auch in Westdeutschland eingesetzt, wo er an den Grenzen zur DDR und der Tschechoslowakei neuralgische Punkte beobachten darf. Das macht dem jungen Schnüffler offensichtlich so viel Spaß, dass er seine Berufspläne über den Haufen wirft und sich fortan fürs Spionieren ordentlich bezahlen lassen möchte. Das stellt kein größeres Problem dar, also macht Alexander noch schnell einen Abschluss in Betriebswirtschaft (man weiß ja nie), promoviert in Physik (kann man auch immer brauchen) und verpflichtet sich dann für die nächsten 20 Jahre. Seinen

Ausbildern erzählt er stolz von seinen Erfahrungen in Deutschland, Auge in Auge mit dem sozialistischen Feind. In einem Artikel der *Washington Post* wird Alexander so zitiert: »Die Professoren nahmen uns als Studenten und Angehörige des Militärs sehr ernst. Ich hatte damals in Deutschland einige problematische Dinge an den Grenzen zur DDR und der Tschechoslowakei beobachtet. Also schrieb ich mit meinen Klassenkameraden eine Abhandlung darüber, wie man an diesen Stellen verschiedene Operationen durchführen könnte. Sie können sich vorstellen, dass unsere Professoren das sehr interessiert lasen.«[82] Die Freude über das Interesse seiner Vorgesetzten ist den Worten Alexanders bis heute anzumerken. Zwei seiner damaligen Mitschüler waren übrigens David Patraeus (später unter anderem Direktor des CIA) und Martin Dempsey (momentan Vorsitzender des Vereinigten Generalstabs und damit höchster Soldat des Landes). Wer solche Freunde hat, kann sich natürlich auch einiges erlauben …

Was folgt, ist die typische Karriere eines Top-Geheimdienstlers: Er wird zumeist als Nachrichtendienstler in verschiedenen Einheiten eingesetzt, steigt die Karriereleiter unaufhaltsam nach oben und bildet sich nebenbei brav weiter. Er lernt alles über den »Krieg im Netz«, belegt diverse nachrichtendienstliche Kurse und wird im zweiten Golfkrieg als Nachrichtenoffizier vor Ort eingesetzt. Im November 2000 ist es dann so weit, Alexander wird Kommandierender General im nachrichtendienstlichen Hauptkommando der US Army (United States Army Intelligence And Security Command). Und weil auch Chefschnüffler gerne mal locker aus der Hose atmen, lässt er sich in seinem »Informationsdominanzzentrum« einen Kommandostand errichten, der verdächtig an die Kommandobrücke des Raumschiffs Enterprise aus der Serie *Star Trek* erinnert. Der deutsche Nachrichtensender n-tv greift diese Meldung, die zu diesem Zeitpunkt der Aktualität weit über zehn Jahre hinterherhinkt, im September 2013 nach Snowdens Enthüllungen wieder auf und zeigt einige Bilder des vor Chrom glänzenden Kommandostandes. Hier soll sich Alexander laut dem Magazin *Foreign Policy* abwechselnd wie ein Cowboy und Kapitän eines echten Raumschiffs aufgeführt haben.[83] Schien damals aber niemanden zu stören. Ganz im Gegenteil, der verhinderte Superheld klettert die Karriereleiter weiter hinauf und wird 2005, übrigens gegen die ausdrückliche Empfehlung seines direkten Vorgängers Michael V. Hayden (in dessen Amtszeit damit begonnen wurde, Angela Merkels Handy auszuspionieren), zum Direktor der NSA befördert. Auch hier zeichnet sich Alexander durch seine harte Linie aus, was Präsident Barack Obama dazu veranlasst, ihm im Oktober 2009 auch noch das Kommando für das neu eingerichtete United States Cyber Command (vergleichbar mit dem Kommando Strategische Aufklärung der Bundeswehr) zu übertragen.

Erst als Edward Snowden fast vier Jahre später auf die Missstände bei der NSA aufmerksam macht, erinnern sich plötzlich auch ehemalige Mitarbeiter des nachrichtlichen Hauptkommandos wieder an ihren (früheren) Chef, der nicht nur seinen Feinden, sondern vor allem auch seinen eigenen Leuten Angst machte. Verschiedene Quellen beschreiben Alexander als verbissen, fanatisch, angeberisch und mit keinerlei Gefühl für Verhältnismäßigkeiten. Laut *Foreign Policy* sagt ein ehemaliger Mitarbeiter über Alexanders Leitmotto: »Macht euch keine Gedanken über Gesetze. Denkt lieber darüber nach, wie ihr den Job erledigt.«[84] Das sagt viel über einen der einflussreichsten Männer der USA aus. Und hätte es Edward Snowden nicht gegeben, Keith B. Alexander wäre demnächst in Rente gegangen, ohne dass die Öffentlichkeit je einen Einblick in dessen despotische Arbeitsweise erhalten hätte. So ist der Mann wenigstens für ein paar Lacher gut, auch wenn sie einem im Halse stecken bleiben.

Im Übrigen will Alexander nach eigenen Angaben im März 2014 in den Ruhestand treten. So zumindest die offizielle Version. Vielleicht plant er mit seinem alten »Informationsdominanzzentrum« aber auch die Eroberung ein paar anderer Galaxien. Zu unserer eigenen Sicherheit natürlich.

GRUND 32

Weil er Joyce Kinsey etwas zu tun gegeben hat

Ernst und fleißig soll Edward Snowden gewesen sein, als er für rund zwei Jahre alleine in dem Häuschen seiner Mutter gewohnt hat. Und nächtelang saß er am Computer. Er hat zwar gegrüßt, aber nie den Augenkontakt gesucht. Das sind die Angaben, die Joyce Kinsey vor der Weltpresse immer und immer wiederholte. Denn die ältere Dame war die Nachbarin von Edward Snowden. Nur ein kleiner Trampelpfad und 3,7 Meter trennten die beiden Häuser voneinander.[85] Und weil Kinsey an einem schmerzhaften Nervenleiden und an Diabetes erkrankt ist, bekommt sie nicht viel Schlaf. Genau wie ihr ehemaliger Nachbar Snowden, der lieber rund um die Uhr am Computer saß, als sich auszuruhen.[86] Edwards Mutter Wendy lebt immer noch in dem Häuschen, was ihrer Nachbarin nicht sonderlich gefällt. Denn Joyce Kinsey mag die Snowdens nicht mehr. Einzig Snowden-Hund Cinder, ein Labrador, wird ab und an von ihr gestreichelt. Sie ist der Meinung, das Tier könne ja nichts für seine Herrchen. Und liegt damit wahrscheinlich gar nicht mal so falsch.

Joyce und Wendy bekamen sich laut *Spiegel Online* in die Haare, weil die redselige Kinsey Reportern verriet, dass Wendy, die »Mutter des Verräters«, an Epilepsie leide.[87] Das fand wiederum Wendy nicht schön, weil sie Nachteile bei ihrem Job als behördliche Angestellte des Bundesgerichts in Maryland befürchtete, dem sie die Erkrankung offensichtlich noch nicht gebeichtet hatte. Kinsey hingegen regte sich darüber auf, dass Frau Snowden mit dieser Krankheit überhaupt noch Auto fahren darf. Mit anderen Worten, es ging zu wie im Nachmittagsprogramm von RTL. Wesentlich tiefer dürfte Wendy allerdings der Vorwurf ihrer Nachbarin getroffen haben, Edward Snowden sei ein Landesverräter, für dessen Verhalten es keine Entschuldigung geben dürfe.[88]

Und Joyce Kinsey ist noch nicht fertig. Sie ist der festen Überzeugung, dass Wendy und Edwards ältere Schwester Jessica, die für eine Bildungs- und Forschungseinrichtung für Bundesgerichte in Washington tätig ist, in die Pläne des Whistleblowers eingeweiht waren. Denn laut *Spiegel Online* weiß die aufmerksame Nachbarin, dass die beiden ihren Sohn und Bruder kurz vor dessen Verschwinden im Mai 2013 auf Hawaii besucht haben.[89] Woher sie das weiß, möchte sie allerdings nicht verraten. Diese Information ist letztlich auch egal, unter dem Strich bleibt eines festzuhalten: Edward Snowden hat es geschafft, dass eine alte Frau, die wahrscheinlich schon seit Jahrzehnten stumpf aus dem Fenster glotzt und die Nachbarschaft beobachtet, endlich mal ein bisschen was geboten bekommt.

GRUND 33

Weil Bestsellerautor Frederick Forsyth ihn nicht mag

»Zeig mir deine Feinde, und ich sage dir, wer du bist.« Diese leichte Abwandlung eines alten griechischen Sprichwortes trifft den Kern der Sache ziemlich genau. Denn in vielen Fällen decken sich die Sympathiewerte verschiedener Menschen. Oder eben nicht. Beim britischen Bestsellerautor Frederick Forsyth zum Beispiel geht die Rechnung auf. Er gehört, aus der Entfernung betrachtet, nicht gerade zu den sympathischen Vertretern seiner Zunft. Und er hat wenig für Edward Snowden übrig.

Der 1938 in England geborene Forsyth startete seine literarische Karriere 1970, nachdem er zuvor unter anderem bei der Royal Air Force als bis dato jüngster Pilot überhaupt seinen Dienst verrichtet und im Ausland Erfahrungen als Journalist gesammelt hatte. Unter anderem auch als Kriegsberichterstatter und politischer Kommentator, was seinen Büchern jederzeit anzumerken ist. Zu den bekanntesten Werken aus Forsyths Feder zählen sein Roman-Debüt *Der Schakal*, dessen Nachfolger *Die Akte Odessa*, das 2006 veröffentlichte *Der Afghane* oder das aktuelle Werk *Die Todesliste*. In den beiden letztgenannten Büchern sind zudem erstaunliche Parallelen zu den von Snowden aufgedeckten NSA-Methoden zu finden. Als Schriftsteller gehört der zigfach ausgezeichnete Brite zweifellos zu den Meistern seines Fachs, auch wenn seine beiden bekanntesten Werke schon mehr als 40 Jahre auf dem Buckel haben. Aufgrund seiner Bildung, seiner Mehrsprachigkeit und seiner beruflichen Vergangenheit wird Forsyth allerdings auch immer wieder als politischer Kommentator eingeladen. Und was der Autor zu diesen Gelegenheiten vom Stapel lässt, ist nicht immer reines Gold. So regt sich der bekennende Konservative gerne kraftvoll über Kommunismus und Sozialismus auf, bescheinigt dem deutschen Volk im Allgemeinen abwechselnd eine überzogene »Political Correctness«[90], »germanozentrisches Denken« oder »auf einem hohen moralischen Ross«[91] zu sitzen. Er gilt als Befürworter des Drohnenkrieges, verteidigt die grundsätzliche US-amerikanische Strategie im Kampf gegen den Terror und hält auch die umfassende Cyberüberwachung für richtig, wie er in einem Interview mit dem Radiosender *Deutschlandfunk* am 14. Oktober 2013 sagte: »Nun, ich glaube nicht, dass wir hier in Großbritannien unsere eigenen Gesetze brechen. Wir versuchen nur, potenzielle Feinde und echte Feinde dingfest zu machen. Manchmal wird eben zufällig auch ein vollkommen Unschuldiger abgehört, aber da wird ihm ja keinerlei Schaden zugefügt. Nur dann, wenn jemand anfängt, über das Bombenbasteln nachzudenken, wird er abgehört und dann auch verhaftet werden. Aber all das ist kein Schaden für Unbeteiligte.«

Im gleichen Interview wird Forsyth von seinem Gegenüber Friedbert Meurer auf die Tatsache angesprochen, dass Snowden speziell in Deutschland von vielen als Held verehrt wird. Forsyth antwortet sehr deutlich: »Für mich ist der Mann ein Verräter, denn er hat einen Treueeid geleistet. Er hat diesen Treueeid wissentlich gebrochen, weil er glaubte, sein Gewissen sei wichtiger als die Sicherheit seines Landes und der Menschen, die in ihm leben. Diese Gewissensbequemlichkeit mag für die Deutschen attraktiv erscheinen. Für mich ist das nicht so, denn dieser Mann hat den Feinden verraten, wie wir uns selbst verteidigen. (…) Wenn nur 1.000 Deutsche stürben, dann hätten wir sofort eine ganz andere Diskussionslage, während er jetzt noch als Held gehandelt wird.« Die Tatsache, dass Deutschland bisher von großen Terroranschlägen verschont geblieben ist, beziehungsweise diese rechtzeitig verhindert werden konnten, lässt sich nicht von der Hand weisen. Und vielleicht würde die Stimmung in diesem Land unter anderen Umständen sogar partiell umschlagen. Trotzdem ignoriert der Brite, der laut eigenen Angaben seit seiner Jugend eine sehr enge Beziehung zu Deutschland pflegt, ganz offensichtlich und wissentlich die Erfahrungen, die dieses Land mit Geheimdiensten in den letzten 100 Jahren gemacht hat. Die absolute Geheimdiensthörigkeit, die Herr Forsyth in diesem Interview präsentiert, kann, das wissen in diesem Land die meisten Menschen, nicht der Weisheit letzter Schluss sein.

Einige Wochen nach diesem Gespräch, genauer am 23. November 2013, gab der Brite dem deutschen TV-Sender N24 ein Interview, in dem er die Vorwürfe gegen Snowden fast wortwörtlich wiederholte und noch hinzufügte: »Die Glorifizierung von Snowden kann ich nicht nachvollziehen. Zumal er nicht etwa Konzentrationslager oder dergleichen aufgedeckt hat. Nein, er hat aufgedeckt, wie sich ein Land gegen Terrorattacken wehrt. Und damit hat er diese Abwehrmöglichkeiten geschwächt.« Bei so viel konservativem Gedankengut in Verbindung mit solch schrägen Argumentationsketten fällt es nicht schwer, die eigenen Sympathiepunkte zu verteilen. Forsyth mag unendlich viel Erfahrung besitzen, die er seit Jahrzehnten allerdings nur noch theoretisch nutzt. Aber Snowden hat den Mut des Handelns bewiesen. Und das ist im Zweifelsfall höher anzusiedeln.

GRUND 34

Weil James Woolsey ihn hängen sehen will

»In seinem Fall über Amnestie nachzudenken ist idiotisch. Er sollte wegen Landesverrats verfolgt werden. Wenn er dann von seinesgleichen verurteilt wurde, soll er am Hals aufgeknüpft werden, bis er stirbt.«[92] Diese Worte stammen keinesfalls aus einem Western oder einer TV-Serie, die abends erst nach 22 Uhr ausgestrahlt werden darf. Dies ist die Meinung von James Woolsey über Edward Snowden. So geäußert am 20. Dezember 2013 gegenüber dem für seine politische Feinsinnigkeit bekannten Sender *Fox News*. Wäre Woolsey nur ein dahergelaufener Irrer, wie es diese Aussage vermuten lässt, hätten seine Worte kein Gewicht. Leider bekleidete der Mann von 1993 bis 1995 den Chefposten bei der CIA und ist bis heute in vielen Gremien aktiv, die die Geschicke der USA leiten. Und wenn dort so ein Ton vorherrscht, braucht man sich wahrscheinlich über gar nichts mehr zu wundern.

Woolsey hat eine außergewöhnliche Karriere hinter sich. Nach seiner Armee-Zeit, in der er auch schon als Systemanalytiker arbeitete, diente der Mann mit der imposanten Halbglatze unter drei verschiedenen Präsidenten (Carter, Reagan, Clinton) in verschiedenen Funktionen. Zudem arbeitete er immer wieder als Rechtsanwalt. Dabei wird es nicht um Taschendiebstahl oder Auffahrunfälle gegangen sein. Auffällig ist, dass er selten das Licht der Öffentlichkeit suchte, aber immer an strategisch wichtigen Stellen arbeitete. Dazu gehörte der Streitkräfteausschuss des US-Senats, für den Woolsey als Rechtsberater tätig war, ebenso wie seine Tätigkeit als stellvertretender Marinestaatssekretär. Für Beobachter des politischen Washington ist Woolsey deshalb schon lange kein Unbekannter mehr, er gehört zu den bekanntesten »Falken« (Hardliner mit hoher militärischer Affinität) in den USA. Ins gleiche Horn stößt der ehemalige UN-Botschafter der Vereinigten Staaten, John R. Bolton. Der Diplomat, der optisch eine gewisse Ähnlichkeit mit Jean Pütz aufweist, drückt es nur poetischer aus: Snowden solle »von einer großen Eiche baumeln«.[93] Wer ein bisschen über den waffenbegeisterten Republikaner recherchiert, stößt noch auf andere Zitate, die einen ähnlichen Grad an Menschlichkeit vorweisen können. So sagte Bolton bereits im Jahr 1994: »Es gibt eigentlich keine ›Vereinten Nationen‹. Es gibt eine internationale Gemeinschaft, die aber nur von der einzigen verbleibenden Supermacht angeführt werden kann, den Vereinigten Staaten (von Amerika).« Im Rahmen des gleichen Vortrages fügte er hinzu: »Das Gebäude der Vereinten Nationen hat 38 Stockwerke, aber wenn es zehn davon verlöre, würde das auch keinen Unterschied machen.« Und wer sich jetzt noch fragt, was die USA (in diesem Fall Präsident George W. Bush) von den Vereinten Nationen halten, wenn sie so einen Mann als US-Botschafter (wenn auch nur für anderthalb Jahre) entsenden, hat irgendwo in den letzten Zeilen nicht aufgepasst. Und natürlich sitzt auch Bolton in diversen Denkfabriken, die die Politik in den USA mitbestimmen.

Doch warum reagierten die beiden Brüder im Geiste fast zeitgleich mit solch entschiedener Härte auf das Thema Snowden? Weil Richard Ledgett kurz vor Weihnachten 2013 einen Vorschlag gemacht hat, der den »Falken« den Schlaf rauben dürfte.[94] Ledgett ist selbst NSA-Mitarbeiter und leitete eine Arbeitsgruppe, die sich mit den sogenannten Snowden-Leaks befasste. Interessanterweise konnte diese Gruppe bis Dezember 2013 nicht feststellen, welche Dokumente Snowden genau kopiert und weitergegeben hat. Seine Spuren waren zu gut verwischt. Die *New York Times* zitiert in einem Artikel einen anonymen NSA-Mitarbeiter, der sagte: »Sie haben Hunderte und Aberhunderte Arbeitsstunden darauf verwendet, um zu rekonstruieren, was er mitgenommen hat. Aber sie wissen es immer noch nicht genau. Ich weiß, das klingt verrückt. Aber in diesem Fall scheint alles verrückt.«[95]

Deshalb schlug Ledgett vor, dem Whistleblower einen Deal anzubieten: Eine Amnestie gegen die entwendeten Dokumente, um so Schadensbegrenzung zu betreiben. Ledgett regte unter anderem in einem Interview mit CBS an, sich ernsthaft mit dieser Option zu beschäftigen. Abgesehen davon, dass dies nicht mehr möglich scheint, da Snowden laut eigenen Angaben bereits alle Unterlagen an Journalisten gegeben hat, käme ein solches Abkommen für die NSA einer Bankrotterklärung gleich. Das ist zumindest die Sichtweise der harten Jungs wie Woolsey oder Bolton, die gedanklich immer noch auf dem Pferd in den Saloon reiten. Vor solchen Menschen darf auch ein US-Präsident nicht einknicken, die Folgen wären unabsehbar. Deshalb vermutete die *New York Times* im gleichen Artikel, dass Obama die Amnestie-Idee, selbst wenn er wollte, nicht aufgreifen könnte. Und wahrscheinlich liegt das Blatt mit dieser These goldrichtig.

GRUND 35

Weil er einer Hexenjagd ausgesetzt ist

Als Außenstehender hat man ja das Gefühl, die Presse meint es gut mit Edward Snowden. Seine Äußerungen werden bis aufs Komma genau brav von allen großen Zeitungen der Welt weitergegeben, seine Medienpräsenz ist für einen untergetauchten Menschen beeindruckend. Doch Unterstützer des Whistleblowers wollen eine Hexenjagd ausgemacht haben, die vor allem von konservativen Journalisten betrieben wird. Die geben Snowdens Kritikern Gelegenheit, ihre Unterstellungen unkommentiert zu verbreiten. Und dabei geht es auffallend häufig um eine angebliche Zusammenarbeit von Snowden mit russischen und chinesischen Geheimdiensten, für die es keinerlei Beweise gibt.

Als Beispiel sei Michael McCaul genannt, der Vorsitzende des Homeland Security Ausschusses. Der sagte gegenüber dem Sender ABC in der Sendung *This Week*, er glaube nicht, dass »Mr. Snowden in der Lage war, alles allein zu machen«. Er fügte hinzu, er könnte nicht »mit Sicherheit« sagen, ob Russland involviert gewesen sei, aber »ich glaube, dass er kultiviert wurde«.[96] Mike Rogers, Vorsitzender des Geheimdienstausschusses des Repräsentantenhauses, schlägt in eine ähnliche Kerbe, wenn er behauptet, er glaube nicht, dass Snowden alleine gehandelt hätte. Und es könne auch kein Zufall sein, dass der Whistleblower ausgerechnet in Moskau gelandet sei.[97] Diese Äußerungen stehen in krassem Gegensatz zu den Erkenntnissen des FBI, das laut seinen bisherigen Ermittlungen davon ausgeht, Snowden hätte keine Unterstützung bekommen. Und letztlich war es die USA, die ihren Bürger in Moskau festsetzen ließ, indem sie seinen Pass für ungültig erklärte.

Carly Nyst von Privacy International sieht die Schuldigen bei den Geheimdiensten: »Das Anti-Snowden-Gerede ist ein Spiegelbild der perversen Vorliebe für Geheimnistuerei und Verschleierung, die die Geheimdienste dominiert und die Grundprinzipien von Transparenz und Verantwortung untergräbt.«[98] Und auch Snowden selbst äußerte sich zu dem Thema: »Es ist nicht die Schmutzkampagne, die mich erstaunt, sondern dass die Presse Aussagen wiedergibt, von denen selbst die Interviewpartner sagen, dass es reine Spekulationen sind.«[99]

Fakt ist, dass auch die Gegner von Edward Snowden wissen, wie man sich medial inszeniert. Und sie haben genug Macht, um die richtigen Kanäle zu nutzen. Das nennt man dann wohl Pressefreiheit.

GRUND 36

Weil er vielleicht ein großes Geheimnis von Barack Obama aufgedeckt hat

Barack Obama wirkt von außen ja wie ein vernünftiger Mann. Sagen zumindest die meisten Menschen, die sich eingehend mit ihm befasst haben. Warum er bei den Wählern seines eigenen Landes nicht mehr sonderlich hoch im Kurs steht, hat viele Gründe (Obamacare, Außenpolitik oder sein oft zögerliches Verhalten in Krisensituationen, um nur drei zu nennen). Aber davon abgesehen müsste er erkennen, dass das Vorgehen der NSA absolut nicht tragbar ist. Unter keinen Umständen (wie dem umstrittenen »Patriot Act«) und mit keiner Begründung, die die Herren Alexander, Clapper und Co. bislang abgegeben haben. Eine von ihm eingesetzte Arbeitsgruppe ist zu dieser Erkenntnis gekommen. Das Privacy and Civil Liberties Oversight Board (PCLOB), ein Überwachungsinstrument des Kongresses, das seit 2008 unabhängig arbeitet, kam ebenfalls zu diesem Ergebnis und empfahl sogar, das gesamte Programm einzustellen.[100] Aber der Präsident der Vereinigten Staaten verhält sich seltsam passiv. Um die Freunde aus Übersee und die Kritiker im eigenen Land zu besänftigen, deutet er hier und da einige kleinere Veränderungen an, deren Umsetzung auf sich warten lässt. Aber selbst wenn diese umgesetzt werden würden, könnte von einer echten Reform der Geheimdienste noch lange nicht die Rede sein.

In einer Ansprache am 10. Januar 2014 stellte der Präsident im Weißen Haus einige seiner Ansätze vor. So soll die Auswertung von Metadaten durch die NSA zukünftig erschwert werden. Zudem sollen Ausländern die gleichen Rechte an ihren Daten gewährt werden wie US-Bürgern. In der gleichen Rede sprach Obama aber davon, weiter Daten sammeln zu wollen. Es gehe nicht nur um Telefonate mit konkreten Inhalten. Man wolle auch herausfinden, was in den

Köpfen möglicher Täter vorgehe. Heißt übersetzt, das Abhören ist immer und überall ohne besonderen Grund möglich. Zudem erwähnte der US-Präsident nur Telefonate, von E-Mails, Textnachrichten und anderen Kommunikationsmöglichkeiten war gar nicht die Rede. Dazu der CDU-Politiker Elmar Brok, unter anderem auch Vorsitzender des Auswärtigen Ausschusses im Europäischen Parlament: »Es gibt Zusagen, aber keine rechtlichen Verpflichtungen, die überprüfbar sind. In der Sache ist das kein wesentlicher Fortschritt zu dem, was bisherige Praxis war.«[101]

Natürlich, Obama muss die mächtigen Geheimdienste bei Laune halten und kann sie nicht als alleinige Sündenböcke in der Snowden-Affäre dastehen lassen. Und spätestens seit dem 11. September 2001 kann es sich kein US-Politiker mehr erlauben, die Privatsphäre der Einzelnen über die Sicherheit der Nation zu stellen (auch wenn diese Vorgehensweise nachweislich nichts bringt). Im Falle eines erfolgreichen Anschlags wären die Folgen kaum zu überblicken. Und trotzdem hätte man sich ein paar klarere Worte und vor allem Taten von Obama gewünscht, gerade in Europa. Vielleicht auch deshalb geistern Gerüchte durch das Netz, die besagen, der US-Präsident würde gerne andere Maßnahmen ergreifen, kann es aber nicht, weil die mächtige NSA nicht nur Normalbürger, sondern auch Spitzenpolitiker ausspäht. Und bei dieser Gelegenheit habe man ein dunkles Geheimnis erfahren, mit dem der Präsident erpressbar sei. Irgendeine Leiche in Form einer Affäre, Drogen oder illegaler Geldgeschäfte, die im Keller schlummert? Werden wir in zehn oder 20 Jahren also mit Sondersendungen und Berichten bombardiert, die die »wahren Hintergründe« des NSA-Skandals ans Licht bringen? Hat Lee Harvey Oswald wieder zugeschlagen? Eigentlich eine schöne Idee. Aber wahrscheinlich ist es am Ende nur heiße Luft, und Obama verfolgt den Kurs, den er für richtig hält. Was nicht heißt, dass der auch richtig sein muss.

GRUND 37

Weil er uns den BND erklärt

Der Bundesnachrichtendienst (BND) ist unser Bollwerk der Auslandsspionage. Wann immer unsere Nachbarn oder irgendein weit entfernter Staat etwas im Schilde führen, klären die Schlapphüte aus Pullach im Isartal auf, bis es nichts mehr aufzuklären gibt und die Sache »vom Tisch« ist, wie man in diesen Kreisen sagt. Der BND ging am 1. April (...) 1956 aus der Organisation Gehlen hervor, einem Dienst, in dem viele ehemalige Nationalsozialisten (manche lassen das »ehemalige« auch weg) arbeiteten. Deren Leiter Reinhard Gehlen hatte bereits unter Adolf Hitler für die Abteilung Fremde Heere Ost gearbeitet und diese ab 1942 geleitet. Gehlen wurde auch der erste Chef des BND (bis 1968). Sein Nachfolger bei beiden Diensten war Gerhard Wessel. Ein ziemlich illustrer Haufen also, der bis weit in die 1970er-Jahre diverse ehemalige SS-, SD-, und Wehrmachtsangehörige beschäftigte. Bereits im Jahr 2010, also nur 54 Jahre nach seiner Gründung, bestätigte der Bundesnachrichtendienst, dass eine Forschungs- und Arbeitsgruppe eingerichtet werde, die sich mit der Geschichte der Organisation beschäftigen soll.

In der NSA-Affäre tauchte der BND zu Beginn, wenn überhaupt, nur in Nebensätzen auf. Alles stürzte sich auf die Verfehlungen von NSA und GCHQ, nach der Beteiligung einheimischer Dienste schien niemand zu fragen. Bis das Nachrichtenmagazin *Spiegel* im Juli 2013 eine Titelgeschichte veröffentlichte. Zu sehen war ein leicht verfremdetes Bild von Snowden, darüber folgendes Zitat von ihm: »Die stecken unter einer Decke mit den Deutschen.«[102] Mit »die« ist die NSA gemeint. Einen Tag vor der Veröffentlichung des Heftes erschien bei *Spiegel Online* bereits ein Ausblick, der mit dem Märchen aufräumen sollte, Deutschland wäre vollkommen unwissend in diese Affäre geschlittert. Dazu *Spiegel Online*: »Nach

Spiegel-Recherchen ist die Zusammenarbeit zwischen der NSA und dem Bundesnachrichtendienst (BND) offenbar tatsächlich deutlich intensiver als bislang bekannt. So lieferte die NSA die Analyse-Tools für den Lauschangriff des BND auf ausländische Datenströme, die durch Deutschland führen. Im Fokus des BND steht unter anderem die Nahost-Strecke, über die Datenpakete etwa aus Krisenregionen verlaufen.«[103]

BND-Chef Gerhard Schindler betätigte daraufhin die Zusammenarbeit seiner Organisation mit der NSA. In seinem großen ARD-Interview, das am 26. Januar 2014 ausgestrahlt wurde, legte der Whistleblower noch einmal nach: »(...) Die NSA sammelt Millionen von Millionen Daten über deutsche Staatsbürger, was der deutsche Auslandsgeheimdienst eigentlich wissen müsse – denn er habe Zugriff auf ein NSA-System. Laut Snowden ist es eine enge Partnerschaft: Die NSA und der BND würden nicht nur Informationen austauschen, sondern auch Instrumente und Infrastruktur miteinander teilen. ›Deutschland ist eines der Länder, die Zugang zu ›XKeyscore hat‹‹, sagt Snowden. Mit dem Programm lassen sich die Daten durchsuchen, die bei der NSA gesammelt werden.«[104] Die Reaktionen auf solche Ungeheuerlichkeiten, die in letzter Konsequenz auch bedeuten könnten, die Bundesregierung wusste vom Lauschangriff auf das eigene Volk. Das würde die verhaltenen Reaktionen nach Snowdens Auftauchen im Sommer 2013 erklären. So oder so, ein bisschen mehr Auskunftsfreude der Regierung gegenüber dem eigenen Volk könnte nicht schaden.

GRUND 38

Weil er auch ein böser Bursche sein kann

Auf den ersten Blick wirkt Edward Snowden komplett harmlos. Auf den zweiten irgendwie auch. Trotzdem schafft er es immer wieder, andere Menschen gegen sich aufzubringen. Neben Präsident Barack Obama oder NSA-Chef Keith B. Alexander zum Beispiel auch Jonathan Mills. Jonathan wer? Mills, seinen ehemaligen Fast-Schwiegervater. Der äußerte sich sieben Monate nach dem Verschwinden von Snowden gegenüber der britischen Zeitung *The Telegraph*.

Unter anderem versichert Mister Mills noch einmal, dass seine Tochter Lindsay nichts von den Plänen ihres Freundes gewusst habe. »Er sagte ihr, er würde für einige Wochen auf Geschäftsreise gehen und dann wiederkommen. Was wirklich passierte, erfuhr sie aus den Nachrichten.«[105] Mills behauptet in dem Interview zudem, seine Tochter hätte bereits an Hochzeit gedacht. Lindsay beschreibt er als »künstlerisch, freigeistig und offen – also das Gegenteil von mir und Herrn Snowden«.[106] Den Whistleblower hält er hingegen für sehr reserviert. Außerdem habe dieser eine klare Vorstellung von richtig und falsch.

Falsch war aus Sicht von Jonathan Mills offensichtlich, dass Snowden seine Tochter nicht in seine Pläne eingeweiht hat. Die Idee, dass Edward seine Lindsay – sollte es sich wirklich so zugetragen haben – vielleicht vor tagelangen, nachdrücklichen Verhören durch die NSA und andere Behörden schützen wollte, kommt ihm nicht. Am Ende des Interviews zeigt sich der gute Mann dann doch etwas versöhnlicher und stellt sogar in Aussicht, dass er seinem Fast-Schwiegersohn sogar versuchen würde zu helfen, sollte sich dieser je bei ihm melden. Aber wahrscheinlich würde er ihm erst mal ordentlich die Leviten lesen. Wie Väter von Töchtern halt so sind.

GRUND 39

Weil John Boehner ihn beschimpft

Es gibt Politiker, die man gar nicht näher kennt, die einem aber schon auf den ersten Blick extrem unsympathisch erscheinen. Der Republikaner und Sprecher des Repräsentantenhauses, John Boehner, ist so ein Beispiel. Irgendetwas an diesem Mann stimmt nicht. Vielleicht ist es sein eiskalter Blick, der ihn wie einen Filmbösewicht erscheinen lässt. Vielleicht ist es diese wie auflackiert sitzende Frisur, die an Barbies Freund Ken erinnert. Vielleicht sind es aber auch nur seine politischen Positionen. Als treuer Verbündeter von George W. Bush eh schon nicht auf der Seite der Europäer, gilt John Boehner als großer Befürworter des Irakkriegs, wäre liebend gerne in Syrien einmarschiert und sieht sich selbst als strengen Katholiken. Nicht unbedingt das, wovon liberale Menschen träumen.

Es überrascht also wenig, dass Boehner auch nicht in den Fanclub von Edward Snowden eingetreten ist. Im Gegenteil, wie einige seiner Kollegen hält er den Whistleblower für einen Landesverräter, was er im Sommer 2013 auch in jedes Mikrofon sprach, das ihm hingehalten wurde. So zum Beispiel gegenüber dem Sender ABC in der Sendung *Good Morning America*: »Er ist ein Verräter. Die Offenlegung dieser Informationen stellt für Amerika ein Risiko dar. Es zeigt unseren Gegnern, welche Möglichkeiten wir haben. Und es ist eine unglaubliche Rechtsverletzung.«[107] Im gleichen Gespräch wies Boehner darauf hin, dass es klare Sicherheitsbestimmungen gebe, die verhinderten, dass US-Bürger ausspioniert werden würden. Zudem gebe es verlässliche Kontrollbehörden. »Und deshalb bin ich mir sicher, dass wir einerseits diese Programme betreiben und andererseits die Privatsphäre unserer Bürger garantieren können.«[108]

Eigentlich erstaunlich, wie oft ein Mensch mit so wenigen Sätzen so oft danebenliegen kann.

GRUND 40

Weil er von Lügnern der Lüge bezichtigt wird

»Wer die Wahrheit nicht weiß, der ist bloß ein Dummkopf. Aber wer sie weiß und sie eine Lüge nennt, der ist ein Verbrecher«, sagte Bertolt Brecht einmal. Wahrscheinlich hätte er aus der Snowden-Affäre ein Theaterstück gemacht, denn aus dem oben genannten Satz ließe sich viel Stoff ziehen. Allein der Auftritt von James Robert Clapper, seines Zeichens Nationaler Geheimdienstdirektor seit 2010 und ehemaliger Mitarbeiter von Booz Allen Hamilton, vor dem Kongressausschuss für Nachrichtendienste unter Vorsitz von Dianne Feinstein würde eine Tragikkomödie erster Güte abgeben.

Clapper ist kein Angestellter der NSA, aber als Nationaler Geheimdienstdirektor für die Aufsicht dieser Agentur zuständig. Im Kongressausschuss wird James Clapper am 12. März 2013 von Senator Ronald Lee »Ron« Wyden gefragt, ob die NSA Millionen oder Hunderte Millionen von Daten, welcher Art auch immer, über US-amerikanische Bürger sammelt.[109] Clappers Antwort: »Nein, Sir.« Wyden hakt nach: »Wirklich nicht?« Clapper: »Nicht wissentlich. Es mag Fälle geben, wo unabsichtlich Daten gesammelt werden, aber nicht wissentlich.« Die Befragung wurde per Video mitgeschnitten und landete schließlich bei YouTube, wo sich normalerweise kein Mensch für diesen kurzen Dialog interessiert hätte. Wäre nicht wenige Wochen später Edward Snowden auf der Bildfläche erschienen. Durch seine Enthüllungen wurde glasklar, dass Clapper gelogen hatte. Was den ehemaligen Militärangehörigen aber nicht davon abhielt, sich selbst zu verteidigen und sich damit noch tiefer ins Schlamassel zu reiten. In einem Interview mit dem *National-Journal* sagte Clapper zum Vorwurf der Lüge: »Was ich gesagt habe, war, dass die NSA sich nicht voyeuristisch durch die E-Mails von US-Bürgern wühlt. Und dazu stehe ich.«[110] Was Clapper gesagt hat, kann jeder nachlesen beziehungsweise -schauen, und das weicht doch erheblich von dieser Aussage ab.

Ausgelöst wurde die Befragung durch ein Ereignis, das bereits im April 2013 stattfand. Wenige Tage nach dem Bombenanschlag während des Boston-Marathons, bei dem drei Menschen ums Leben kamen und 264 verletzt wurden, erteilte der United States Foreign Intelligence Surveillance Court (FISC) die Genehmigung, Millionen von US-Kunden der Firma Verizon abzuhören und deren Gespräche für drei Monate mitzuschneiden. Ganz ohne Snowdens Einwirkung sorgte dieser Beschluss für Empörung, auch wenn die zuständigen Stellen alles taten, um die Sache zu verharmlosen. Die Vorsitzende des Kontrollausschusses, Dianne Feinstein, sprach von einer Praxis, die seit sieben Jahren üblich sei, während das als extrem konservativ bekannte Ausschussmitglied Saxby Chambliss sagte: »Das ist nichts Neues (…). Jedes Mitglied des US-Senates ist darüber informiert. Soweit ich weiß, gab es keinen Bürger, der sich beschwert hat. Das Programm hat sich als nützlich herausgestellt, denn wir konnten über die Jahre wichtige Informationen über Bösewichte, und nur über Bösewichte sammeln.«[111] Wie die von Snowden enthüllten Dokumente beweisen, eine glatte Lüge. Es sei denn, buchstäblich jeder Einwohner der USA ist ein Bösewicht. Wobei, das muss der Fairness halber erwähnt werden, bis heute nicht geklärt ist, welches Mitglied des Senats wie viel von den Machenschaften der NSA gewusst hat. Vielleicht sind die Aussagen zum Teil gar keine Lügen, sondern »nur« das Ergebnis schlechter oder nicht vorhandener Aufsicht.

Doch Clapper, Feinstein und Chambliss befinden sich in guter Gesellschaft, was das Verbiegen von Tatsachen angeht. Denn NSA-Chef Keith B. Alexander tat sich bereits im Jahr 2012 mit Interviewantworten hervor, die spätestens seit dem Sommer 2013 für Kopfschütteln sorgen. Im März 2012 wurde Alexander vor dem Kongress angehört und antwortete auf die Fragen des Repräsentanten Hank Johnson. Ein Dialog, der mit heutigem Wissen durchaus interessant ist. Das Magazin *Forbes* hat ihn aufgezeichnet:

Rep. Johnson: »Hört die NSA die Telefonate der Amerikaner ab?«
Direktor Alexander: »Nein.«
»Google-Suchanfragen?«
»Nein.«
»Textnachrichten?«
»Nein.«
»Bestellungen bei amazon.com?«
»Nein.«
»Bankunterlagen?«
»Nein.«[112]

Die Befragung geht trotz der knappen Worte von Alexander weiter: »Welche gerichtliche Erlaubnis ist für die NSA nötig, um die Kommunikation der Amerikaner und Informationen über sie aufzuzeichnen?« Alexander antwortet: »Innerhalb der Vereinigten Staaten ist das FBI zuständig. Es kann aber die NSA oder andere Geheimdienste um Mithilfe bitten. Um eine Datensammlung, wie von Ihnen angesprochen, anzulegen, bedürfte es allerdings der Legitimation durch ein Gericht. Wir sind nicht autorisiert, so etwas durchzuführen, deshalb führen wir so etwas nicht durch.«[113]

Einen Tag nach dieser Anhörung stellte sich Alexander auf der DEFCON in Las Vegas (eines der größten, jährlich stattfindenden Hacker-Treffen weltweit) einer Fragerunde, in der ein Teilnehmer diese Frage stellte: »Stimmt es, dass die NSA eine Akte über jeden Bürger angelegt hat? Und wenn ja, wie kann ich meine einsehen?« Alexander antwortete deutlich: »Unser Job ist die Auslandsspionage. (…) Diejenigen, die Geschichten erfinden, wir hätten Millionen oder Hunderte von Millionen Dossiers von Menschen angefertigt, liegen absolut falsch … Aus meiner Perspektive ist das absoluter Nonsens.«[114]

Menschen, die so etwas ohne mit der Wimper zu zucken in öffentlichen Anhörungen oder gegenüber der Bevölkerung (die sie bezahlt) erzählen, müssten eigentlich bestraft werden. Aber weder Alexander noch Clapper noch sonst jemand wurde für diese Falschaussagen belangt. Dafür fordern genau die gleichen Menschen härteste Strafen für den Mann, der diese Missstände aufgedeckt hat. Irgendetwas, das muss selbst der größte Fan der NSA zugeben, läuft in diesem System ganz gehörig falsch.

KAPITEL 5

NERDWISSEN

GRUND 41

Weil er Hobbymusiker inspiriert

Schon im finsteren Mittelalter sprangen Bänkelsänger von Marktplatz zu Marktplatz, um dem gemeinen Volk von den Heldentaten anderer Menschen zu erzählen. Manche dieser Taten waren frei erfunden, andere nur ausgeschmückt. Und manche stimmten sogar ganz. Somit waren die Sänger eine Art lebendes Radio, das für Information und Unterhaltung sorgte. Diese Zeiten sind dank Fernsehen, Internet und Litfaßsäule zwar vorbei. Aber auch die neuzeitlichen Barden können es sich nicht verkneifen, zu aktuellen Themen Stellung zu beziehen. Da Superkünstler wie Madonna oder Metallica aber gerne mal ein paar Jahre brauchen, um ein Album fertigzustellen, ist es mit der Aktualität oft nicht weit her. Gut, dass es noch Hobbymusiker gibt, die keine Probleme haben, ein brandheißes Thema innerhalb von zehn Minuten in ein musikalisches Gewand zu packen und das Meisterwerk anschließend ins weltweite Netz zu speisen. So haben wir alle etwas davon. Auch Edward Snowden, der bereits kurz nach seinem ersten Auftritt vor der Weltöffentlichkeit diverse musikalische Bonbons erhielt. Doch seien wir ehrlich, auf die meisten hätte er wahrscheinlich liebend gerne verzichtet.

Ganz vorne in dieser Reihe ist ein deutscher Künstler, der unter dem Namen Roy Vegas eine Hymne komponierte, die ihresgleichen sucht. Der Titel *NSA Prism Edward Snowden Song* kommt noch ein bisschen umständlich daher, dafür ist das Stück umso eingängiger. Musikalisch eine Mischung aus Schlumpf-Hitparade und Neue Deutsche Welle, glänzt das Werk mit Zeilen wie »Ich bin ein Whistleblower. Fangt mich doch, ihr Säcke, ich bin schlauer.« Das reimt sich im Übrigen nur, weil das Wort »Whistleblower« konsequent falsch ausgesprochen wird. Wie auch im Refrain, der da lautet: »Er ist der Whistleblower und liegt auf der Lauer, macht Präsidenten sauer, bringt jede Tat ans Licht.« Und zum Abschluss: »Er hat die Whistleblower-Power, Top Secret gibt es nicht.« Wer solche Bewunderer hat, taucht freiwillig bei Putin unter. Fredrik Hardenborg (Roy Vegas' echter Name) hingegen steht unüberhörbar auf Bob Dylan, auch in Sachen Stimmlage gibt es Parallelen. Und so nölt sich der mit einer Wandergitarre bewaffnete Barde durch seinen *Song for Edward Snowden*, während im Hintergrund ein Chor singt, der verdächtig nach den betrunkenen Don Kosaken klingt.

Das Musikantenkonglomerat Justplainfred tönt hingegen wie Johnny Cash im Endstadium und beschwert sich in seinem Lied *NSA Is Watching You And Me* bitter über die bösen Spione. Dafür sind in dem Videoclip aber einige schöne Plakate zu sehen, die in Anlehnung an historische Begebenheiten die NSA persiflieren. Ohne Ton also durchaus sehenswert. Dass NSA-Boss Keith B. Alexander in Wirklichkeit ein Jedi-Ritter ist, scheint aber doch ein wenig unwahrscheinlich. Sänger Michel Montecrossa hat sich derweil direkt aus seiner Hippie-Kommune aus dem Jahr 1969 ins Hier und Jetzt gebeamt, um uns seinen Song *Talking Edward Snowden's Next Move* vorzustellen. Ausgestattet mit verspiegelter Pilotenbrille und einer Baseball-Kappe in Tarnfarben »singt« uns der Mann mit der Mundharmonika was vor. Ab und zu gibt es auch noch ein paar futuristische Klänge. Oder das, was man 1969 für futuristisch hielt. Die letzte Pille muss schlecht gewesen sein. Was auch für Grant William Brad Gerver gelten könnte. Ganz offensichtlich reich an Lebenserfahrung, schrubbt der rüstige Rentner im (gebatikten) Regenbogen-Shirt seine Klampfe und singt dazu sein Lied *You Can't Slip A Chip Into My Brain, NSA*, dass es eine Freude ist. Die Tatsache, dass die Titelzeile in den rund drei Minuten Spielzeit gefühlte hundertmal wiederholt wird, gehört wahrscheinlich zum Konzept. Bekämpfung des Feindes durch Monotonie. Diese Taktik beherrscht auch die jüngere Generation, wie Joe Fox mit seinem durchaus kritischen *Song For Edward Snowden* beweist. Stimmlich ganz vorne mit dabei, hat sich der junge Mann in seine Zeile »Brave or stupid?«, also »mutig oder dumm?« verliebt, die in schöner Regelmäßigkeit erklingt.

Ob Snowden letztlich dumm oder mutig war, oder vielleicht auch eine Mischung aus beidem, wird die Zeit zeigen. Aber immerhin kann der Whistleblower seinen Enkeln dereinst stolz erzählen, dass er für die oben genannten Perlen der Populärmusik verantwortlich war. Wobei es noch viel mehr gibt. Fazit: Gegen so manchen »Künstler« wirken die Machenschaften der NSA regelrecht harmlos.

PS: Dass sich auch ernst zu nehmende Künstler mit der Thematik beschäftigen, bewies unter anderem Punk-Ikone Patti Smith. Bei einem Konzert am 30. Dezember 2013 widmete sie mehrere Ansagen Edward Snowden und den russischen Aktivistinnen von Pussy Riot. So sagte Smith unter anderem: »Edward Snowden, Pussy Riot. Diese Menschen sprechen für all die von uns, die nicht mehr länger taub und stumm sein wollen.« Außerdem veränderte sie den Text eines Songs, um Snowden und seine russischen Schwestern im Geiste zu unterstützen und die NSA anzugreifen.

PPS: Natürlich hätte dieses Kapitel auch mit Gedichten von Hobby-Lyrikern funktioniert. Nach der Lektüre einiger »Werke« wurde auf einen Abdruck verzichtet.

GRUND 42

Weil er angeblich pleite ist

Wer kennt es nicht, dass am Ende eines Geldes noch zu viel Monat übrig ist? Der gemeine Durchschnittsmensch glaubt ja gerne, dass so etwas nur ihm passiert. Die, die dauernd im Fernsehen zu sehen sind, die haben Geld wie Heu. Das stimmt häufig, aber nicht immer. Denn Edward Snowden war 2013 sehr häufig zu Gast in unseren Wohnzimmern. Doch im November 2013 ging die Meldung durch die Presse, dass der weltberühmte Whistleblower kurz vor der Pleite stehen soll.

Sein Anwalt, der Russe Anatoly Kucherena, gab Mitte November 2013 eine Presseerklärung heraus, in der es hieß, Snowden habe sein gespartes Geld für Miete, Essen und Sicherheit ausgegeben und sei demnächst auf fremde Mittel angewiesen. Diese Nachricht wurde in Deutschland vor allem von der Boulevard-Presse aufgegriffen, die sich daraufhin mitleidig auf die Seite des Whistleblowers stellte. Allerdings wurden naheliegende Fragen zu diesem Thema außen vor gelassen. Zum Beispiel, warum der russische Staat Snowden Asyl gewährt, ihm dann aber keinen kostenlosen Wohnraum zur Verfügung stellt. Wie würde die Welt aussehen, wenn alle Asylbewerber Miete zahlen müssten? Tunnel und Parkhäuser würden überquellen. Und wie soll es einem Mann auf der Flucht gelingen, einen eigenen Sicherheitsapparat zu beschäftigen? Was verdient so ein russischer Sicherheitsbeamter überhaupt? Und gibt es im Großfürstentum Moskau und Umgebung eigentlich so etwas wie Nacht- und Feiertagszuschläge?

Außerdem stellt sich noch eine weitere Frage: Von welchem Geld hat Snowden bisher gelebt? Die bestätigten Angaben dazu sind sehr schwammig. Fest scheint zu stehen, dass der Whistleblower sein Vorhaben über Jahre geplant hatte und somit vielleicht auch den einen oder anderen Dollar (der ihm ja ironischerweise von der NSA gezahlt wurde) für schlechte Zeiten zur Seite gelegt hat. Schließlich verlangte er für die Herausgabe der Geheimdokumente kein Geld. Und das wird er sich vorher genau überlegt haben. Abgesehen davon soll es Firmen geben, die Snowden mit Spenden unterstützen. Wer da allerdings wie viel (und warum) gibt, konnte bisher nicht geklärt werden. Seit dem 9. August 2013 existiert eine Spendenseite *(freesnowden.is/donate)*, auf der jeder Bürger seinen Beitrag zum Wohlergehen des US-Amerikaners leisten kann. Die Seite wird vom Journalistic Source Protection Defence Fund geführt, der wiederum von der Londoner Firma

Derek Rothera & Company LLP kontrolliert wird. Offizielles Ziel des Funds ist es, die Rechtsverteidigung von Journalisten zu finanzieren. Snowden ist im eigentlichen Sinne kein Journalist, wird hier allerdings als ein solcher behandelt. Wie Glenn Greenwald in verschiedenen Interviews sagte, hatte Snowden ihm all seine Dokumente auf einmal gegeben, damit dieser (und andere Journalisten) die Unterlagen prüfen und selbst entscheiden könnten, was sie für veröffentlichungswürdig halten. Damit ist Snowden so etwas wie ein Zuarbeiter, ein Kollege von Greenwald.

Bis heute (Stand Februar 2014) kamen auf der oben erwähnten Seite rund 111.000 US-Dollar zusammen, insgesamt spendeten über 2.500 Menschen. Mit dieser Summe lässt sich der eine oder andere Teller Borschtsch finanzieren, ein ganzes Leben im Untergrund aber nicht. Deshalb, so ließ Anatoly Kucherena verlauten, stehe sein Klient seit dem 1. November 2013 in Lohn und Brot. Er würde sich um eine »wichtige russische Website« kümmern, so der Anwalt. Das Gerücht, Snowden würde das Facebook-Profil von Wladimir Putin pflegen, konnte nicht bestätigt werden. Ein bizarres, aber wirklich existierendes Jobangebot aus Deutschland hat Snowden bislang anscheinend ebenfalls noch nicht angenommen. Laut der *Rhein-Zeitung* plant ein bekannter deutscher IT-Unternehmer die »beste E-Mail-Verschlüsselung« der Welt.[115] Und wer könnte an so einem Projekt besser mitarbeiten als Edward Snowden? Der Mainzer Geschäftsmann und FDP-Politiker teilte dem Blatt mit, im Besitz der Adresse von Snowden zu sein und ihm bereits ein Jobangebot geschickt zu haben. Snowden könne entweder vor Ort in Deutschland oder in seinem Home Office in Russland an der Entwicklung beziehungsweise Verbesserung des Verschlüsselungsprogramms arbeiten. Die offensichtlich erhoffte PR-Wirkung konnte das Unternehmen mit diesem Angebot nicht erreichen, kaum jemand berichtete über die Idee. Und auch Snowden scheint nicht sonderlich interessiert. Offizielle Äußerungen sind jedenfalls nicht bekannt.

GRUND 43

Weil er auf dem Datenmeer unser Kapitän ist

Wer nicht gerade in der IT-Branche tätig ist, benutzt das Wort »Metadaten« wahrscheinlich nicht sehr häufig. Seit der NSA-Affäre geistert besagter Ausdruck aber beinahe täglich durch die Nachrichten. Aber was genau ist damit gemeint? Gut, dass Edward Snowden dem *Spiegel* mal erklärt hat, was es damit auf sich hat. Zu den Metadaten gehören Verbindungsnummern, Gesprächszeiten oder IP-Adressen, auf deren Grundlage eingeschätzt werden kann, mit welchen Inhalten man sich näher beschäftigen sollte. Laut Snowden sind diese Angaben für die Dienste oft wertvoller als der Inhalt, eben weil es schier unmöglich ist, sich durch die Tonnen von Gesprächsinhalten zu wühlen, die in den allermeisten Fällen eh banal sind. »Die Metadaten sagen einem, was man vom breiten Datenstrom tatsächlich haben will«, meint Snowden.[116] Außerdem lassen sich mit den Metadaten bestimmte Datengruppen bilden, zum Beispiel alle Gespräche einer Person, oder die zu einer bestimmten Uhrzeit geführt wurden. Eine gute Möglichkeit, sich einen schnellen Überblick zu verschaffen. Klingt in der Theorie also ziemlich clever, zumindest aus der Sicht der Geheimdienste. Nur, wie wir mittlerweile alle wissen, sind die praktischen Ergebnisse mehr als mager. Schade um den Aufwand.

GRUND 44

Weil er auserwählt wurde

Wann immer in der Menschheitsgeschichte von Auserwählten oder dem Messias die Rede war, ging es hoch her. Frühe Könige und andere Herrscher ließen sich so ansprechen, auch Jesus wurde als Messias gefeiert. Heutzutage erntet man mit solchen Ausdrücken eher mitleidige Blicke. Wenn überhaupt ist Messi (der vom FC Barcelona) ein Auserwählter. Oder vielleicht noch Friedensnobelpreisträger wie Nelson Mandela, Kofi Annan oder Barack Obama (kicher). Wer sich selbst in diese Reihe stellt, läuft sogar Gefahr, für verrückt erklärt zu werden. Deshalb horchte die Welt auf, als sich Edward Snowden in dem Weihnachtsinterview mit der *Washington Post* einen Auserwählten nannte.[117] Unzählige Gegner des Whistleblowers auf der ganzen Welt rieben sich vergnügt die Hände. Jetzt war der Mann im russischen Exil also verrückt geworden. Doch Snowden konnte seine Behauptung gut begründen.

Snowden sieht sich immer wieder mit Vorwürfen konfrontiert, er würde sich in den Mittelpunkt stellen wollen und benötige die Aufmerksamkeit der Presse, um sein Ego zu befriedigen. Aber es gibt gute Argumente gegen diese Behauptungen. Zumindest von seinem Standpunkt aus betrachtet. »Die Frage, wer mich auserwählt hat (um den Skandal aufzudecken – Anm.d.A.), verdreht die Tatsachen. Sie, meine Vorgesetzten, haben mich ausgewählt.«[118] Diese Aussage klingt im ersten Moment vielleicht etwas wirr. Und im zweiten Moment auch. Aber es geht weiter: »Dianne Feinstein hat mich ausgewählt, als sie in Ausschusssitzungen lieber Fragen über Softball gestellt hat.«[119] Dianne Feinstein war die bisher erste und einzige Bürgermeisterin von San Francisco und sitzt unter anderem im US-Senat. Als Vorsitzende des Ausschusses für die Nachrichtendienste leitete sie diverse Anhörungen zum NSA-Skandal, ließ allerdings zu, dass in diesen Sitzungen mehr über die Sportart Softball denn über die Verfehlungen der Geheimdienstmitarbeiter gesprochen wurde. Snowden sagt weiter: »Mike Rogers wählte mich aus, weil er diese Programme schützte.«[120] Rogers ist Vorsitzender des ständigen Geheimdienstausschusses des Repräsentantenhauses und gilt als Urheber des Cyber Intelligence Sharing And Protection Acts, einer Gesetzesvorlage, die den Austausch von Internetdaten zwischen privaten Unternehmen und der US-Regierung regelt. Präsident Obama legte zuerst sein Veto ein, weil dieses Gesetz die Privatsphäre und bürgerlichen Rechte in erheblichem Maße einschränkt. 2013 wurde das Gesetz dann trotzdem beschlossen. In einem Interview mit CNN, das in der *FAZ* teilweise wiedergegeben wurde, beschwert sich Rogers über die Europäer. Seiner Meinung nach schützen Programme wie PRISM auch die Freunde aus Europa. Besonders in Frankreich, wo die NSA unzählige Telefonanschlüsse überwacht hatte, sehe man die Sache falsch: »Wenn die Franzosen genau wüssten, worum es dabei eigentlich ging, würden sie applaudieren und die Champagnerkorken knallen lassen. Es ist eine gute Sache. Sie schützt die Vereinigten Staaten, die Franzosen und die europäischen Verbündeten.«[121] Rogers geht in diesem Interview sogar noch weiter und führt das Aufkommen des Faschismus, Kommunismus und Imperialismus in Europa Anfang des letzten Jahrhunderts auf die fehlende Überwachung zurück. Wir fassen also zusammen: Wenn der gute Onkel USA nicht aufpasst, läuft das kleine Europa aus dem Ruder. Eine interessante Weltsicht.

Doch Snowden ist mit seiner Abrechnung in der *Washington Post* noch nicht fertig: »Der Foreign Intelligence Surveillance Act (FISA) hat mich ausgewählt, als Gesetze beschlossen wurden, die weit über das hinausgingen, zu was die Gerichte eigentlich befugt sind. Das gesamte System hat versagt. Jede Instanz, die das hätte beaufsichtigen müssen, die in der Verantwortung stand, hat seine Pflicht ignoriert.«[122] Der FISA (zu Deutsch: das Gesetz zum Abhören in der Auslandsaufklärung) besteht in den Grundzügen bereits seit

1978. Snowden prangert hier allerdings die Auswüchse an, die seit den Anschlägen vom 11. September 2001 immer weiter um sich gegriffen haben. Abschließend hält er fest, dass er sich nicht als Person auserwählt fühlt: »Sie haben mich nicht als Individuum ausgewählt. Ich bin nicht besonders qualifiziert dafür oder ein Engel, der vom Himmel gesandt wurde. Aber du weißt, du hättest das Potenzial. Und du weißt auch, jeder, der mit dir am Tisch sitzt, hätte es auch. Aber sie unternehmen nichts. Irgendjemand muss nun mal der Erste sein.«[123] Und das war in diesem Fall Edward Snowden, dem bewusst sein wird, dass der Vorwurf eines totalen Systemversagens, ausgesprochen von einem 30-jährigen Studienabbrecher, schwer wiegt. Doch jedes neue Detail, das an die Öffentlichkeit gerät, scheint den Whistleblower nur noch mehr zu bestätigen.

GRUND 45

Weil man mittlerweile auf ihn wetten kann

Die Wettleidenschaft der Briten ist legendär. Ob Prinzenspross, Wayne Rooneys Haarpracht oder der nächste BSE-Skandal, auf der Insel lässt sich auf alles wetten. Und da verwundert es nicht, dass es in Sachen Edward Snowden die eine oder andere Möglichkeit gibt, das eigene Erbe sinnlos zu verprassen. So bietet der bekannte Online-Buchmacher Paddy Power seit geraumer Zeit die Wette an, wer in einer möglichen Verfilmung des Lebens von Snowden die Hauptrolle übernehmen könnte. Am wenigsten Geld bekommt der liquide Hollywood-Prophet für Jake Gyllenhaal (unter anderem *Jarhead – Willkommen im Dreck*, *Brokeback Mountain*, *Prisoners*), der nicht nur in Sachen Alter (geboren 1982, also ein Jahr älter als Snowden), sondern auch optisch passen würde. Den dezent nerdigen Touch mit einer Brille und dem obligatorischen Halsleberfleck verstärken, fertig ist der Whistleblower. Platz zwei besetzte im Dezember Edward Norton (*Fight Club, Der unglaubliche Hulk*). Das verwundert auf den ersten Blick, schließlich erblickte der Mime rund 15 Jahre vor Snowden das Licht der Welt. Allerdings sieht der Mann auch mit Mitte 40 immer noch so aus, als wäre er gerade der Pubertät entkommen. Könnte also klappen, auch wenn Nortons Ausstrahlung eigentlich zu markant für diese Rolle wäre. Bronze geht in dieser Wertung an den kanadischen Schauspieler und Musiker Ryan Gosling, der altersmäßig wieder deutlich näher dran wäre (geboren 1980) und zudem grundsätzlich eine auffällige Ähnlichkeit mit Snowden vorweisen kann. Hier könnte man sich den Maskenbildner quasi sparen. Wer bei dieser speziellen Wette richtig Geld verdienen möchte, sollte jedoch auf Simon Pegg, Orlando Bloom oder den neuen britischen Superstar Benedict Cumberbatch setzen. Die Chancen sind hier natürlich um einiges geringer. Für Cumberbatch steht die Quote bei 40/1, was auch daran liegen könnte, dass dieser gerade erst den WikiLeaks-Gründer Julian Assange verkörpert hat (*Inside WikiLeaks – Die fünfte Gewalt*). Zwei Whistleblower in kurzer Zeit sind dann vielleicht doch ein bisschen viel.

Während diese Filmwette noch als recht amüsant durchgeht, gibt es natürlich auch deutlich geschmacklosere Varianten. Schon Anfang August, wenige Wochen nach den Enthüllungen, boten mehrere Buchmacher Snowden-Wetten an. Da man damals noch davon ausging, dass Russland nur einen kurzen Zwischenstopp für den US-Amerikaner darstellen würde, stand das endgültige Zielland von Snowden hoch im Kurs. Und dort, befeuert von diversen Presseberichten, besonders Ecuador, aber auch Island oder sogar Deutschland. Nachdem Ende Oktober 2013 bekannt wurde, dass auch Angela Merkels Handys abgehört werden, wurde diese spezielle Wette noch einmal neu aufgelegt. Einige Buchmacher rechneten damit, dass die Chancen von Snowden, in Deutschland Asyl zu erhalten, durch diese Ereignisse wieder steigen würden. Andere wiederum platzierten ihre Wetten lieber darauf, wann Snowden von den US-Geheimdiensten eliminiert werden würde. Diesen Jackpot konnte, dem Gott der Whistleblower sei Dank, bisher noch niemand knacken. Ein weiterer Wettanbieter offerierte im Herbst 2013 eine Wette, in der es darum ging, dass Snowden sich schon lange nicht mehr in Russland aufhalte, sondern längst von einer Eliteeinheit wie den Navy SEALs gekidnappt wurde und sich in den USA befinde. Doch auch dafür konnte bislang noch kein Buchmacher einen Beweis vorlegen.

Das Thema Edward Snowden hat es so an sich, dass viele Dinge im Geheimen stattfinden. Diese Tatsache dürfte ein Grund dafür sein, warum es bisher nur wenige Menschen wagten, ihr kleines Häuschen auf eine wie auch immer geartete Wette rund um Snowden zu setzen. Ein Pressesprecher des Online-Wettbüros Paddy Power kommentierte es auf der firmeneigenen Homepage so: »Der Wettmarkt zum Fall Snowden kann nicht mit Wetten auf das Finale der Fußballweltmeisterschaft mithalten. Wir möchten aber, dass auf unserer Plattform für jeden die richtige Wettmöglichkeit dabei ist. Nicht jeder interessiert sich für Sport, das heißt aber nicht, dass man sein Geld nicht in andere interessante Wetten investieren kann.« Bisher, so die Angaben des Unternehmens, hätten erst eine Handvoll Wettteilnehmer einige Hundert Dollar investiert. Kein Wunder, denn eines ist gewiss: Die Fußball-WM ist trotz FIFA, Wettmafia in Fernost und möglicher Spielabsprachen in aller Herren Länder immer noch der sicherste Markt, um ein paar Euro zu verjubeln.

GRUND 46

Weil sein Name in der Werbung missbraucht wird

Wann immer ein Mensch durch das mediale Dorf getrieben wird, dauert es nicht lange, und sein/ihr Name taucht in der Werbung auf. So fand sich der Politiker Karl-Theodor zu Guttenberg plötzlich auf Plakaten eines schweizerischen Outdoor-Ausstatters wieder, der mit dem Slogan warb: »Schauen Sie nach vorne, auch die besten Alpinisten kehren manchmal vor dem Gipfel um.« Bei Facebook wurden diverse Sternchen wie Daniela Katzenberger oder *GZSZ*-Darstellerin Sıla Şahin als Fans einer Diätpille dargestellt, von der sie zuvor noch nie gehört hatten. Die Moderatorin und Schauspielerin Collien Ulmen-Fernandes verklagte einen Schönheitschirurgen, der mit ihrem Namen für Brustvergrößerungen warb. Der FDP-Politiker Rainer Brüderle machte 2013 unfreiwillig Werbung für eine Seitensprung-Agentur, die mit dem Konterfei des Pfälzers warb. Auf einem 120 Quadratmeter großen Plakat mitten in Berlin. Mittlerweile legendär ist die Werbung eines Autovermieters, der sich ausgerechnet die Kanzlerin als Ikone ausgesucht hat. Logisch, dass auch ein medienintensiver Fall wie die Snowden-Enthüllungen die Kreativität des einen oder anderen Texters anstachelt.

So versuchte eine bekannte Unterwäsche-Firma aus Deutschland bereits Anfang Juli die Prominenz des Whistleblowers auszunutzen und schaltete gleich zwei verschiedene Kampagnen. Zu sehen ist jeweils ein rothaariges Model mit wenig Stoff um die Hüften, dazu gibt es verschiedene Werbetexte. Einmal lautet die Botschaft: »Dear NSA, intimates – don't spy them, buy them!« (in etwa: »Liebe NSA, Intimitäten – nicht ausspähen, sondern kaufen!«). In einem anderen wird Snowden sogar direkt angesprochen: »Dear Edward Snowden, there's still a lot to uncover.« (»Lieber Edward Snowden, es gibt immer noch eine Menge zu enthüllen.«) In Verbindung mit der zwischen lasziv und stumpf guckenden Dame in Unterwäsche vielleicht sogar noch einigermaßen lustig. Zeitgleich veröffentlichte die Firma allerdings auch ein Statement, in dem es heißt: »Lieber Edward Snowden, warum kommen Sie nicht lieber nach (…) Berlin, anstatt in Moskau oder Ecuador herumzuhängen? Wir bieten Ihnen das ideale Asyl. Hier gibt es ein Bett und Champagner. Und wir behandeln die Intimitäten anderer mit großer Sorgfalt.«[124] Wir erinnern uns, als dieses Statement erschien, hatte Snowden gerade das Asylangebot von Wladimir Putin abgelehnt, weil er nicht auf dessen Bedingung, den USA nicht weiter zu schaden, eingehen wollte. Der Whistleblower saß zu diesem Zeitpunkt über eine Woche auf dem Flughafen Scheremetjewo fest, die USA hatte Anklage wegen Spionage und Diebstahl erhoben. Eine Verurteilung von Snowden zum Tode schien damals noch durchaus im Bereich des Möglichen. Auf diese Option verzichteten die USA erst Ende Juli. Der Druck, dem Snowden in diesen Tagen ausgesetzt gewesen sein muss, dürfte enorm gewesen sein. Ob man ihm da noch mit »lustigen« Werbebotschaften kommen muss, ist eine Stilfrage.

Etwas mehr Zeit ließ sich ein deutsches Unternehmen, das sich darauf spezialisiert hat, Erlebnisse jeglicher Art zu verkaufen. Die Firma spielte im November 2013 die Snowden-Karte, indem sie ihren Newsletter mit »Wo bleibt der Snow-den(n)?« in Anspielung auf das recht warme Jahresende betitelte. Im Newsletter selbst heißt es: »Jetzt hängt der Snowden doch tatsächlich in Russland fest und spielt mit Väterchen Frost Karten. Andererseits ist das politische Klima zu den USA nach dem Lauschangriff auf Muttis Handy deutlich abgekühlt. Treffen Sie also schon besser jetzt Vorkehrungen für einen langen, kalten Winter.« Während die Überschrift noch als einigermaßen nettes Wortspiel durchgeht, ist dem Text jederzeit anzumerken, dass hier ein Werbetexter so lange Worte herumgeschoben hat, bis es ansatzweise passte. Dann noch mal mit der Brechstange drüber, fertig ist die hintergründige Message an die zahlende Kundschaft. Kann man lustig finden, muss man aber nicht. Im Gegensatz zu manch anderem »Prominenten« hat Snowden bisher aber noch Glück gehabt.

PS: Am Tag des Newsletter-Versandes herrschten in Russlands Hauptstadt Temperaturen um vier Grad plus. Väterchen Frost war also nachweislich nicht zum Kartenspielen in Moskau.

GRUND 47

Weil er einen Doppelgänger in Österreich hat

Der Bart ist ein bisschen länger, das Haar auch, die Fassung der Brille ein wenig dicker. Ansonsten besitzt der Wiener Fotograf und Künstler Severin Koller schon eine auffällige Ähnlichkeit mit dem meistgesuchten Whistleblower der Welt. Kein einfaches Los, wie der rund drei Jahre jüngere Mann gegenüber der Zeitung *Österreich* erzählte.[125] Im Interview meinte Koller, dass sein Foto auf facebook innerhalb weniger Tage mehr als fünftausend Mal geteilt und sicher über eine Million Mal anklickt wurde. An sich hatte er das Foto, das Koller beim Lesen der *Zeit* mit Edward Snowden auf der ersten Seite im Juni 2013 zeigt, aus Spaß gemacht. In den darauffolgenden Tagen hätten sich auf der Straße allerdings eine Menge Leute nach ihm umgedreht.

Das deutsche Magazin *InTouch* buddelte wenige Tage vor dieser Meldung eine ältere Aufnahme aus den Archiven der Musikgeschichte.[126] Im Jahr 1993 hatte der damals 24 Jahre alte Kanadier Darrin Kenneth O'Brien (alias »Snow«) seinen einzigen Riesenhit mit dem Raggamuffin-Stück *Informer*. Im dazugehörigen Clip war O'Brien als Inhaftierter und auf der Flucht vor der Polizei zu sehen. Und eine gewisse Ähnlichkeit mit Snowden ist nicht abzustreiten. *InTouch* versuchte natürlich, Parallelen zu Snowdens Schicksal zu finden, was allerdings ein wenig weit hergeholt ist. Denn in *Informer* beschäftigt sich der Sänger mit seinem eigenen Schicksal. Er wurde (zu Unrecht) wegen Mordes angeklagt, später aber freigesprochen. Den durchschlagenden Erfolg seiner Single *Informer* vom Album *12 Inches of Snow* erlebte er trotzdem hinter schwedischen Gardinen, in diesem Fall wegen Körperverletzung. Wer sich das Video heute anschaut, wird trotzdem zugeben müssen, dass es aufgrund der Thematik und der Ähnlichkeit der beiden Männer ein wenig befremdlich wirkt.

Während einige US-Zeitschriften Snowden wiederum als Doppelgänger des Schauspielers Robert Pattinson (*Twilight*, *Harry Potter*) bezeichneten, stellte das Internet-Klatschmagazin *E! Online* eine Liste von fünf Schauspielern auf, die als Doppelgänger von Snowden durchgehen würden und somit die Hauptrolle in einem (fiktiven) Film über ihn übernehmen könnten.[127] Auf Platz eins landete tatsächlich Robert Pattinson, eben wegen der physiognomischen Übereinstimmungen. Knapp dahinter reiht sich der kanadische Schauspieler Hayden Christensen ein. Da dieser bereits die Rolle des Anakin Skywalker in den Teilen zwei und drei der *Star Wars*-Saga übernommen hätte, so *E! Online*, würde er wissen, wie es ist, zur dunklen Seite der Macht überzulaufen. Wobei natürlich immer die Frage ist, welche Seite die wirklich dunklere ist. Platz drei bekleidet Daniel *Harry Potter* Radcliffe, der seine Qualitäten laut des Magazins längst nachgewiesen habe und dem Charakter Tiefe und Verletzlichkeit verleihen könnte. Inwieweit Snowden diese Eigenschaften fehlen, ist schwer zu beurteilen. Platz vier wird vom Briten Edward »Eddie« Redmayne (*Die Säulen der Erde*, *Les Misérables*) belegt. Seine blauen Augen würden so aussehen, als hätten sie bereits alles gesehen. Das mag sogar richtig sein, allerdings sehen seine vielen, vielen Sommersprossen auch so aus, als würden sie überhaupt nicht zu Snowden passen. Der letzte Vorschlag von E! Online ist der Brite Andrew Garfield, der bereits in (durchaus passenden) Filmen wie *The Social Network* oder *The Amazing Spider-Man* zu sehen war. Was die Ähnlichkeit angeht, wäre eine Verwandlung in Florian Silbereisen (Haare blond färben, fertig) jedoch deutlich leichter zu bewerkstelligen als die Metamorphose in Richtung Snowden.

Abgesehen von solchen Spielereien gibt es natürlich noch das Volk, das sich gerne an der Jagd auf Doppelgänger beteiligt. In den USA artete es im Sommer 2013 zu einer Art Sport aus, im Kaufhaus, im Fitnessstudio oder in der Eisdiele Fotos von jungen Männern zu machen, die irgendwie wie Edward Snowden aussehen. Dementsprechend viele dieser Schnappschüsse geistern bis heute durchs Netz. Die Qualität ist allerdings überschaubar, wirklich überzeugend ist keines. Aber wer die Obsession der Amis in Sachen Verstorbener oder Verschwundener kennt, weiß, dass die Jagd noch lange nicht beendet ist. Elvis »The King« Presley taucht schließlich auch noch regelmäßig auf. Manche Spaßvögel schrieben auch Doppelgänger-Wettbewerbe aus. Bei einem sollte der Gewinner zum Beispiel einen Freiflug nach Moskau gewinnen. Haha, wird sich Snowden vielleicht denken, wenn er so etwas liest. Und genau wissen, warum er sich vor der Öffentlichkeit versteckt. Denn es sind nicht nur die Geheimdienste, die Snowden gefährlich werden können. Das Rampenlicht ist ebenfalls nicht zu unterschätzen.

GRUND 48

Weil er den Zauberwürfel umfunktionierte

Ach ja, das Jahr 1980. In der Mode setzte sich das Schulterpolster durch, das jede/n Träger/in dieser Blusen und Jacken wie einen Profi-Wrestler aussehen ließ. Und Frauen trugen plötzlich Herrenjacketts. Das Jahr nahm uns Helden wie Alfred Hitchcock, John Lennon, Bon Scott, Steve McQueen oder auch Jean-Paul Sartre und gab uns dafür Sido, Ronaldinho und Sarah Connor. Vor allem aber hatte plötzlich jeder Zweite so einen bunten Zauberwürfel in der Hand. Ob im Eiscafé, im Bus oder auf dem Schulhof, Legionen von Menschen drehten an diesem Gerät herum, um die farbigen Felder in die richtige Reihenfolge zu bringen.

Zu diesem Zeitpunkt saß der Erfinder dieses Zauberwürfels, der ungarische Architekt und Designer Ernő Rubik (deshalb auch Rubiks Würfel genannt), längst auf einem riesigen Haufen Geld. Seine Erfindung stammte nämlich bereits aus den Siebzigern, in

Großbritannien und den USA hatte sich das Geduldsspiel schon früher durchgesetzt. Die Deutschen brauchten etwas länger, knobelten dafür aber umso versessener. Aber der Trend hielt nicht lange an, der Würfel verschwand aus dem öffentlichen Bild so schnell, wie er gekommen war. Heute fristet das einstige Wunderspielzeug trotz zigfacher Überarbeitungen und Einführung in das Computerzeitalter ein Schattendasein und wird in der Regel nur noch von Profis (ja, es gibt Weltmeisterschaften im Lösen des Würfels mit verschiedenen Disziplinen) und Nerds geschätzt.

Was das mit Edward Snowden zu tun hat, der zu diesem Zeitpunkt noch nicht einmal geboren war? Weil er das Spielzeug in bester James-Bond-Manier einsetzte. Als Poitras, Greenwald und MacAskill nach Hongkong reisten, wussten sie nur, dass ein Whistleblower ihnen geheime Dokumente präsentieren wollte. Mehr nicht. In einer verschlüsselten Nachricht wies Snowden die Journalisten an, sich wie folgt zu verhalten: »Gehen Sie in den dritten Stock des Mira-Hotels in Kowloon und fragen Sie laut nach dem Weg. Sie erkennen mich an dem Zauberwürfel in der Hand.«[128] Keine Blume im Knopfloch oder eine geheime Geste, sondern das Zeichen der Nerds in den Händen. Die Geschichte ging um die Welt und bescherte dem längst vergessen geglaubten Spielzeug neue Publicity. So titelte zum Beispiel die *Tiroler Tageszeitung*: »Der Mann mit dem Zauberwürfel: Wie Snowden die Journalisten traf«.[129] Als einziges Blatt berichtete die *Bild*, dass auch Greenwald einen Zauberwürfel als Erkennungszeichen in Händen hielt.[130] Letztlich aber auch egal, denn es wird Edward Snowden sein, der in die Geschichte eingeht. Nicht als »Mann mit dem goldenen Colt«, sondern als der mit dem Zauberwürfel.

GRUND 49

Weil er Größe beweist

Laut dem politischen Top-Magazin *Hollywood Life* misst Edward Snowden einen Meter und 78 Zentimeter. Damit ist er exakt so groß wie die Darstellerin Jenny Elvers-Elbertzhagen oder die Tennisspielerin Sabine Lisicki. Was uns das sagen soll? Grundsätzlich nichts. Aber der US-Boy sollte aufpassen, mit wem er flirtet, und die Finger vom Alkohol lassen.

GRUND 50

Weil sein Name zum Spielen einlädt

Schon die alten Griechen wussten, wie man sich einen langweiligen Sonntag ohne Fußball-Liveübertragung und Wirtshausprügelei verschönert. Mit dem schönen Buchstabenspiel namens Anagramm. Zu diesem Zweck werden die Lettern eines oder mehrerer Wörter durcheinandergewürfelt, sodass sie eine neue Bedeutung erlangen. Und das geht mit dem Namen Edward Snowden natürlich auch.

Im Deutschen kommen zum Beispiel lustige Sinnlos-Kombinationen wie »Dosen Waend WDR«, »Werdend Wand so«, »Nordseewand DW« oder »Drews Wodan den« heraus. Ob man Schlagerjule Jürgen Drews aber wirklich mit dem Hauptgott der nordischen Mythologie (Wodan ist ein germanisches Wort für Odin) gleichsetzen muss, bleibt fraglich. In Snowdens Muttersprache kommen ebenfalls ein paar schicke Kreationen zusammen. Unter anderem lassen sich mit dem einen oder anderen kleinen Rechtschreibfehler, über den wir gnädig hinwegsehen, aus dem Namen »Ad Drowned News«

(etwa: »füge ertränkte Nachrichten hinzu«), »Add New Drowners (etwa: »füge neue Beruhigungsmittel hinzu«) oder »And Nerds Wowed« (mit etwas Fantasie: »und die Nerds waren begeistert«) konstruieren. Selbstverständlich stehen auch hier die Verschwörungstheoretiker bei Fuß, um geheime Botschaften der US-Regierung, anderen Whistleblowern oder vom Zwergplaneten Makemake zu enträtseln, zumal Anagramme auch als Verschlüsselungstechnik, zum Beispiel in der Forschung, verwendet werden. Die Chancen, etwas tatsächlich Sinnvolles zu entdecken, stehen in diesem Fall aufgrund der oben genannten Beispiele allerdings eher schlecht.

KAPITEL 6

ZWISCHEN DEN FRONTEN

GRUND 51

Weil sein ehemaliger Arbeitgeber einiges auf dem Kerbholz hat

Was dachten Sie, als Sie zum ersten Mal den Namen Booz Allen Hamilton hörten? An eine Anwaltskanzlei? An einen Schnaps? An gar nichts? Letzteres ist nahezu unmöglich, denn dafür tauchte der Name seit Juni 2013 viel zu häufig in den Nachrichten auf. Schließlich war Edward Snowden hier von 2009 bis 2013 als externer Mitarbeiter angestellt und sammelte in dieser Zeit fleißig Daten. Nicht nur deshalb wäre es den Firmenbossen sicher lieber gewesen, wie bisher im Schatten der Öffentlichkeit arbeiten zu können. Doch damit ist nun endgültig Schluss.

Booz Allen Hamilton wurde bereits 1914 von dem Unternehmer Edwin Booz in Chicago gegründet und durchlief während der ersten Jahrzehnte verschiedene Namensänderungen. Kerngeschäft war und ist die Beratung von Militärs und Regierungsinstitutionen, wobei der Schwerpunkt von Booz Allen Hamilton nach einer Spaltung des Unternehmens heute im Technologiebereich liegt. Nahezu alle Aufträge kommen von der eigenen Regierung oder ihren Geheimdiensten. Der Name leitet sich von den ersten vier Mitarbeitern des Unternehmens ab, wobei die Nummer zwei (George A. Fry) im Laufe der Jahre irgendwie unter die Räder kam. Das Unternehmen beschäftigt heute rund 24.000 Mitarbeiter weltweit und macht einen Jahresumsatz von etwa 5,8 Milliarden US-Dollar. Laut *Handelsblatt* kommen allein 1,3 Milliarden Dollar von den verschiedenen Geheimdiensten.[131] Und die treffen bei Booz Allen Hamilton auf alte Kollegen, denn viele der Angestellten waren zuvor bei Geheimdiensten tätig. Angeblich besitzen rund 50 Prozent der Angestellten die Klassifizierung »Top Secret«. Damit ist für Außenstehende kaum zu durchschauen, was genau diese Firma eigentlich macht.

Wenn von Schatten- und Parallelwelten im Zusammenhang mit Geheimdiensten die Rede ist, dann ist Booz Allen Hamilton die perfekte Firma in dieser Welt. Nach den Anschlägen vom 11. September 2001 konnte das Unternehmen seinen Umsatz innerhalb der nächsten Dekade im Übrigen verzehnfachen.

Der Name Booz Allen Hamilton tauchte hierzulande im größeren Rahmen erstmals beim sogenannten Swift-Skandal in der Presse auf. Nach den Anschlägen vom 11. September 2001 stimmte die EU nach zähen Verhandlungen 2010 zu, Bankdaten von Auslandsüberweisungen und innereuropäischen Transaktionen im Einzelfall und auf Anfrage an die Geheimdienste der USA weiterzugeben, um mögliche Finanzierungen von terroristischen Akten frühzeitig zu erkennen. Tatsächlich fragten und fragen die USA allerdings großflächig und ohne konkreten Verdacht Bankdaten von Europäern ab. Ein brasilianischer TV-Sender hatte aufgrund der Enthüllungen von Snowden berichtet, dass die NSA die Swift-Datenmengen auch ohne Verdacht anzapft und sich so über die strengen Auflagen des Abkommens hinwegsetzt. Als Kontrollorgan für diesen Datenaustausch fungiert unter anderem auch Booz Allen Hamilton. Die tatsächlich unkontrollierte Abfrage von Daten beschäftigte mehrfach den Bundestag, zum letzten Mal im November 2012. Nach den Enthüllungen von Edward Snowden wurde im Oktober 2013 vom Europäischen Parlament gefordert, das Swift-Abkommen mit den USA auszusetzen. Das Europaparlament hat allerdings nicht die Befugnis, dieses Vorhaben umzusetzen, dafür müssten Europarat und Kommission zustimmen. Und wer die europäische Bürokratie kennt, weiß, dass das in den nächsten zehn Jahren wohl nichts wird.

Booz Allen Hamilton war aber bereits zuvor Zielscheibe für Attacken. So griff das Hacker-Kollektiv Anonymous im Juli 2011 einen Server der Firma an und konnte über 90.000 Mail-Adressen und Passwörter von Militärangestellten und Regierungsmitarbeitern abfischen. Diese wurden veröffentlicht; in dem dazugehörigen Schreiben machten sich die Aktivisten über die laschen Sicherheitsvorkehrungen der Firma lustig und fragten sich, ob sie mit anderen militärischen Geheimunterlagen ebenso lax umgehen würden. Der Fall Snowden zeigt, dass diese Frage wohl mit einem »Ja« beantwortet werden kann. Als Höhepunkt listete Anonymous die Kosten für den Server-Angriff auf. Diese beliefen sich bei einem Arbeitsaufwand von rund vier Stunden auf gerade einmal 310 US-Dollar. In Zeiten des »Cyberkrieges« kann Revolution richtig günstig sein.

GRUND 52

Weil er sogar Google und Co. das Fürchten lehrte

Als das Internet Mitte bis Ende der Neunziger endgültig seinen Siegeszug in privaten Haushalten antrat und Mutti plötzlich ihren Versandhauskatalog gegen den Bildschirm eintauschte, da war Google bereits ganz vorne mit dabei. 1996 wurde der Vorläufer BackRub vorgestellt, seit September 1998 ist die Seite unter dem bekannten Namen im Netz. Innerhalb weniger Jahre etablierte sich die mit simplem, bis heute fast unverändertem Design ausgestattete Suchmaschine zum Synonym für das Suchen im Internet. 2004 nahm der deutsche Duden das Wort »googeln« auf. Und auch wenn sich die Firma dagegen wehrte (aus Angst vor einer Gattungsbegriffsbildung und dem damit verbundenen Verlust von Markenrechten), der Firmenname steht längst für eine Tätigkeit, die losgelöst von der eigentlichen Suchmaschine ist. Google gehört noch vor Coca-Cola oder IBM zu den wertvollsten Marken der Welt, beschäftigt über 53.000 Mitarbeiter und erzielte 2012 laut eigenen Angaben einen Gewinn von über 10 Milliarden Dollar (bei einem Umsatz von über 50 Milliarden Dollar). Um so einen Riesen ins Wanken zu bringen, muss schon einiges passieren.

Als Edward Snowden im Sommer 2013 auf der Bildfläche erschien, stand den Google-Managern augenblicklich der Schweiß auf der Stirn. Nicht, dass das Unternehmen nicht schon vorher mit Vorwürfen zu kämpfen gehabt hätte. Meist ging es dabei, was für ein Zufall, um die Weitergabe von datenschutzrelevanten Informationen. Man erinnere sich nur an das Theater um Google Street View, das ab 2007 die Medienlandschaft beherrschte. Google musste sich auch für die Funktion der Autovervollständigung rechtfertigen, bei der Suchbegriffe automatisch ergänzt werden, um dem Nutzer das viele Tippen zu ersparen. Natürlich ist es so ein Leichtes, die Inhalte in den Vordergrund zu rücken, die der Firma (oder ihren Geldgebern) genehm sind. Für Aufsehen sorgte auch die Ankündigung von Google-Manager Eric Schmidt (im Nebenberuf übrigens Berater von Barack Obama in Technologiefragen), der seit 2007 regelmäßig davon spricht, so viele Daten der Nutzer wie nur möglich zu sammeln, damit die Suchmaschine in Zukunft auch ganz persönliche Fragen beantworten kann. Anfragen wie »Hallo Google, was soll ich morgen kochen?«, »Google, wo lasse ich mich am besten gegen meine Internet-Sucht behandeln?« oder »Sag mal, Google, wie heiße ich eigentlich?« könnten bald Realität werden. Zum Erschrecken der Datenschützer. Google ist zudem dafür bekannt, Informationen über Interna wirklich erst dann preiszugeben, wenn es gar nicht mehr anders geht. Über die wahren Praktiken und Ziele des Unternehmens Google Inc. wird viel diskutiert.

Doch all diese bekannten Fakten hielten die Nutzer bis dato nicht davon ab, Google zu nutzen. Es wird geschätzt, dass weltweit rund 80 Prozent aller Suchanfragen im Internet über diese Firma laufen, in Deutschland liegt der Anteil noch deutlich höher. Die gesammelte Datenmenge, die Google sein Eigen nennt, ist unfassbar. Und damit natürlich interessant für die Geheimdienste. Als die ersten Dokumente aus dem Snowden-Archiv veröffentlicht wurden und Vermutungen aufkamen, dass auch Google-Daten (und die Daten weiterer Firmen wie Microsoft, Yahoo! und anderen) von der NSA abgefischt werden könnten, wehrte sich der Geheimdienst entschieden. NSA-Chef Keith B. Alexander gab in einer anberaumten Pressekonferenz zu Protokoll, die NSA hätte keinen Zugriff auf die Server der Unternehmen. Diese Aussage wurde von der *Washington Post* am 4. November 2013 widerlegt. Unter der Überschrift *Warum wir wissen, dass die NSA Zugriff auf interne Cloud-Dateien von Google und Yahoo! hat* erläutert das Blatt anhand der Unterlagen von Snowden, dass die NSA Zugang gehabt haben muss.[132] Denn in den Dokumenten des Geheimdienstes tauchen geheime Dateiendungen auf, die nur Google verwendet. Gemeinsam mit dem britischen Geheimdienst GCHQ wurden diese Dateien abgefischt, möglicherweise über ein transatlantisches Glasfaserkabel. Daraufhin reagierte Google-Manager Eric Schmidt, zumindest nach außen, ziemlich entrüstet: »Sollte es wirklich wahr sein, dass die National Security Agency die Daten-Center von Google ausgespäht hat, dann ist das empörend. Es ist nicht okay, ohne gerichtliche Grundlage die Privatsphäre von Menschen zu verletzen.«[133] Ungewohnte Töne aus dem Hause Google, die auf eine gewisse Nervosität schließen lassen. Und Schmidt fügt im gleichen Interview an: »Die Snowden-Enthüllungen haben uns geholfen zu verstehen, dass da sehr wahrscheinlich noch einiges auf uns zukommt.«

Wie viel Google wirklich von den Tätigkeiten der NSA wusste, ist nicht bekannt. Fakt ist, dass sich immer mehr Nutzer nach Alternativen zu den großen Suchmaschinen umschauen. So konnte die Suchmaschine DuckDuckGo laut einem Artikel der *Süddeutschen* ihre Nutzerzahlen seit den ersten Snowden-Enthüllungen verdreifachen.[134] Der Clou an der Page: Diese Seite speichert weder Daten seiner Nutzer noch deren Anfragen, alles läuft anonym. Realistisch betrachtet sind Google, Yahoo! und Co. aber auch von Snowden nicht vom Thron zu stoßen. Laut *Süddeutsche* beantwortet allein Google am Tag dreimal mehr Anfragen als DuckDuckGo im ganzen Jahr.[135]

GRUND 53

Weil er Verrückte heilt

Selbst in der eher trockenen Welt der Programmierer und PC-Experten gibt es Menschen, die den Punkrock in all seiner Konsequenz leben. Der in Schottland geborene US-Unternehmer John McAfee gehört fraglos dazu. Der Programmierer mit dem Waffenfetisch hat es in seinem Leben mehrfach geschafft, alles einzureißen, was er sich aufgebaut hat. Und das war nicht wenig. McAfee galt schon früh als Computergenie, aber auch als schwieriger Charakter mit einer Vorliebe für Kokain, Alkohol und Prostituierte. Er arbeitete unter anderem für SIEMENS und IBM und erstellte Datenbanken. Er erfand eine Plattform für »Safer Sex«, in die sich alle negativ auf HIV getesteten Personen der USA eintragen sollten, um geeignete Sexualpartner zu finden. Gegen eine Gebühr, versteht sich. Das klappte nicht so ganz. Dafür entwickelte McAfee als einer der Ersten eine Antiviren-Software, und das in einer Zeit, in der Computerviren noch keine große Rolle spielten. Doch McAfee hatte den richtigen Riecher. Erst zog er noch in seinem Wohnmobil, in dem er auch lebte, durch die Staaten, um die Leute von seinem Produkt zu überzeugen. Aber die Sache verselbstständigte sich. Wenige Jahre später war McAfee steinreich. Bereits 1994 konnte er sich aus der eigenen Firma zurückziehen (oder wurde zurückgezogen, da teilen sich die Meinungen), 1997 soll sein Vermögen verschiedenen Quellen zufolge 100 Millionen Dollar betragen haben. McAfee pflegte den Lebensstil eines schrulligen Multimillionärs, schrieb Bücher über Yoga, kaufte Häuser gleich im Dutzend und sammelte Waffen. Nebenbei versuchte er auch, vom Internet zu profitieren, und arbeitete an einem der ersten Instant-Messenger der Welt.

2008, die USA wurden von einer schlimmen Immobilienkrise heimgesucht, und McAfee verlor fast sein ganzes Vermögen. Er siedelte nach Belize, südlich von Mexiko, um, da er zudem mal wieder Probleme mit den US-Behörden hatte. Also kaufte er in dem kleinen Staat in Mittelamerika mehrere Häuser und vertiefte sich in die Arbeit. Unter anderem arbeitete er an der Entwicklung eines neuen Antibiotikums. Aber auch Drogen und Prostituierte sollen einmal mehr zum Zeitvertreib gedient haben. Ende April/Anfang Mai 2012 wurde sein Haus von Polizisten durchsucht, die Vorwürfe (illegaler Waffen- und Drogenbesitz) erhärteten sich allerdings nicht. McAfee stand in ständigem Streit mit seinem Nachbarn, der wenige Monate nach der ersten Durchsuchung erschossen in seinem Haus lag. Die Polizei wollte McAfee zu dem Fall befragen. Was dann passierte, beschrieb *Spiegel Online* so: »Reden wollte der 67-Jährige nicht mit den Beamten. Stattdessen verbuddelte er sich im Sand auf seinem Anwesen und schob sich einen Pappkarton über den Kopf. (…) Das sei äußerst unangenehm gewesen, aber die Mörder seines Nachbarn hätten ihm möglicherweise nachgestellt. ›Nennt mich ruhig paranoid, aber sie werden mich töten‹, sagte McAfee. Seit Monaten würden sie versuchen, an ihn heranzukommen. Wer genau ihm nach dem Leben trachtet, das sagte McAfee nicht.«[136]

Die Nachricht vom Computer-Millionär, der sich auf seinem eigenen Grundstück vergräbt, ging um die Welt. McAfee wurde berühmt und immer paranoider. Er tauchte unter, versuchte, in Guatemala Asyl zu beantragen (was abgelehnt wurde), und wurde schließlich in die USA abgeschoben. Damit wäre diese kleine Geschichte zu Ende, wenn sich McAfee nicht im Oktober 2013 erneut zu Wort gemeldet hätte. Und zwar mit einer Erfindung namens D-CENTRAL, die laut Eigenwerbung verhindert, dass Außenstehende Informationen über den Nutzer eines Gerätes (Smartphone, Tablet etc.) erhalten. Laut eigenen Angaben hatte McAfee die Idee zu diesem Gerät schon vor Jahren. Aber angesichts der Snowden-Enthüllungen sei nun der richtige Zeitpunkt für die Serienreife gekommen.[137] Auf der Webseite der extra gegründeten Firma FUTURE TENSE läuft ein Countdown herunter, der irgendwann im März 2014 endet. Bringt McAfee dann wirklich das ultimative Verschlüsselungs-Gadget auf den Markt, das Kommunizieren und Datentausch in völliger Anonymität verspricht und auch noch unter 100 Dollar kosten soll? Oder ist alles nur ein großer Schwindel, wie einige Konkurrenten vermuten? Eigentlich schon fast egal. Zumindest kann Edward Snowden von sich behaupten, einen der schrulligsten Köpfe der gesamten Branche aus dem Vorruhestand geholt zu haben. Und vielleicht hat er ihn ja auch zu einer neuen Wunderwaffe gegen Spähversuche inspiriert. So oder so, es wird auf jeden Fall unterhaltsam.

GRUND 54

Weil er vielleicht der Totengräber des Cloud-Computing ist

Erinnern Sie sich noch? Vor ein paar Jahren wurde das sogenannte Cloud-Computing als die größte Idee seit Erfindung der portablen Mikrowelle gefeiert. Plötzlich war es für Firmen und Privatpersonen möglich, riesige Datenmengen zu verarbeiten oder extrem aufwendige Software zu nutzen, ohne sich damit den eigenen PC vollzukleistern. Denn die Anwendungen lagern nicht mehr im Rechenknecht unter dem Schreibtisch, sondern auf einem Server ganz weit entfernt in den Wolken, wie uns die Werbung weismachen wollte. Unbeschwertes Arbeiten im Kosmos, nie wieder eine überlastete Festplatte. Bei Bedarf einfach zugreifen, ansonsten darf sich jemand anderes mit den Daten herumschlagen. Seit Edward Snowden wissen wir jedoch, dass genau diese anderen das Problem sind.

Denn wenn die Daten nicht mehr auf dem eigenen Computer liegen (was, wie wir gelernt haben, auch nicht viel bringt), liegen sie woanders. Und hier kommt die NSA ins Spiel. Wie die Enthüllungen von Edward Snowden belegen, leiten große Firmen wie Google, Yahoo! oder Amazon (der momentan größte Cloud-Betreiber) ungeheure Datenmengen an die Geheimdienste weiter. Und das wohl ohne große Gegenwehr, auch wenn sich mancher Internet-Riese im Namen seiner Kunden und rein der Form halber über diese Vorgehensweise beschwert hat. Google erlebte allerdings eine weitere Überraschung, als herauskam, dass die NSA nicht nur freundlich nach Daten fragt, sondern sich auch gerne selbst bedient, wenn zum Beispiel Nutzerdaten zwischen internen Google-Rechenzentren hin und her geschickt werden. Vor allem außerhalb der USA verzichten deshalb immer mehr Firmen und Privatkunden auf die bekannten Anbieter, um nicht ausgespäht zu werden. Gerade in Ländern wie China oder Russland sind die Zahlen eindeutig. Offensichtlich möchte man im Zweifelsfall doch lieber von den eigenen Leuten belauscht werden als vom (alten) Klassenfeind.

Die britische Zeitung *The Independent* berichtete im Dezember 2013 erstmals darüber, dass selbst große IT-Ausstatterfirmen von der Kundenskepsis betroffen sind.[138] So soll der Umsatz von IBM im Zeitraum von Mitte August bis Mitte Oktober um 15 Prozent zurückgegangen sein, während Cisco um die neun Prozent einbüßte. Insgesamt sollen allein diese beiden Firmen rund 1,7 Milliarden Dollar verloren haben. Die Information Technology & Innovation Foundation veröffentlichte gar die Prognose, dass der Fall Snowden allein den Bereich des Cloud-Computing in den nächsten drei Jahren zwischen 35 und 45 Milliarden Dollar kosten könnte. Ein Schlag, von dem sich auch der an sich umsatzstarke IT-Zweig nicht so einfach erholen würde. Tatsächlich gibt es erste Politikerstimmen, die sich dafür aussprechen, Netzwerke zu entwickeln, die die Vereinigten Staaten außen vor lassen. Eine durchaus ambitionierte Idee, aber leider nicht komplett durchdacht. Denn damit dies funktionieren kann, müssten die Netzwerke auch all die Länder umgehen, die sich (immer noch) als Freunde oder Verbündete der USA sehen. Und da wird es dann langsam ein bisschen eng.

Bis zum Dezember 2013 waren Firmen zudem immer sehr zurückhaltend, wenn es darum ging, Umsatzrückgänge mit Snowdens Enthüllungen in Verbindung zu bringen. Auch deshalb, um dem Whistleblower nicht noch mehr Aufmerksamkeit zukommen zu lassen und keine Nachahmer zu provozieren (die gleiche Strategie verfolgte Präsident Obama zu Beginn der Affäre auch). Frank Calderone, Finanzchef von Cisco, erklärte gegenüber *The Independent* jedoch, dass die NSA-Schnüffeleien für »ein gewisses Maß an Unsicherheit« bei den Kunden gesorgt hätte, was die Umsatzeinbrüche erklärte.[139] Wahrscheinlich die Untertreibung des Jahres. Vor allem im asiatischen Raum suchen Menschen nach Alternativen und werden durchaus fündig.

Mit seiner kleinen Bemerkung war Calderone der Erste, der diese Tatsachen, die sich durchaus mit gesundem Menschenverstand erklären lassen, offen aussprach. Ob Firmen, die sich auf die Herstellung von Briefpapier oder Kugelschreibern spezialisiert haben, in gleichem Maße zulegen, wie die IT-Firmen einbüßen, ist hingegen leider nicht bekannt. Aber es wäre mal eine Studie wert.

GRUND 55

Weil er sich von DELL zum Hacker ausbilden ließ

Der ärgste Feind ist immer der, den man an der eigenen Brust genährt hat. Das hat zum Beispiel bei Osama bin Laden hervorragend funktioniert und lässt sich, mit Abstrichen, auch auf Edward Snowden anwenden. Denn ohne die Unterstützung der US-amerikanischen Firma DELL Inc. hätte der Whistleblower niemals so tief in die NSA eindringen können. Das behauptet jedenfalls das Online-IT-Magazin ZDNet, das zum US-Medienkonzern CBS Corporation gehört.

Im Jahr 2009 gibt Snowden demnach seinen Job bei der CIA auf und heuert wenige Monate später bei der NSA an. Die haben einen Vertrag mit dem PC-Hersteller DELL, für die der junge Mann nun in Japan tätig wird. In Tokio ist er für die Modernisierung der NSA-Computer zuständig, später wird er auch in den USA als »Cyberstratege« und Experte in »Cyber-Gegenspionage« arbeiten.[140] Snowden ist ein Naturtalent an der Tastatur, benötigt aber offensichtlich noch einen Feinschliff und wird deshalb im Jahr 2010 von DELL zu einer Weiterbildung geschickt. Am Ende dieser Maßnahme darf sich Snowden als »zertifizierter ethischer Hacker« bezeichnen. Denn DELL und die NSA möchten, dass ihre Computerexperten, die für die Sicherheit zuständig sind, wie Hacker denken und deren Techniken nutzen.[141] Eigentlich ein logisches Vorgehen, doch leider mit einem Makel behaftet. Denn wenn der so Ausgebildete die Seiten wechselt, kennt er endgültig jeden Kniff. Wie einst bei den Jedi-Rittern. Oder wie im Fall von Snowden, der nach dem missglückten Versuch in Genf 2009 im Jahr 2012 noch in Diensten von DELL die ersten Geheimdokumente abgreift.

Snowden benutzt seine Weiterbildung angeblich sogar als Argument, um bei Booz Allen Hamilton einen neuen Job zu bekommen, was ebenfalls vorzüglich gelingt. Der Whistleblower hat nun die technischen Voraussetzungen und die tatsächliche Möglichkeit, auf nahezu alle geheimen Daten zugreifen zu können. Und das alles dank des Instruments der Weiterbildung. Wie schreibt die Bundesagentur für Arbeit auf ihrer Webseite so schön: »Mit Weiterbildung Chancen erhöhen. Die schnellen technischen und gesellschaftlichen Entwicklungen erfordern aber eine dauerhafte Anpassung und ein ständiges Weiterlernen. Weder unsere private noch unsere berufliche Zukunft lassen sich langfristig bis ins Detail planen. Kurven und Kreuzungen gehören zum Leben.«[142] Keine weiteren Fragen.

GRUND 56

Weil er einen Mann vom ZDF aus dem Konzept brachte

Hand aufs Herz, kennen Sie Elmar Theveßen? Natürlich nicht, denn das ZDF-Urgestein gehört nicht zu den auffälligsten Polit-Reportern in unserem Lande. Manchmal scheint diese Tatsache Elmar selbst zu wurmen, und er haut einen raus, damit sein Name wenigstens mal für ein paar Minuten durch die Newsticker geistert. 2011 zum Beispiel berichtete der stellvertretende Chefredakteur des Zweiten Deutschen Fernsehens, der von seinem Arbeitgeber auch als Experte für Terrorismus, organisierte Kriminalität, Wirtschaftskriminalität und Geheimdienste bezeichnet wird, von den Anschlägen in Norwegen. Zu einem Zeitpunkt, als die Lage noch mehr als unklar war, erklärte Theveßen den Zuschauern in mehreren *heute*-Sendungen, dass ein islamistischer Hintergrund wahrscheinlich oder zumindest nicht auszuschließen sei. Blöd nur, dass kurz darauf der Rechtsradikale und Islamhasser Anders Breivik als Schuldiger ausgemacht wurde. Im deutschen Blätterwald rauschte es daraufhin gewaltig, die *FAZ* titelte: »Wer solche Experten kennt, braucht keine Laien.«[143]

Logisch, dass sich Theveßen, der unter anderem Bücher über al-Qaida, die Anschläge vom 11. September 2001 oder die islamistische Bedrohung im Allgemeinen verfasste, auch im Fall der Snowden-Enthüllungen nicht zurückhalten konnte. Statt live auf Sendung zu gehen, schrieb er dem Whistleblower lieber einen offenen Brief und veröffentlichte diesen im Internet. Schon die Begrüßung ist ein Traum: »Sehr geehrter Herr Snowden, Sie verdienen keinen Nobelpreis. Sie verdienen auch kein politisches Asyl in Deutschland.«[144] Rums! So begrüßt man gute Freunde. Kein Nachfragen nach dem werten Befinden, keine Floskeln über das Wetter in Moskau. Einfach mal geradeaus in die Kauleiste. Fairerweise muss angemerkt werden, dass Theveßen im Anschluss schon ausführt, dass er einen gewissen Respekt für Snowden empfindet, weil dieser die fiese Überwachungsmaschinerie aufgedeckt hat. Dann geht es allerdings richtig los. Denn der ZDF-Experte ist nicht damit einverstanden, dass der Whistleblower die Unterlagen (die trotz aller guten Absichten immer noch gestohlen wurden) an die Presse weitergegeben hat, die Theveßens Meinung nach nun ihrerseits »Propaganda« betreibe. Eine interessante Ansicht für einen Mann, der sein ganzes Berufsleben als Journalist verbracht hat und noch immer verbringt. Wer seinem eigenen Stand so wenig über den Weg traut, sollte vielleicht über eine Umschulung nachdenken.

Aber natürlich hat Elmar T. noch einen Tipp in petto, wie man es hätte besser machen können. Seiner Ansicht nach hätte Snowden die Dokumente einfach ins Internet stellen sollen. Da hätte sich dann ein jeder das raussuchen können, was für ihn interessant ist, oder was? Mal abgesehen davon, dass die Dokumente ohne Einordnung und Kommentierung von Laien kaum verstanden werden dürften, müsste sich doch auch Theveßen ungefähr vorstellen können, wie so eine Internet-Veröffentlichung abgelaufen wäre: Snowden, den ohne die »Zeitungspropaganda« kein Mensch kennen würde, hätte die Dokumente irgendwo eingestellt. Ein paar seiner Aktivistenkumpels, und vielleicht auch der eine oder andere richtige Experte, hätten einen Blick darauf geworfen und sich empört, bevor die NSA sämtliche Internetzugänge dieser Welt gekappt und das Lesen der bereits weiterverbreiteten Unterlagen unter Strafe gestellt hätte. Die Meldung wäre auf Seite 14 der einschlägigen Zeitungen unter »Vermischtes« versandet. Zudem wir aus den Snowden-Leaks gelernt haben: Wenn sie dich kriegen wollen, kriegen sie dich.

Aber Theveßen sieht die Welt eben ein bisschen anders, was sein Schlussplädoyer beweist. Dort heißt es: »Dies ist der beste Hebel zur Lösung der NSA-Affäre: Die gemeinsame Einsicht, wie unendlich dumm, politisch kurzsichtig, wirtschaftlich naiv und moralisch verwerflich es ist, zerfressen von Misstrauen gegeneinander zu arbeiten, statt miteinander. Und dieses Miteinander kann es nur geben, wenn dem Überwachungsapparat Einhalt geboten wird.«[145] Genau das wird Angela Merkel ihrem Kollegen Barack Obama auch gesagt haben. Dieser wird ihr recht gegeben und zwei Minuten später den nächsten Satelliten ins All geschickt haben, der selbst noch Regenwürmer im Garten des Berliner Kanzleramtes gestochen scharf fotografieren kann. Denn mal im Ernst: Selbst die weltweite Empörung über den NSA-Skandal hat bisher zu keinem nennenswerten Einlenken der USA geführt. Und dann soll es ein Appell an das Miteinander richten? Am besten noch verknüpft mit einem dezenten Hinweis auf das amerikanisch-europäische Freihandelsabkommen? Ach, lassen wir einfach noch mal Theveßen zu Wort kommen: »(...) die USA brauchen das Vertrauen. Wenn mögliche Kunden nicht mehr bei US-Unternehmen kaufen, wenn große Wirtschaftskonzerne keine Geschäfte mehr mit den USA, sondern mit anderen Ländern machen, wenn Staaten ihre Telekommunikationssysteme von den amerikanischen abschotten, weil sie der Supermacht nicht trauen, dann schadet das den nationalen Interessen Amerikas. Auch ein amerikanisch-europäisches Freihandelsabkommen könnte unter solchen Umständen niemals funktionieren.«[146]

Es steht zu befürchten, dass wir alle noch früh genug sehen werden, wie gut das funktioniert. Und dann spricht kein Mensch mehr über Edward Snowden. Aber lassen wir nicht den letzten Satz des Briefes unter den Tisch fallen, in dem der ZDF-Mann eine elegante Schleife zum Ausgangspunkt zieht: »Asyl für Sie in Deutschland, sehr geehrter Herr Snowden, würde diese Chance vernichten, bevor sie von Politikern auf beiden Seiten des Atlantiks erkannt wird.«[147] Da haben wir es! Seit Jahrzehnten überlegen Entscheidungsträger hüben wie drüben, wie sie bloß miteinander umgehen können, ohne sich dauernd gegenseitig zu bespitzeln. Und jetzt, kurz bevor sie darauf kommen, erscheint dieser verrückte Snowden und macht alles zunichte. Also wirklich, eine Frechheit! Hoffen wir nur, dass dieser Brief übersetzt und an die NSA weitergeleitet wurde.

Sollte dem so sein, hängt er jetzt wahrscheinlich in irgendeiner (versteckten) Kaffeeküche. Auch Geheimagenten wollen ab und zu mal lachen.

GRUND 57

Weil er Netze entspinnt

Der selige Eduard Zimmermann warnte in seiner TV-Sendung *Vorsicht Falle!* bis 1997 und streng durch seine Brille guckend vor Neppern, Schleppern und Bauernfängern. Sehr ärgerlich, dass es dieses Format nicht mehr gibt, denn Ede hätte sich garantiert mit Freude auf eine Firma wie verizon gestürzt. Das US-amerikanische Telekommunikationsunternehmen, das auch in Deutschland tätig ist, kann nämlich eine lange Latte von zweifelhaften Aktionen, Pleiten, Pech und Pannen vorweisen. So zahlte das Unternehmen laut der Non-Profit-Organisation Public Campaign in den Jahren von 2008 bis 2010 keine Steuern, bekam aber 951 Millionen Dollar zurückgezahlt. Über 52 Millionen Dollar flossen in Lobbyarbeit. Die fünf Topmanager sollen allein 2010 über 20 Millionen Dollar verdient haben, gleichzeitig wurden fast 21.500 Mitarbeiter entlassen. Wer in den USA über verizon ins Internet ging, schaute im Dezember 2004 in die Röhre. Das Unternehmen sperrte automatisch alle E-Mails aus Europa. Wer trotzdem Kontakt zu Freunden, Geschäftspartnern oder Verwandten halten wollte, musste extra eine Freischaltung beantragen. Als Begründung gab das Unternehmen an, man wolle das Aufkommen von Spammails reduzieren. Trotz unzähliger Beschwerden, vor allem von Geschäftsleuten mit internationaler Kundschaft, dauerte es Wochen, bis verizon die Blockade wieder aufhob. 2008 verschafften sich Mitarbeiter der Firma illegal und monatelang Zugang zu den Mobilfunkdaten ihres späteren

Staatsoberhauptes Barack Obama. Der Skandal wurde von CNN aufgedeckt. 2012 konnte verizon in dem Gebiet um Washington D.C. herum für einige Tage lang nicht garantieren, dass bei der Wahl des Notrufs 911 automatisch der Standpunkt des Anrufers ermittelt wird, so wie es gesetzlich vorgeschrieben ist. Und dann war da noch diese Sache mit der NSA.

Am 5. Juni 2013 deckte zuerst die britische Zeitung *The Guardian* auf, dass verizon unzählige Daten über seine Kunden an die NSA weitergegeben hatte. Das war grundsätzlich nichts Neues, Meldungen darüber gab es bereits in den vergangenen Jahren immer mal wieder. Neu war nur der Umfang, der aus den Unterlagen von Edward Snowden hervorging. Angewiesen vom FBI und dem United States Foreign Intelligence Surveillance Court (FISC), zeichnete verizon die Metadaten ausnahmslos aller Gespräche in den USA sowie diejenigen, die von den Vereinigten Staaten ins Ausland oder von außerhalb in die USA geführt wurden, auf und leitete sie regelmäßig alle 90 Tage weiter. Die Firmenleitung sah darin auch keine größeren Probleme. Erst als sich die Beschwerden der Kunden im Laufe der Monate stapelten, sprach sich auch verizon, wie zuvor Google, amazon, facebook und andere dafür aus, die Genehmigung zur Veröffentlichung der offiziellen Anfragen seitens der Regierung zu bekommen. Denn verständlicherweise möchten nicht die Firmen allein den Schwarzen Peter zugeschoben bekommen, der an sich bei der Regierung und den Kontrollbehörden liegen müsste. Trotzdem, und auch weil immer noch nicht klar ist, wie bereitwillig verizon bei seiner Staatshilfe war, ist der Imageverlust erheblich. Und die Versuche des Unternehmens, diesen wieder zu begradigen, wirken ein bisschen hilflos.

Anfang 2014 veröffentlichte verizon erstmals konkrete Zahlen. So wurden alleine aus Deutschland fast 3.000 Anfragen zur Herausgabe von Daten zu verschiedenen Zwecken an das Unternehmen gestellt. Die US-Behörden fragten, zusätzlich zu ihrer »automatischen Versorgung«, noch über 320.000 Mal nach Daten oder stellten Überwachungsanträge.[148] Eigentlich ein Wunder, dass diese Firma ihrer eigentlichen Tätigkeit, dem Vernetzen von Menschen, überhaupt noch nachkommen kann. Aber wahrscheinlich sind das Vernetzen und das anschließende Aufzeichnen der Ergebnisse dieser Vernetzung längst eins.

GRUND 58

Weil er Siemens und andere Firmen warnte

Die NSA ist schon verdammt neugierig. Da mussten wir im Januar 2014 aus dem Mund von Edward Snowden erfahren, dass sie nicht nur Bürger und Politiker ausspäht, sondern auch die Wirtschaftsgiganten dieses Landes. Aber eher so nebenbei und aus Versehen. »Wenn es etwa bei Siemens Informationen gibt, die dem nationalen Interesse der Vereinigten Staaten nutzen, aber nichts mit der nationalen Sicherheit zu tun haben, dann nehmen sie sich diese Informationen trotzdem.«[149] Ein starkes Stück, aber auch nicht wirklich überraschend. Weit interessanter ist, wie die deutsche Wirtschaft, am Beispiel der Firma Siemens, auf diese Warnung des Whistleblowers reagierte.

Siemens-Vorstandschef Joe Kaeser sieht die Sache nämlich erstaunlich gelassen. So sagte er auf einer Aktionärsversammlung, es gebe »keine konkreten Hinweise, dass Firmenhandys systematisch abgehört werden«.[150] Außerdem verwies Kaeser auf die eigene Sicherheitsabteilung, die gute Arbeit leisten würde, und erging sich in weiteren Plattitüden. Wer hinter die Kulissen blickt, versteht auch, warum die Firma den Hinweis von Snowden auf die leichte Schulter nimmt. Denn zu den Kunden von Siemens gehört unter anderem auch die NSA. Der Leiter der Siemens US-Tochter ist Eric A. Spiegel, der zuvor, wie Snowden, bei Booz Allen Hamilton arbeitete, die wiederum sehr enge Verbindungen zur NSA unterhalten. Mit anderen Worten, wenn die NSA Siemens (oder andere deutsche »Partner«) ausspioniert, ist das so, als würde ein Sohn seiner Mutter Geld aus dem Portemonnaie stehlen. Keine schöne Sache, aber auch kein Kapitalverbrechen, es bleibt ja in der Familie. Die Globalisierungsrakete startet die nächste Stufe.

GRUND 59

Weil er uns vom Quantencomputer erzählte

Spätestens seit den »James Bond«-Filmen ist es in der Pop-Kultur zum Running Gag geworden, dass irgendwelche Bösewichte nicht weniger als die Weltherrschaft erringen wollen. Inspiriert wurde diese Großmannssucht von der Geschichte, denn auch die Römer, die Mongolen, das Osmanische Reich oder verschiedene Päpste glaubten, im Besitz der Universalmacht (oder ganz kurz davor) zu sein. Heutzutage kann man damit maximal die Mäuse Pinky und Brain hinter dem Ofen hervorlocken. Doch je mehr Details über die NSA aus dem Snowden-Fundus veröffentlicht werden, desto mehr bekommt man das Gefühl, dass sich da wieder jemand zum Führer der Menschheit berufen fühlt.

Zu Beginn des Jahres 2014 erschien ein häufig zitierter Artikel in der *Washington Post*, in dem von einer Art »Supercomputer« berichtet wird, an dem die NSA derzeit arbeitet.[151] Dieser Rechner soll in der Lage sein, die Codes von Banken, medizinischen Einrichtungen, Forschungseinrichtungen oder Regierungsbehörden zu knacken. Das Forschungsprogramm, das mit rund 60 Millionen Euro ausgestattet sein soll, wird in Laboratorien in der Kleinstadt College Park (rund 30.000 Einwohner) in Maryland durchgeführt und trägt den Namen »Penetration Hard Targets« (»Eindringen in harte Ziele«). Da kichert der Pennäler, und der Fachmann wundert sich. Nicht! Denn die Entwicklung eines sogenannten »Quantencomputers« ist ein alter Hut. Diverse Firmen, die EU und die Schweiz sollen verschiedene Projekte finanzieren, die sich mit der Forschung an einem solchen Superrechner beschäftigen. Wobei alle Teilnehmer dieses Rennens noch sehr weit von der Ziellinie entfernt seien sollen, auch die NSA. Aber es besteht wohl kein Zweifel daran, wer diesen Wettlauf gewinnen will. Auf der anderen Seite wäre es ganz unterhaltsam, wenn die EU in der Lage wäre, die Rechner der US-Geheimdienste zu knacken. Was würde passieren? Eine halbe Milliarde ungültiger Reisepässe? Cologne-Kalk-Verbot in Minnesota für alle Europäer? Der Dritte Weltkrieg? Vielleicht wollen wir das doch nicht so genau wissen.

Seth Lloyd, Physiker, IT-Fachmann und Professor für Quantenmechanik am Massachusetts Institute of Technology, sagte im oben erwähnten Artikel der *Washington Post*, dass die US-Regierung fürchte, andere Staaten würden ihnen bei der Entwicklung des Quantencomputers zuvorkommen. Realistisch betrachtet liegt diese Bedrohung laut Lloyd allerdings noch in der Zukunft: »Ich glaube nicht, dass wir die von der NSA angestrebte Art des Quantencomputers innerhalb der nächsten fünf Jahre haben werden.«[152] Allerdings ist Zeit gerade im IT-Bereich relativ. Vor zehn Jahren schätzten Experten, dass die Entwicklung eines solchen Computers zwischen zehn und 100 Jahre in der Zukunft liegen würde. Vor fünf Jahren prophezeite Lloyd selbst, dass es wohl nur noch zehn Jahre dauern könnte. Nun widerrief er seine eigene Einschätzung. Sein britischer Kollege Jeff Forshaw, Professor an der University of Manchester, schrieb 2012 in einem Gastbeitrag im *Observer*: »Es ist wahrscheinlich zu früh, um darüber zu spekulieren, wann der erste voll funktionsfähige Quantencomputer gebaut werden kann. Aber die Fortschritte, die wir in letzter Zeit gemacht haben, stimmen mich optimistisch.«[153] Unschwer zu erkennen, dass Forshaw ein Fan dieses Gerätes ist. Im gleichen Artikel erklärt er auch den

Laien warum: »Moderne ›klassische‹ Computer scheinen bereits nahezu unendliche Ressourcen zu besitzen. Es gibt so viel, was wir mit ihnen machen können. Aber es gibt eben auch unglaublich viel, was wir nicht machen können. In der Forschung stehen wir vor gewaltigen Aufgaben, die wir mit den herkömmlichen Computern niemals lösen werden. Das Problem ist, dass für manche Prozesse unendlich viele Daten verarbeitet werden müssen. Es gibt gar nicht genügend Atome im Universum, mit denen man einen herkömmlichen Rechner bauen könnte, um diese Aufgaben zu lösen.«[154]

Forshaw sieht die Angelegenheit natürlich aus der Sicht eines Forschers, der von Natur aus immer höher, schneller und weiter will, um der Menschheit zu helfen. Zumindest in der Regel. Snowden warnt hingegen vor dem Missbrauch durch die Geheimdienste, die auch immer höher, schneller und weiter wollen, aber häufig deutlich egoistischere Ziele vor Augen haben. Und ist so ein funktionsfähiger Quantencomputer erst einmal gebaut, wird er auch garantiert genutzt. Für was auch immer.

GRUND 60

Weil er die ARD-Programmmacher überfordert

Deutsche Talkshows können unterhaltend und lehrreich sein. Oder aber langweilen. Aber verwirrend sind sie in der Regel nicht. Das änderte die ARD am 26. Januar 2014, als sie das erste TV-Interview des Whistleblowers Edward Snowden ankündigte und eine Talkrunde mit Hans-Christian Ströbele (Bündnis 90/Die Grünen), Marina Weisband (Piratenpartei), Julian Reichelt *(Bild)*, dem ehemaligen US-Botschafter John Kornblum und dem Journalisten Hubert Seipel, der das Snowden-Interview geführt hatte, ins Programm nahm. Und zwar bevor das Gespräch mit dem jungen Mann aus den USA gesendet wurde. Der verdutzte Günther-Jauch-Seher durfte also genannten Personen dabei zuhören, wie sie über etwas sprachen, was die Zuschauer erst im Anschluss gezeigt bekamen. Klar, macht ja auch Sinn. Demnächst suchen dann die *Tatort*-Kommissare den Mörder, bevor die Tat geschehen ist, und in der *Sportschau* werden Statistiken über Bundesligaspiele eingeblendet, die erst zwei Stunden später laufen. Wie sang der Liedermacher Götz Widmann einst so schön: »Das Leben sollte mit dem Tod beginnen.«

KAPITEL 7

KÜNSTLERISCH WERTVOLL

GRUND 61

Weil er im Mittelalter vielleicht gebrannt hätte

Wer nicht ins Schema passt, der wird verbrannt. So wüst ging es in Mitteleuropa gelegentlich zu, zum letzten Mal in der Frühen Neuzeit. Das Berliner Künstlerduo Various & Gould ließ sich davon inspirieren und malte ein Porträt von Edward Snowden und anderen »unangepassten« Zeitgenossen mit Zündholzfarben. Sinn der Aktion war es, auf Menschen wie Snowden oder die Pussy Riot-Aktivistin Nadezhda Tolokonnikova aufmerksam zu machen. Aus diesem Grund verteilten die beiden im November 2013 sieben Bilder in Kreuzberg und eröffneten eine Art künstlerisch wertvolle Schnitzeljagd. An jeder Station konnten Interessierte ein Streichholz direkt am Porträt anzünden und damit eine Kerze entflammen. Texte informierten über die abgebildete Person und sein/ihr Leben. Am Endpunkt dieser ungewöhnlichen Aktion mit dem Titel »Wanted Witches« wartete dann das Bild von Edward Snowden.

»Wir wollten den Begriff Hexe umdeuten. Das Wort ist ja auch ein Schimpfwort, mit dem weise Menschen verunglimpft werden«, sagte die Künstlerin Various, die Snowden sogar angeschrieben und über die Aktion informiert hat.[155] Ob er begeistert war, dass sein Gesicht in der deutschen Hauptstadt quasi als Streichholzschachtel diente, ist leider nicht überliefert.

GRUND 62

Weil er rückwärts durch die Zeit reisen kann

George Orwell (1903–1950) gehört trotz seiner überschaubaren Anzahl an Werken, auch bedingt durch seine Lebensumstände und den frühen Tod, zu den wichtigsten englischsprachigen Autoren aller Zeiten. Seine beiden größten Erfolge, *Farm der Tiere* und *1984* kennt dank des Deutsch- oder Englischunterrichts auch hierzulande jedes Kind. Vor allem Zitate aus dem letztgenannten Titel gingen in die Alltagssprache (hihi) über. Wann immer im öffentlichen Raum Videokameras installiert werden, ist der Lokalredakteur mit der Formulierung »Big brother is watching you« schnell zur Hand. Reine Ironie, dass Orwell selbst jahrelang vom MI5 überwacht wurde, wie erst 2005 bekannt wurde. Grund für die Aufmerksamkeit des Geheimdienstes: Orwell vertrat kommunistische Ansichten und trug seltsame Klamotten.

Für den Kleidungsstil wird man heutzutage wohl nicht mehr unter Beobachtung genommen (obwohl …). Aber Edward Snowden nahm in seiner »Weihnachtsansprache« auf dem britischen Sender Channel 4 nicht umsonst Bezug auf den Schriftsteller. Snowden warnte ganz explizit vor der Totalüberwachung durch den Staat, wie sie in dem Buch *1984* von Orwell beschrieben sei. Wörtlich führte er aus: »Die Art, wie Daten in dem Buch gesammelt werden – mit Mikrofonen und Videokameras, ein Fernseher, der uns beobachtet –, das ist nichts im Vergleich zu dem, was heute möglich ist. Wir haben Sensoren in unseren Taschen, die jederzeit unseren Aufenthaltsort weitergeben können. Man sollte mal darüber nachdenken, was das für die Privatsphäre des durchschnittlichen Menschen heißt.«[156] Der mehrfach verfilmte Roman *1984* erschien 1949 und beschreibt einen totalitären Überwachungsstaat, in dem der Protagonist Winston Smith, ein kleiner Fußsoldat der herrschenden

Partei, um seine Privatsphäre kämpft und so mit dem Staat in einen Konflikt gerät. Wer das Buch nach den Enthüllungen Snowdens noch einmal liest, wird sich einerseits über die unglaublich vielen Parallelen, andererseits aber auch über die vermeintliche Naivität des Autors wundern. Denn die Realität sieht, wie von Snowden erwähnt, in vielen Punkten leider viel extremer aus als in der Fiktion. Die entstand allerdings in den Jahren 1946 bis 1948; Unsere heutigen technischen Möglichkeiten waren damals noch nicht mal im Ansatz zu erahnen. Inspiriert wurde das Werk von der russischen Revolution, dem Spanischen Bürgerkrieg und dem Terrorregime unter Stalin. Andere organisatorische Beschreibungen gehen auf die BBC und die »Four Freedoms«-Rede von US-Präsident Franklin D. Roosevelt aus dem Jahr 1941 zurück. Orwell, der regen Kontakt mit bekannten Kollegen wie H.G. Wells, Aldous Huxley oder James Joyce unterhielt, starb ein Jahr nach der Veröffentlichung von *1984* an Tuberkulose. Und nein, liebe Verschwörungstheoretiker, dieses Mal war der Staat wirklich nicht schuld.

Edward Snowdens Erwähnung des Romans im Dezember 2013 ging allerdings noch ein anderes Ereignis voraus. Im Juni des gleichen Jahres, wenige Tage nach dem Auftritt von Snowden in Hongkong, meldete *Spiegel Online*: »Big Brother is watching you«: George Orwells Jahrhundertsatz erlangt durch den PRISM-Skandal neue Aktualität – im Zuge der NSA-Überwachungsaffäre wird sein Roman *1984* in den USA und Großbritannien wieder zum Bestseller.«[157] Die Verkaufszahlen des Klassikers schossen quasi zeitgleich mit Snowdens Enthüllungen in die Höhe. Denn nicht nur *The New Yorker*-Blogger Ian Crouch fragte sich: »Leben wir im Jahr 1984?«[158]

Kleine Anekdote am Rande: Am 25. Oktober 2013 wurde dem österreichischen Bundeskanzler Werner Faymann der Big Brother-Award in Wien verliehen. Grund für die Auszeichnung, die jährlich in verschiedenen Ländern vergeben wird, war folgender Satz des Politikers: »Wo in anderen Ländern zumindest Empörung über das Ausmaß der von Edward Snowden aufgedeckten, weltweiten

Internetüberwachung des US-Geheimdienstes NSA herrscht, wird in Österreich einfach konsequent geschwiegen.«[159] Vielleicht liegt es daran, dass der »große Bruder« auch schon längst in verträumten Alpendörfern angekommen ist.

GRUND 63

Weil er in Deutschland bei den meisten Künstlern sehr willkommen wäre

Im November 2013 führte *Spiegel Online* eine Umfrage durch, in der gefragt wurde, ob Edward Snowden in Deutschland Asyl bekommen sollte. Am Ende des Jahres hatten über 77 Prozent mit »Ja« abgestimmt. Zeitgleich befragte das Magazin auch diverse Prominente nach ihrer Meinung. Wie nicht anders zu erwarten, war ein Großteil der selbst erklärten Freigeister schwer dafür, dem Whistleblower Unterschlupf zu gewähren. Und auch wenn Udo Lindenberg oder Alice Schwarzer noch nie in Regierungsverantwortung standen, so sind ihre Antworten doch zum Teil äußerst unterhaltsam ausgefallen.

So sagte der Schauspieler Jan Josef Liefers (*Tatort*, *Das Wunder von Lengede*) über die Snowden-Affäre: »Natürlich befürworte ich Asyl für Snowden. Deutschland verweigert ihm Asyl ja nicht aus selbst gewonnener Überzeugung, sondern lediglich aus Loyalität den USA gegenüber. Die Diskussion, wo auf der Skala zwischen ›Held‹ und ›Verräter‹ er seinen Platz hat, wäre für mich ein extra Thema. Immerhin hat Frau Merkel ihm die Erkenntnis zu verdanken, dass auch sie persönlich abgehört wurde.«[160] Die interessantere Frage wäre in diesem Fall allerdings, ob Frau Merkel das überhaupt wissen wollte. Schließlich belastet diese Erkenntnis seit Bekanntwerden das transatlantische Verhältnis doch ganz erheblich. Der ehemalige *Tagesthemen*-Sprecher Ulrich Wickert stößt ins gleiche Horn, fügt aber noch eine Spur Verbitterung hinzu: »Es ist beschämend, dass er in Deutschland erst ernst genommen wurde, als es um das Handy von Frau Merkel ging.«[161] Wie wahr, Herr Wickert. Der Rhetoriker und Parteioffizier Gregor Gysi hingegen erklärt die Kanzlerin gleich zur einfachen Bundesbürgerin: »Asyl oder zumindest ein Zeugenschutzprogramm ist deshalb erforderlich, weil er in den USA wegen Geheimnisverrats hoch bestraft werden würde, und zwar aus einem politischen Grund. Dieser Geheimnisverrat hat aber die deutsche Bevölkerung erst aufgeklärt, zwingt inzwischen die Bundesregierung, über den Schutz ihrer Bevölkerung – einschließlich der Kanzlerin – nachzudenken. Eine politische Straftat, die uns nutzt, die man moralisch hoch bewerten muss, erfordert Asyl, zumindest ein Zeugenschutzprogramm.«[162] Ist halt ein Schelm, der Gregor.

Der Kabarettist Jürgen Becker, der Intendant der Berliner Staatsoper Unter den Linden, Jürgen Flimm, und die Münchner Verlegerin Antje Kunstmann fordern gar den Friedensnobelpreis für den Whistleblower, während ZDF-Moderator Oliver Welke das Bundesverdienstkreuz in den Ring wirft. Etwas abgebrühter zeigt sich die Schauspielerin Caroline Peters (*Contergan*, *Mord mit Aussicht*), die sich über die Naivität ihrer Mitmenschen wundert und ein düsteres Szenario andeutet: »Als ich das erste Mal von Snowden gehört habe, dachte ich: Hat irgendjemand ernsthaft damit gerechnet, dass das Internet frei und sicher ist, und muss man das noch aussprechen? An der Welle aus Angst und Empörung, die Snowdens Enthüllungen auslösten, habe ich erst verstanden, dass man das dringend offen aussprechen musste. Er hat ein diffuses, von allen geteiltes Schweigen gebrochen, das hat ihn zum Flüchtenden gemacht. Nun sollte man ihm helfen, nicht auch zum Schweigenden gemacht zu werden.«[163] Der Drehbuchautor und Schriftsteller Bodo Kirchhoff möchte in diesem Zusammenhang auch gar nicht von Politik sprechen: »Das ist keine politische, sondern eine urmenschliche

Frage: Der Mann hat alles gegeben, und jetzt gibt man ihm etwas zurück.«[164] Und seine Kollegin Monika Maron möchte den Whistleblower gar aus den Fängen der bösen Russen reißen: »Edward Snowden gehört nicht zu Putin, Edward Snowden gehört zu uns.«[165]

Gewohnt verdreht präsentiert uns der Fußballtrainer Ewald »Zettel« Lienen seine Sicht der Dinge: »Wir sollten Edward Snowden jedes Recht einräumen, uns bei der Aufklärung der US-Geheimdienstaffäre helfen zu können.«[166] Wir sollten Snowden also nicht einfach nur helfen, sondern so helfen, dass er uns helfen kann. Kein Wunder, dass der Mann als Trainer nur bescheidene Erfolge aufzuweisen hat. Ähnlich blumig, in der Sache aber zielstrebiger, ist der Autor Hans Magnus Enzensberger: »Amerika kann einem leidtun. Nummer eins zu sein ist anstrengend und fördert den Missmut aller andern. Hilflos sehen die Bewohner der Vereinigten Staaten zu, wie sich ihr Traum in einen Albtraum verwandelt. Einer, der nach wie vor an die herrliche Verfassung glaubt, sitzt in Moskau in der Falle. Warum hat niemand einen Finger für Edward Snowden gerührt? Viele bewundern ihn, keiner tut etwas.«[167] Da ist Enzensberger bei Udo Lindenberg an der richtigen Adresse. Der hat nämlich ganz konkrete Vorstellungen, wie man Snowden unter die Arme greifen könnte: »Im Atlantic Hotel kann ich bestimmt ein Zimmer für ihn klarmachen – Welcome Edward.«[168] Abschließend findet Karen Duve, die Erfinderin des Teddybären »Thomas Müller«, eine schöne Formel, die sich manch Entscheidungsträger/in hinter die Ohren schreiben sollte: »Unsere Loyalität sollte nicht denen gehören, die uns ausspähen, sondern demjenigen, der es ermöglicht hat, dass wir davon wissen.«[169]

GRUND 64

Weil es über ihn einen Kurzfilm mit dem Titel *Verax* gibt

Wer die Formulierung »Kurzfilm über« in die heiligste aller Suchmaschinen eingibt, bekommt erstaunliche Ergebnisse. Zum Beispiel Kurzfilme über Magersucht, Berlin, Facebook, Demenz oder Drogen. Wobei die Kombination aus den beiden Letztgenannten schnell zu einer Überdosis führen kann. Der Streifen mit dem Titel *Verax* taucht nicht sofort auf, aber für Snowden-Fans lohnt sich die Suche. Schließlich werden in dem opulenten Fünfminüter die wohl wichtigsten Tage im Leben des Whistleblowers thematisiert – und das quasi in Echtzeit. Denn während der Kameramann Edwin Lee (gleichzeitig auch Regisseur, Drehbuchautor und Initiator des Filmes) seine Crew durch die Häuserschluchten von Hongkong jagte, hielt sich Snowden immer noch in der Stadt auf und hätte theoretisch jederzeit verhaftet werden können.

Inhaltlich geht es in *Verax* (aus dem Lateinischen: Wahrheit; Snowdens Deckname, den er häufig im Internet benutzte) um eine einheimische Reporterin, der via Internet hochbrisante Informationen über ein US-Programm namens PRISM zur Überwachung des Netzes angeboten werden. Ihr Chefredakteur lehnt allerdings ab. Dann sind zwei Polizisten aus Hongkong zu sehen, denen eindringlich nahegelegt wird, den Whistleblower an China auszuliefern. Dazwischen ist immer wieder Snowden zu sehen, der ein Laptop aus dem Safe nimmt oder nervös die Hände knetet. Sehr wichtig scheint den Filmern auch die Silhouette von Hongkong zu sein, die in den fünf Minuten auffällig häufig im Bild zu sehen ist. Auch dürfen ein paar Geheimdienstmitarbeiter (CIA) nicht fehlen, deren einzige Aufgabe es ist, verschreckt zu gucken und auf die Enthüllungs-Apokalypse zu warten. Am Ende ist die echte Stimme von Snowden zu hören, sein Bild ist im Fernseher zu sehen. Der

Whistleblower erklärt, dass es sich bei seinen Aussagen um die Wahrheit handelt und die Menschen entscheiden sollen, wie sie damit umgehen wollen.

Natürlich ist dem Filmchen, das in weniger als einer Woche entstand, anzumerken, dass hier hauptsächlich Amateure am Werk waren. Die Darsteller agieren mehrheitlich wie die Theatergruppe einer siebten Klasse. Der mittlerweile 26-Jährige US-Amerikaner Andrew Cormeek, der Snowden darstellt, sieht diesem allerdings erstaunlich ähnlich. Der in Hongkong lebende Lehrer, der zum Freundeskreis der Filmemacher zählt, sah sich laut eigenen Angaben überhaupt nicht in der Rolle von Snowden. Aber Shawn Tse, einer der vier Produzenten, glaubte an die optische Übereinstimmung und schleifte den Hobby-Schauspieler, der zuvor in Studentenfilmen und einem Werbeclip zu sehen gewesen war, in einen billigen Friseurladen in Hongkong. 15 Minuten und sechs Dollar später war zumindest die Frisur identisch. Mit ein bisschen chemischer Unterstützung wurde auch die Haarfarbe angeglichen, der Bart musste gestutzt werden und Cormeek bekam eine Brille. Ganz wichtig war den Machern zufolge der Leberfleck auf der linken Seite des Halses, der bei Snowdens Interview mit Greenwald gut zu sehen ist. Dass ihr kleines Filmexperiment auf der ganzen Welt, und interessanterweise besonders in Deutschland, auf große Resonanz stieß, überraschte die komplette Crew. Der falsche Snowden bekam sogar eine Nachricht von seinen Eltern aus den USA, die sich laut Cormeek darüber amüsierten, dass ihr Sohn für so viel Wirbel sorgte. Für einen Film, dessen Budget (inklusive des Friseurbesuches) bei 500 Dollar lag, kein schlechtes Ergebnis. Gerüchte besagen, dass in Hollywood bereits Pläne geschmiedet werden, wie die Geschichte von Snowden auf höherem Level umgesetzt werden könnte. Das Budget dürfte sich dementsprechend ebenfalls in anderen Regionen bewegen. Schade eigentlich.

Unabhängig von dem Film fand die *Washington Post* heraus, dass sich das Pseudonym *Verax* historisch betrachtet großer Beliebtheit erfreut und bereits im 17. und 19. Jahrhundert von zwei britischen Autoren verwendet wurde. Der streitbare Anwalt und Politiker Clement Walker (alias Theodorus Verax) lehnte sich sein Leben lang gegen verschiedene Entscheidungen seines Königs und anderer Würdenträger auf und beteiligte sich an einem Werk mit dem Titel *History of Independency* (»Geschichte der Unabhängigkeit«). Dafür wurde er verhaftet und ohne Prozess in den Tower von London geworfen, wo er nach fast zwei Jahren Haft 1651 starb. Der Journalist Henry Dunckley (1823–1896) erntete mit seinen kritischen Kolumnen unter dem Namen Verax hingegen sehr viel Zustimmung in der Bevölkerung und wurde Mitglied im legendären Reform Club in London (bekannt aus Jules Vernes' Roman *In 80 Tagen um die Welt*, wo der Club als Ausgangspunkt und Ziel der Reise dient), der bis heute progressives Denken fördert. Bleibt zu hoffen, dass mit dem Fall Snowden eher nach Dunckley denn nach Walker verfahren wird.

GRUND 65

Weil er dem »Beruf« des Whistleblowers neue Aufmerksamkeit bescherte

Der Akt des Whistleblowings, also des Verratens von Geheimnissen, ist so alt wie die Geschichte des zivilisierten Menschen. Es passierte am Hof der Persischen Könige, im Senat von Rom, am Abendbrottisch von Jesus Christus oder im Umfeld von Karl dem Großen. Der Mensch scheint grundsätzlich Gefallen daran zu finden, Heimlichkeiten auszuplaudern, hochgestellte Persönlichkeiten ans Messer oder gleich ans Kreuz zu liefern. Sei es, um sich selbst einen Vorteil zu verschaffen oder zum Wohle der Gemeinschaft. Edward Snowden ist nur ein weiterer Name auf einer langen, prominent besetzten Liste. Und doch ist der US-Amerikaner etwas Besonderes. Denn kaum ein Whistleblower erhielt zu Lebzeiten so viel Aufmerksamkeit wie er. Das liegt einerseits an der Mediengesellschaft, in der wir leben. Und andererseits am unglaublichen Umfang und der Brisanz der von Snowden weitergereichten Dokumente. Außer dem Journalisten Glenn Greenwald und der Dokumentarfilmerin Laura Poitras weiß niemand, wie viel Zündstoff sich noch in den Unterlagen befindet, von denen bisher nur ein Bruchteil veröffentlich wurde. Und gemessen an dem Wirbel, den die bisher publizierten Dokumente verursacht haben, dürfte nicht wenigen einflussreichen Persönlichkeiten der Angstschweiß auf der Stirn stehen. Judas brachte einen Heiland zu Fall, Brutus immerhin noch einen einflussreichen Staatsmann aus Rom. Snowden könnte ganze Staatssysteme in den Abgrund reißen.

Dabei ist der Begriff »Whistleblower« (von »to blow a whistle«, also »in eine Pfeife blasen«) noch gar nicht alt. Er setzte sich erst in den Siebzigerjahren des vergangenen Jahrhunderts durch, zunächst im englischsprachigen Raum. In Deutschland wird das Wort in diesem Zusammenhang erst seit Mitte der 1980er-Jahre verwendet. In gedruckter Form tauchte es erstmals sogar erst am 3. Mai 1997 in der *Frankfurter Rundschau* auf. Wortwörtlich ist da zu lesen: »Was ist im modernen amerikanischen Slang ein ›Whistleblower‹? Ein Musiker? Eine Vogelart? Ein technisches Gerät? Nichts von alledem. Unter einem Whistleblower – wörtlich: Pfeifenbläser – versteht man einen verantwortungsbewussten Wissenschaftler, Ingenieur oder Techniker, der die Öffentlichkeit rechtzeitig davor warnt, wenn in seinem speziellen Fachbereich eine Entwicklung verfolgt wird, die auf die eine oder andere Weise Schaden bringen kann.«[170] Und einige Monate später, am 27. September 1997, ist im gleichen Blatt noch eine weitere Erklärung zu finden: »Whistleblower sind Menschen, die frühzeitig auf Probleme und Bedrohungen unserer Gesellschaft aufmerksam machen. Leute also, die die Alarmpfeife blasen.«[171]

Die wahre Herkunft ist umstritten, manche glauben, es leitet sich von der Pfeife ab, in die britische Polizisten blasen, um Verstärkung anzufordern. Andere Quellen glauben sogar an einen Zusammenhang zwischen dem Begriff und der Pfeife eines Schiedsrichters, der bei Regelwidrigkeiten das Spiel durch einen Pfiff unterbricht. So die *Braunschweiger Zeitung*, die in einem Artikel aus dem Jahr 2008 Folgendes anmerkt: »›To blow the whistle‹, das steht für den korrekten und für den falschen Schiedsrichterpfiff. Manche verwenden das Wort ›Whistleblower‹ auch als Synonym für ›Hinweisgeber‹. Die Bezeichnung ›ethische Dissidenten‹ verwendet Dieter Deiseroth, Richter am Bundesverwaltungsgericht und Kenner der Materie.«[172] Die *Frankfurter Rundschau* tippt, wie eben gelesen, auf die Alarmpfeife. Der Sozialwissenschaftler Anatol Stefanowitsch bringt in seinem Blog allerdings eine noch wahrscheinlichere Variante zur Sprache, die sich aus verschiedenen Einträgen in englischsprachigen Lexika aus den Jahren von 1934 bis 1984 ableitet.[173] Demnach wurde die Redewendung »to blow a whistle« früher vereinzelt ganz einfach als Synonym für das Aufdecken eines Fehlverhaltens oder das Beenden einer Sache/Aktivität benutzt, wozu nicht zwangsläufig das Preisgeben von internen Informationen gehören muss. Es konnte sich zum Beispiel auch um das Beenden einer Beziehung handeln (»I blow a whistle on you«). Stefanowitsch vermutet sogar, dass der wahre Ursprung in der Arbeitswelt zu suchen ist. Dort läutete die Fabriksirene (»factory whistle«) nämlich das Ende einer Schicht ein.

Fakt ist, dass sich das Wort im deutschsprachigen Raum erst um das Jahr 2010 herum durchsetzt und seitdem immer wieder in den Nachrichten auftaucht. Dies steht natürlich im Zusammenhang mit dem Whistleblower Bradley (heute: Chelsea) Manning, der als IT-Spezialist und Mitglied der US-Streitkräfte im Verdacht stand, Dokumente und Videos an die Website WikiLeaks geliefert zu haben. Ende Juli 2013, also wenige Wochen nach Edward Snowdens Enthüllungen, wurde Manning in 19 von 21 Anklagepunkten schuldig gesprochen und zu 35 Jahren Haft verurteilt. Das ist das Risiko eines jeden Whistleblowers, der, wie Manning, enttarnt wird. Snowden selbst muss eine mindestens ebenso hohe Strafe befürchten (bereits bei Manning stand auch die Todesstrafe im Raum), weshalb er sich dafür entschied, seine Identität freiwillig offenzulegen, um durch seine Prominenz besser vor der Verfolgung durch US-Behörden geschützt zu sein. Dies ist in dieser konsequenten Form ein neuer Aspekt bei Whistleblowern, der in Zukunft vielleicht Schule machen wird.

GRUND 66

Weil er eigentlich in die Serie *The Big Bang Theory* gehört

Seit September 2007 läuft die US-amerikanische TV-Serie *The Big Bang Theory*, in Deutschland ist sie seit 2009 zu sehen. Und seit diesen Tagen erfreuen sich die Fans hüben wie drüben an den Abenteuern von Dr. Dr. Sheldon Cooper, Dr. Leonard Hofstadter, Howard »nur Ingenieur« Wolowitz und Dr. Rajesh Koothrappali. Was dieser Haufen junger Nerds mit Edward Snowden zu tun hat? Weil es der Whistleblower bereits in eine US-amerikanische Fernsehserie geschafft hat. Allerdings in eine andere, in der das humoristische Potenzial seiner Geschichte nur ansatzweise zum Tragen kommt.

Die US-amerikanische Drama-Serie *The Good Wife* läuft in den USA seit 2009, behandelt politische und juristische Skandale und orientiert sich dabei gerne an der Realität. In Deutschland liefen die ersten beiden Staffeln 2010/2011 unter dem Titel *Good Wife*, allerdings mit geringem Erfolg. In den USA wurde im September 2013 die fünfte Staffel ausgestrahlt. In einer Folge erscheinen ein paar Hacker im Dienste der NSA auf dem Bildschirm, die sich ziemlich danebenbenahmen. Der Serienerfinder Robert King gab kurz darauf dem Magazin *Vulture* ein Interview, in dem er ganz offen erklärte, dass er sich von Snowdens Geschichte und dessen Enthüllungen inspirieren ließ. »Die Geschichte besitzt eine Menge Elemente, die uns interessieren. Vor allem die Verstellung des eigenen moralischen Kompasses durch die neuen Technologien. Und natürlich auch, wie soziale Netzwerke in unsere Leben eingedrungen sind und sie verändert haben. Im Guten wie im Schlechten.«[174] Dabei legte King Wert darauf, dass er kein bedingungsloser Unterstützer von Snowden ist. Im gleichen Interview sagte er: »Ich fand es nicht gut, dass er geflüchtet ist. Er ist das genaue Gegenteil von Daniel Ellsberg (siehe : »Weil er Unterstützung von Daniel Ellsberg bekommt«). Besonders seine Forderung nach mehr Redefreiheit, ausgerechnet von Hongkong aus, war ziemlich dämlich. Offensichtlich handelt es sich hier um eine sehr schräge Art der Ungebildetheit, die auf dem Internet basiert. Es existiert eine seltsame Art von Hacker-Philosophie, die keine Grenzen mehr kennt und dadurch jedes Gefühl für Logik verliert.«[175] Allerdings hat King auch ein paar warme Worte für Snowden übrig: »Abgesehen davon sind Snowdens Enthüllungen entsetzlich und gleichzeitig sehr wichtig. Es ist beängstigend, wie umfassend die Unterwanderung unserer Rechte fortgeschritten ist.«[176]

Besagte Folge der Serie *The Good Wife* trägt den Titel »The Bit Bucket« (ein verschieden interpretierbares Wortspiel, am treffendsten dürfte wohl »Die Bit-Abschöpfer« sein) und zeigt die Hauptperson Alice (eine Politikergattin und Anwältin), deren Telefonate mit ihrer Kollegin Diane von der NSA abgehört werden, da die beiden Jahre zuvor einen Terroristensympathisanten vertreten hatten. Die Abhöraktion ist Standard, aber als sich Alices Mann, der zuvor Opfer eines Komplotts wurde, erneut als Staatsanwalt bewirbt, werden die NSA-Bosse nervös. Sie geben ihren Büroangestellten den Auftrag, belastendes Material zu finden, weil die Überwachung sonst nicht aufrecht erhalten werden könnte. Und wer sucht, der findet auch. King im Interview mit *Vulture*: »Es wirkte regelrecht kafkaesk. Die Arbeitsbienen in den Bürokratien sind einfach nur froh, wenn sie einen Treffer landen. Dabei haben sie das große Bild nicht im Blick. Sie überwachen nur ihren kleinen Bereich. Für uns wirkte es fast lustig, dass viele Details, die wir für die verschiedenen Charaktere über fünf Staffeln entwickelt hatten, nun von den real existierenden NSA-Mächten falsch interpretiert werden könnten. Aber das gilt für jeden von uns. All die kleinen Ungereimtheiten in unseren Leben können ein falsches Bild ergeben.«[177]

King, der gerade bei der jungen Generation einen Zusammenhang zwischen dem Voyeurismus bei YouTube und anderen Videoportalen und dem Abhören von Telefonaten privater Personen sieht, bedient sich bei der Darstellung der NSA-Arbeitsbienen bei Klischees. Es sind junge Hacker, die sich über peinliche Internet-Videos kaputtlachen, gerne Thai-Pornos gucken und Shirts der Serie *The Big Bang Theory* tragen. Womit wir wieder beim Ausgangspunkt wären. Denn in dieser Serie wird die »Generation Internet« wundervoll persifliert. Hochgebildete Nerds, die im Netz jedes Problem aus dem Weg schaffen, im echten Leben aber manchmal schon an den einfachsten Dingen scheitern, beziehungsweise sich immer wieder in problematische Situationen manövrieren. Und genau deshalb gehört Edward Snowden, sollte er jemals die Freiheit erlangen, auf die Couch von Sheldon Cooper und Co. Bei Softdrinks und Junk Food (Donnerstag ist Pizzatag) könnte der Whistleblower seinen »Kollegen« sicher noch eine Menge über geheime Akten und dunkle Mächte erzählen. Auch wenn Penny es wahrscheinlich wieder nicht kapieren wird.

GRUND 67

Weil es Witze über Edward Snowden gibt

Was haben Blondinen, Ostfriesen, Manta-Fahrer und Edward Snowden gemeinsam? Sie alle sind Gegenstand von Witzen, die oft schlecht, manchmal aber auch ganz ordentlich sind. Na gut, meistens sind sie schlecht. Wie zum Beispiel dieser hier: »Was ist der Unterschied zwischen einer Frisbeescheibe und Edward Snowden? Das Frisbee kann jeder fangen.« Zu diesem Scherz gibt es auch noch eine Abwandlung, nämlich diese hier: »Was ist der Unterschied zwischen Tripper und Edward Snowden? Den Tripper möchte (sich) niemand fangen.« Zu geschmacklos? Kein Problem, wie wäre es mit diesem hier: »Was ist der Unterschied zwischen Adolf Hitler und Edward Snowden? Hitler scheiterte schon vor Moskau.« Die Reihe ließe sich endlos weiterführen, zum Beispiel mit dem Unterschied zwischen Snowden und dem Bigfoot (den Bigfoot haben wenigstens ein paar Leute gesehen) oder dem Unterschied zwischen Snowden und Ninjas (Ninjas können nicht wirklich durch Wände gehen). Die genannten Witze stammen alle aus verschiedenen US-Publikationen. Viele dieser Scherzchen scheitern in der Übersetzung allerdings an Wortspielen, die im Deutschen nicht funktionieren.

Hierzulande etablierte sich allerdings schnell eine andere Art des Snowden-Witzes, der vor allem in sozialen Netzwerken wie Twitter oder facebook beliebt ist: die sogenannte »NSA-Anmache«. Um sein Gegenüber aus der Fassung zu bringen, werden Sätze wie »Du siehst viel besser aus als auf der Webcam«, »Gehen wir zu mir, bei dir ist es nicht so schön«, »Immer, wenn ich dich auf der Toilette höre, bin ich glücklich«, »Ich finde die Dessous, die du dir letzte Woche online bestellt hast, echt scharf« oder »Darf ich dir deine Briefmarkensammlung zeigen« gepostet. Inwieweit das wirklich zum Flirt-Erfolg führt, ist umstritten. Aber zumindest sorgt es für einen gewissen Unterhaltungswert. Andere User nehmen sich einfach ein Foto von einer belebten Straße vor (gerne in Indien oder Pakistan, weil es da nicht ganz so übersichtlich zugeht) und kopieren irgendwo einen kleinen Snowden hinein. Wer den Whistleblower zuerst findet, hat gewonnen. Andere gingen dazu über, bekannte Filmplakate mit dem Konterfei des Whistleblowers zu verzieren. Neben Klassikern wie *Rambo* oder *Rocky* erfreute sich dabei das Plakat zum Kinohit *Catch Me If You Can* aus dem Jahr 2002 mit Snowden und US-Präsident Obama statt Leonardo DiCaprio und Tom Hanks in den Hauptrollen größter Beliebtheit. Aber auch »Das Snowden Ultimatum« (statt *Das Bourne Ultimatum*) oder verschiedene Szenen aus Nerd-Lieblingen wie *Star Wars*, *Indiana Jones*, *Star Trek*, *The Big Lebowski* waren lange Zeit gut im Rennen. Und natürlich gab es auch diverse Montagen, die Snowden zusammen mit Schauspieler Gérard Depardieu zeigten. Allerdings flüchtete der französische Mime ja eher aus monetären Gründen nach Russland, was man Snowden nun beim besten Willen nicht vorwerfen kann.

Da die USA die Heimat der Late-Night-Show im TV ist, konnten es sich natürlich auch diverse Moderatoren nicht verkneifen, ihren Senf zum Thema Snowden abzusondern. Besonders Quassellegende Jay Leno tat sich mit diversen Äußerungen hervor. So meinte er zum Beispiel in einer seiner Sendungen: »Präsident Obama sagte, dass er die öffentliche Debatte über Überwachungsstrategien begrüßt. Er sagte aber auch, dass es diese Diskussion vor fünf Jahren noch nicht gegeben hätte. Vor fünf Jahren? Wir hätten nicht mal vor zwei Wochen darüber sprechen können, wenn die sich nicht hätten erwischen lassen.« Oder: »Die Menschen fragen sich, wie dieser Snowden all die geheimen Unterlagen kopieren und an eine britische Zeitung weitergeben konnte, ohne dass die NSA etwas davon mitbekam. Ich denke, ich kenne die Antwort. Wer nicht von der NSA ausspioniert werden will, sollte einfach für sie arbeiten.«

Sein Kollege Conan O'Brien, der als Autor in den Neunzigern einige der besten Folgen der Zeichentrickserie *The Simpsons* schrieb, sagte: »Aufgrund des Spionageskandals sind die Verkaufszahlen des Buchklassikers *1984* von George Orwell durch die Decke gegangen. Die negativen Konsequenzen sind also schlimmer, als wir dachten. Es bringt die Amerikaner dazu, zu lesen.« Als besonders geschmackssicher präsentierte sich einmal mehr David Letterman, noch so eine grauhaarige TV-Legende. Der meinte sein Publikum noch mal an ein besonderes Kapitel deutscher Geschichte erinnern zu müssen, als er sagte: »Die Deutschen sind wegen des Lauschangriffs sauer auf die USA. Und das, meine Damen und Herren, kommt aus einem Land, das uns die Gestapo gebracht hat.« Dabei scheint Herr Letterman allerdings zu vergessen, dass die Gestapo gerade einmal zwölf Jahre ihr Unwesen treiben durfte. Die NSA wäre damit seit rund 50 Jahren überfällig. Harald Schmidt, übernehmen Sie!

GRUND 68

Weil er Inhaber des Fritz-Bauer-Preises ist

Preise werden in Deutschland ja gerne und häufig verliehen. Wer im Fernsehen zum Beispiel schlecht über Frauen spricht, bekommt die »Saure Gurke«, wer zu viel trinkt, den Orden vom eisernen Helm, wer pünktlich seine Steuern zahlt, die Medaille für Untertanentreue. Und wer nicht schnell genug in seinem »Electro Ghetto« verschwunden ist, dem wird auch noch der Bambi-Integrationspreis hinterhergeworfen. Der Fritz-Bauer-Preis bildet allerdings eine der wenigen sinnvollen Ausnahmen. Denn damit möchte die »Humanistische Union«, immerhin die älteste heute bestehende Bürgerrechtsorganisation der Bundesrepublik Deutschland, seit 1969 »Verdienste um die Humanisierung, Liberalisierung und Demokratisierung des Rechtswesens würdigen und Frauen und

Männer auszeichnen, die unbequem und unerschrocken der Gerechtigkeit und Menschlichkeit Geltung verschaffen.« Große Worte, die große Preisträger/innen verdienen. Unter den Glücklichen sind unter anderem der frühere Bundespräsident Gustav Heinemann, der Schriftsteller Günter Grass oder die streitbare SPD-Politikerin Regine Hildebrandt. Im Juli 2013 wurde Edward Snowden mit diesem Preis ausgezeichnet.

In der offiziellen Begründung des Preis-Stifters heißt es: »Die Humanistische Union ist der Auffassung, dass die vom ehemaligen NSA-Mitarbeiter Edward Snowden geleistete weltweite Aufklärung über die geheimdienstliche Parallelwelt eindeutig verdienstvoll ist. Transparenz und Öffentlichkeit sind die wirksamsten Mittel im Kampf gegen Machtmissbrauch. Sein ›Weckruf‹ (EU-Justizkommissarin Viviane Reding) hat Praktiken, die seit Jahren für Experten in Umrissen bekannt waren, jetzt im Detail schockierend vor Augen geführt. Dabei sei er mit seinem Material verantwortlich umgegangen und habe niemanden in Gefahr gebracht – außer sich selbst.«[178] Dieser Argumentation würden manche NSA- und CIA-Mitarbeiter sicher gerne widersprechen. Aber vor allem die liberale und linke Presse in Deutschland sowie die Parteien SPD, Die Linke und Die Grünen sehen den Sachverhalt ähnlich und begrüßten die Auszeichnung, die aufgrund der gegebenen Umstände ohne den Geehrten selbst stattfinden musste. Allerdings tauchte auch die Frage auf, warum denn nur Snowden und nicht auch andere Whistleblower wie Julian Assange (Gründer von WikiLeaks) oder Bradley Manning (ehemaliger Angehöriger der US-Streitkräfte, der vertrauliche Dokumente an WikiLeaks weitergeleitet haben soll) ausgezeichnet wurden. Werner Koep-Kerstin aus dem Bundesvorstand der Humanistischen Union in einem Interview mit dem Münchner Sender Radio Lora: »Edward Snowden hat die Weltöffentlichkeit auf ganz besondere Weise über die geheimdienstliche Parallelwelt informiert. Wie wir aus der Presse […] wissen, sind ja tatsächlich Millionen Daten von Bundesbürgern erfasst worden.

Und die Humanistische Union ist eine national aufgestellte Bürgerrechtsorganisation, auch wenn wir manchmal europäische Themen behandeln. Außerdem entsprechen die beiden anderen eher dem typischen Bild des Whistleblowers, die einen bestimmten Zustand in einem Unternehmen verbessern wollen. Bei Snowden ist der Fall noch ein bisschen anders gelagert.«

Neben dieser Auszeichnung erhielt Snowden im Juli 2013 den Sam Adams Award, der ihm am 9. Oktober 2013 persönlich von Juror Ray McGovern (ehemals CIA) in Moskau übergeben wurde. Dieser Preis ist nach dem ehemaligen CIA-Mitarbeiter Samuel A. Adams benannt, der während des Vietnamkrieges eine Verschwörung in den eigenen Reihen aufdeckte. Der Preis wird seit 2002 vergeben, in der Jury sitzen ausschließlich ehemalige Mitglieder von Behörden wie der CIA, der NSA, dem US-Justizministerium und anderen. Die Zeremonie in Moskau wurde auf Video festgehalten und von WikiLeaks veröffentlicht. Auf den Aufnahmen – es waren die ersten, die nach seinem Verschwinden in Russland veröffentlicht wurden – wirkte Snowden entspannt und gut gelaunt. Den umgekehrten Weg dieser Bilder nahm ein Dankesschreiben von Snowden an die »Vereinigung Deutscher Wissenschaftler«, die deutsche Sektion der »International Association of Lawyers against Nuclear Arms« und die »Antikorruptionsorganisation Transparency International«. Diese drei Organisationen vergeben jährlich den Internationalen Whistleblower-Preis, der 2013 ebenfalls an Edward Snowden vergeben wurde. In dem erwähnten Schreiben dankt Snowden allen, »die sich an der Debatte beteiligt haben« und verwies erneut darauf, dass Regierungen den Bürgern für ihre Entscheidungen Rechenschaft schuldig sind. Edda Müller, die Vorsitzende von Transparency International, sagte: »Wir sind Edward Snowden außerordentlich dankbar. Mit seinem Mut und seinem Verantwortungsbewusstsein hat er eine wichtige Debatte angestoßen. Dabei geht es um die Frage, wie viel unsere Grundrechte noch wert sind.«[179] Der Journalist Glenn Greenwald meldete sich mit einer Videobotschaft und bezeichnete Snowden, ganz im Gegensatz zu Werner Koep-Kerstin, als Whistleblower »in der reinsten und nobelsten Form«.

Fazit: Selbst Aktivisten, die sich in der Sache völlig einig sind, interpretieren Begrifflichkeiten unterschiedlich. Und neben dem von vielen Anhängern geforderten Friedensnobelpreis fehlt Snowden jetzt eigentlich nur noch der Bambi. Ob er in seinem russischen Versteck wohl einen Kaminsims für die ganzen Auszeichnungen hat?

GRUND 69

Weil er den Verschwörungstheoretikern etwas zu tun gibt

Wann immer auf der Welt etwas passiert, was sich nicht in drei Sätzen erklären oder zu 100 Prozent beweisen lässt (was an sich ja eh unmöglich ist), treten sie auf den Plan: die Verschwörungstheoretiker. Hitlers Selbstmord, Roswell 1947, John F. Kennedys Ermordung, die Mondlandung, der Vatikan im Allgemeinen, die Illuminaten oder Tempelritter. Und wenn gar nichts mehr geht, dann eben Jesus Christus oder Atlantis. Irgendwas »Seltsames« lässt sich immer finden. Und logisch, dass eine Person wie Edward Snowden ein gefundenes Fressen für diese Damen und Herren ist, die sich von Nordamerika bis Asien, von Europa bis Australien so ihre Gedanken machen.

Verschwörungstheorien gibt es bereits seit der Antike, zu jeder Zeit hat sich der Mensch für das Geheimnisvolle interessiert. Seit uns allen das Internet zur Verfügung steht, scheint sich die Szene der selbsterklärten *Akte X*-Sherlocks noch vervielfacht zu haben. Ein jeder kann seine Theorien, und seien sie noch so albern, mit der Welt teilen und auf Gleichgesinnte treffen, die den eigenen Hirnsirup auf die nächste Skurrilitätsstufe heben. Im Falle von Snowden gibt es eine Vielzahl von Vermutungen, von denen an dieser Stelle nur einige vorgestellt werden sollen. Es geht schon damit los, dass die Existenz von Snowden als Mensch angezweifelt wird. In verschiedenen Foren verweisen Nutzer darauf, dass es zur Vorgeschichte von Snowden so gut wie keine Informationen gibt (was nicht stimmt) seine Familie nicht von der Boulevard-Presse ans Licht der Öffentlichkeit gezerrt wurde (was absolut nicht stimmt), und es von Snowden so wenige Bilder gibt. Das stimmt, könnte aber daran liegen, dass sich vor Juni 2013 kaum jemand für den blassen Informatiker interessiert hat. Und seit Juni 2013 befindet sich Snowden auf der Flucht vor den mächtigsten Geheimdiensten unserer Zeit. Und dass man unter solchen Umständen wenig Lust auf Touristenfotos vor dem Hong Kong Museum of Art oder dem Kreml hat, ist irgendwie verständlich. Außerdem existieren ja durchaus Bilder, vor allem aus Hongkong und Russland, unter anderem der bekannte Schnappschuss auf einem Ausflugsdampfer, der angeblich zufällig entstand und dem Fotografen für 2.300 Euro von der Seite Life News abgekauft wurde. Da Snowden also augenscheinlich existiert, muss eine andere Theorie aufgestellt werden. Warum nicht die, dass es Snowden zwar gibt, dieser aber ganz anders aussieht? Der Typ mit Brille und Dreitagebart, den wir alle als Snowden kennen, ist ein Spezialagent, ausgebildet vom Mossad, dem syrischen Präsidenten oder sonst wem und dient nur zur Ablenkung. Eine weitere Möglichkeit: Snowden ist eine Marionette der US-Regierung. Dies setzten Kolumnisten der *Washington Post* in die Welt. Die Enthüllungen werden demnach von den USA gesteuert, weil diese befürchtet hatten, eh bald aufzufliegen. Mit Marionette Snowden können sie selbst entscheiden, welche Informationen an die Öffentlichkeit dringen und bei Bedarf (beziehungsweise Desinteresse des Volkes an seiner eigenen Bespitzelung) immer weitere Details nachschieben, die wirklich wichtigen Dinge aber verschweigen. Am Ende könnte niemand sagen, er hätte nichts gewusst.

Ganz schön »schlau« ausgedacht, aber noch gar nichts gegen die nächste These, die tatsächlich durch das Netz geistert: Edward Snowden bestätigt, dass Ufos existieren. Langweilig? Edward Snowden enthüllt, dass die Welt systematisch von Flugzeugen aus mit Chemikalien vergiftet wird. Abgeschmackt? Dann aber jetzt! Edward Snowden ist der Antichrist! Der Antichrist gilt als Gegenspieler von Jesus und soll kurz vor dessen erneutem Auftauchen auf der Erde erscheinen, um den Sieg des Heilands zu verhindern. Viele US-Amerikaner glauben tatsächlich, dass sich besagter Antichrist auf einem der ersten Pilgerschiffe befand, die aus Europa kamen. Seitdem geistert das Böse also durch die USA, was einiges erklären würde, aber noch nicht, wie man ausgerechnet Snowden damit in Verbindung bringen kann. Einige Aktivisten, die in verschiedenen Foren unter Pseudonymen posten, erklären es so: Snowden habe mit seinen Enthüllungen dem Terrorismus, dem Drogenverkauf, Morden und überhaupt allen schlimmen Dingen Tür und Tor geöffnet. Und weil der Antichrist, wie der Teufel, ein schlauer Geselle ist, hat er sich die unscheinbare Hülle eines IT-Fachmanns gegeben. Das Böse rüstet also zum letzten Kampf, in Form von Enthüllungsartikeln, die von einem homosexuellen Journalisten veröffentlicht werden. Das passt einigen sicher gut ins Bild. Die Tageszeitung *The Guardian* zitierte allerdings schon Monate vor Snowdens Enthüllungen eine Umfrage, laut der nicht weniger als 25 Prozent der US-Bevölkerung glauben, Präsident Barack Obama könnte der Antichrist sein.[180] Puh, jetzt wird es aber kompliziert. Denn wenn Obama der böse Bube ist, dann kann es nicht sein Gegenspieler Snowden sein. Hieße das nicht sogar im Umkehrschluss, dass Snowden der Heiland …? Das würde jetzt vielleicht doch ein bisschen weit führen. Aber zumindest eines kann mit sehr großer Sicherheit festgehalten werden: Auf diesem Planeten gibt es Menschen, die sehr viel Zeit haben.

GRUND 70

Weil er mit dem zweifachen Pulitzer-Preis-Gewinner Barton Gellman zusammenarbeitet

In der Szene der politischen Journalisten, die sich mit Geheimdiensten und ihren Tätigkeiten befassen, ist Barton Gellman (Jahrgang 1960) so etwas wie ein Superstar. Der Journalist arbeitete über 20 Jahre bei der *Washington Post*, wo er unter anderem über den Nahen Osten, das Pentagon und die Anschläge vom 11. September 2001 und deren Hintergründe schrieb. Für die Berichterstattung über das letztgenannte Thema wurde Gellman, gemeinsam mit seinen Kollegen von der *Washington Post,* 2002 mit dem Pulitzer-Preis ausgezeichnet. Außerdem bekam er diverse andere Preise, darunter Auszeichnungen vom Overseas Press Club und der Society Of Professional Journalists. Doch dies sollte erst der Beginn seiner Karriere sein. Gellman spezialisierte sich auf Themen, die normalerweise nicht im Licht der Öffentlichkeit stehen. Zum Beispiel deckte er im November 2007 gemeinsam mit seiner Kollegin Jo Becker auf, mit welchen Mitteln sich Vizepräsident Dick Cheney eine bisher nie dagewesene Macht innerhalb der Bush-Administration sichern konnte. Die Artikelreihe, die in der *Washington Post* erschien, wurde ebenfalls mit einem Pulitzer-Preis und diversen weiteren Awards ausgezeichnet. Gellman verarbeitete die Artikel zu einem Buch mit dem Titel *Angler: The Cheney Vice Presidency*, das unter anderem den Buchpreis der *Los Angeles Times* gewann und von der *New York Times* in die Liste der 100 interessantesten Bücher des Jahres 2008 aufgenommen wurde. Seit 2010 verdingt sich Gellman als freier Journalist, unter anderem für das *Time Magazine*. Zudem arbeitet er an der Umsetzung seines Buches für eine TV-Dokumentation, ist als Gastautor und Dozent an der Universität von Princeton und Mitglied der Century Foundation, einer renommierten Denkfabrik.

Eigentlich hätte ein Mann mit so einem Lebenslauf von alleine in den Fokus von Edward Snowden rücken müssen, als dieser nach geeigneten Journalisten für die Übergabe seiner gestohlenen Dokumente suchte. Doch in diesem Fall half der Zufall kräftig nach. Denn Gellman ist ein Vertrauter der Dokumentarfilmerin Laura Poitras, die ihrerseits von Snowden kontaktiert wurde. In einem Interview mit dem Washingtoner *National Public Radio* erinnert sich Gellman an die Zeit, als er das erste Mal den Namen Snowden hörte. »Sie (Laura Poitras – Anm.d.A.) wurde von Snowden gegen Ende des letzten Jahres kontaktiert. Aber ehrlich gesagt werden Journalisten häufig von irgendwelchen Leuten angesprochen, die behaupten, geheime Dinge von großer Brisanz enthüllen zu können. Die meisten sind schnell als Sonderlinge zu identifizieren. Doch in diesem Fall war das anders.«[181] Natürlich, denn hinter dem geheimnisvollen Informanten steckte Edward Snowden, der sich bis dahin noch nicht zu erkennen gegeben hatte. »Laura wusste nicht, mit wem sie da sprach. Er war nur bereit, über sehr geheime und sehr sichere Kanäle zu kommunizieren. Eines Tages zog sie mich ins Vertrauen, zeigte mir einige Mails und fragte mich, ob ich sie für echt halten würde. Ich bestätigte ihr, dass ich das so weit tun würde. Um sicher zu sein, bräuchten wir mehr Informationen.«[182]

Gellman war interessiert, aber immer noch nicht sicher, was er von dem seltsamen Fremden zu halten hatte. Deshalb näherte er sich Snowden sehr vorsichtig. »Ich begann damit, Laura Fragen für ihn vorzuschlagen, sie zeigte mir seine Antworten. Schließlich schrieb ich ihn direkt an, Laura und ich arbeiteten zusammen. Wir waren überzeugt, dass, wenn er seine Identität enthüllen und Dokumente senden würde, diese auch echt sein müssten.«[183] Gellman trat die Reise nach Hongkong nicht mit an, um Snowden zu interviewen. Er hat ihn vor seinem berühmten Weihnachtsinterview 2013 vermutlich nie persönlich getroffen. Trotzdem ist er sehr engagiert, wenn es darum geht, den Whistleblower gegen Vorwürfe zu verteidigen. »(Snowden) gab die Dokumente letztlich nur drei

Journalisten (Gellman zählt die Filmmacherin Poitras offensichtlich nicht dazu – Anm.d.A.). Er wollte, dass wir selbst entscheiden, was davon veröffentlicht werden soll, ohne seine Beeinflussung. Und er sagte uns auch, dass wir darauf achten sollen, uns selbst zu schützen. Wer also seine Ziele anzweifelt, sollte sich überlegen, was er hätte tun können. Wenn Chelsea (alias Bradley) Manning in der Lage war, insgesamt rund eine halbe Million Dokumente der US-Regierung herauszufiltern und an WikiLeaks zu senden, dann hätte das Edward Snowden, der wesentlich kompetenter ist und einen deutlich besseren Zugang hatte, dies natürlich auch geschafft. Er hätte die Dokumente kopieren und im Internet verbreiten können. Und zwar so, dass sie niemand hätte löschen können. All diese Dokumente könnten längst öffentlich sein. Sie sind es aber nicht. Weil er es nicht wollte.«[184]

Edward Snowden, der umsichtige Whistleblower. Ob der US-Amerikaner nun im Recht oder Unrecht ist, wird die Gesellschaft (und hoffentlich nur wenige Gerichte) noch lange beschäftigen. Gellman hat seinen Platz in der Geschichte dieser Affäre jedenfalls sicher. Als zum Teil sehr heftig angefeindeter Mitautor der ersten Artikel über das PRISM-Programm in der *Washington Post* werden seine Berichte auch in Zukunft immer wieder zitiert. Vielleicht winkt ja sogar der nächste Pulitzer-Preis!?

KAPITEL 8

POLITISCHES

GRUND 71

Weil Richard Nixon seine helle Freude an ihm gehabt hätte

Erinnert sich noch jemand an Richard Nixon, den 1994 verstorbenen, 37. Skandal-Präsidenten der USA? Den bisher einzigen Präsidenten der Geschichte des Landes, der zurückgetreten ist? Über den Frank Zappa den Song *Dickie's Such An Asshole* schrieb? Der Indira Gandhi als Hexe bezeichnete und Willy Brandt einen Idioten nannte? Der von dem Journalisten David Frost dazu gebracht wurde, öffentlich zu bekennen, die Interessen seiner eigenen Bevölkerung verraten zu haben? Zu schade, dass Nixon die Affäre um Edward Snowden nicht mehr erleben kann. Da wären Erinnerungen hochgekommen!

Nixon ist nicht nur der einzige US-Präsident, der zurückgetreten ist. Er ist auch der einzige, der über einen Whistleblower und die sogenannte »liberale Presse« stolperte. Der als Quäker erzogene Kalifornier zog 1968 als Präsident ins Weiße Haus ein und machte von Anfang an keine glückliche Figur. Sein großes Misstrauen gegenüber allen Institutionen, seine extrem konservative Haltung und sein aggressives Auftreten dem Ausland gegenüber machten ihn zu einer eher unbeliebten Persönlichkeit in der Öffentlichkeit, was sich bereits 1968 in relativ schwachen Wählerzahlen bemerkbar machte. 1971 wurden die Wahlen für das darauffolgende Jahr vorbereitet, der Herausforderer war der weit links stehende George McGovern. Nixon war sich sicher, dass die Demokraten eine Verschwörung planten. So kam es am 17. Juni 1972 zum Einbruch ins Watergate-Gebäude, der schließlich in der komplexen Watergate-Affäre mündete. Nixon gewann die Wahl im November 1972 deutlich, aber bereits Anfang 1973 wurde klar, dass es hier nicht nur um einen Einbruch in die Büros eines politischen Gegners, sondern um viel mehr ging. Nixon hatte diverse Gesetze übertreten, Vertuschungen und Verleumdungen angeordnet, Steuern hinterzogen, die Justiz behindert und diverse andere Delikte begangen. Er versuchte verzweifelt, sich gegen die Vorwürfe zu wehren (und beging damit weitere Straftaten), aber die *Washington Post* hatte längst Blut geleckt. In Gestalt der Journalisten Bob Woodward und Carl Bernstein wollte sie alles ans Licht bringen, was ihr wahrscheinlich auch gelang. Allerdings nicht ohne Hilfe.

Der damalige Vize-Direktor des FBI, Mark Felt (gestorben 2008), half bei den Recherchen der beiden Journalisten kräftig mit. Das heißt, er lieferte keine fertigen Datensätze, sondern bestätigte nur die Richtigkeit der Artikel oder warnte, wenn Bernstein und Woodward auf der falschen Fährte waren. Eine Art indirektes Whistleblowing. Die Treffen fanden grundsätzlich in einer Tiefgarage statt, was später in vielen Filmen und Serien persifliert wurde. So zum Beispiel in der *Simpsons*-Folge *Tingeltangel-Bob* (2F02), in der dieser durch einen Betrug zum Bürgermeister gewählt wird. Mr. Burns Assistent Waylon Smithers trifft Bart und Lisa Simpson, die in diesem Fall ermitteln, in einer Tiefgarage und setzt sie auf die richtige Spur.

In der Redaktion der *Washington Post* wurde für Felt der Deckname »Deep Throat« erfunden, wenig schmeichelnd an einen bekannten Pornofilm aus dem Jahr 1972 angelehnt. Felts Identität konnte 33 Jahre lang geheim gehalten werden. Als dieser im Jahr 2005 schwer erkrankte, lüftete Bob Woodward mit Genehmigung von Felts Familie das Mysterium um »Deep Throat«. Anders als Snowden, handelte Felt damals, um seine Behörde, das FBI, zu schützen. Nixons Regierungstruppe hatte immer mehr Befugnisse der Geheimdienste und anderer Stellen direkt an das Weiße Haus übertragen, was ein »unabhängiges« Arbeiten (sofern das überhaupt denkbar ist) unmöglich machte. Dafür konnte der enge Kreis um Präsident Nixon fast nach Belieben schalten und walten und im Namen der Geheimdienste eigene Interessen vertreten. Gleich ist in beiden Fällen also der Missbrauch von Informationen und Ämtern, um sich gegen eine (selbst empfundene) Bedrohung zu wehren. Was bei Nixon die Linken und Liberalen waren, die ihn aus dem Amt drängen wollten, sind bei Barack Obama die Terroristen und Drogendealer. Wer sich näher mit der Watergate-Affäre befasst und die Vorgehensweisen vergleicht, wird sich wundern, wie wenig sich in den über 40 Jahren seit der Aufklärung des Skandals verändert hat. Vom technischen Fortschritt mal abgesehen. Doch wann immer sich mächtige Menschen bedroht fühlen, ist ihnen jedes Mittel recht, um die Gefahr auszuschalten und ihre Macht zu erhalten. Selbst wenn sie dadurch einen noch größeren Schaden anrichten, als es die angebliche Gefahr jemals hätte tun können. Und wie Snowden wurde auch »Deep Throat« von Teilen der Bevölkerung als Held, von anderen wiederum als Verräter bezeichnet. Geschichte wiederholt sich.

GRUND 72

Weil es zehn Gründe gibt, warum Konservative ihn ernst nehmen sollten

Der Chefredakteur des *Guardian*, Alan Rusbridger, ist ein viel beschäftigter Mann. Wenn er nicht gerade vor Ausschüssen aussagen muss oder im Keller seines Verlagsgebäudes unter Geheimdienstaufsicht Datenträger zu Staub verarbeitet, schreibt er interessante Artikel. Nicht nur für seine Zeitung, sondern zum Beispiel auch für *The Spectator*, das älteste kontinuierlich erscheinende Magazin in englischer Sprache. Die Leser des *Spectator* gehören überwiegend zu den gehobenen Schichten, sie sind konservativ und intellektuell. Also die perfekte Umgebung für Rusbridger, um seine Liste »Zehn Gründe, warum Konservative Edward Snowden ernst nehmen sollten« unter das Volk zu bringen. Hier eine Auswahl der Argumente des Journalisten.[185]

Zum Beispiel führt Rusbridger den Punkt der Legalität an. Viele der Gesetze, auf die sich die NSA beruft, stammen aus früheren Zeiten, in denen die Möglichkeiten der Geheimdienste nicht ansatzweise mit denen der Gegenwart übereinstimmten. Die NSA, so Rusbridger, mache es sich einfach und wende die alten Bestimmungen auf heutige Gegebenheiten an. Für den Mann vom *Guardian* eine fragwürdige Sache. Daneben spricht Rusbridger das Verhältnis zu anderen, befreundeten Staaten und Institutionen an, das durch die Affäre schwer gelitten habe. Er stellt die Frage, ob es wirklich richtig war, Freunde auszuspionieren. Und was die USA tun würden, wenn der Fall umgekehrt gelaufen wäre. Durchaus ein Ansatz, den man sich durch den Kopf gehen lassen sollte. Auch stellt er die Frage, ob die Bürger eines Landes nicht über den Stand der Technik informiert werden sollten, den ihre Vertreter nutzen können. Denn wie in diesem Fall gesehen, richten sich diese Errungenschaften auch schnell gegen das eigene Volk.

Ganz offensichtlich ist auch die Frage nach der Verhältnismäßigkeit. Rechtfertigen die Ergebnisse den Aufwand, was nicht (nur) auf die Kosten, sondern vor allem auf die rechtlichen Bedenken zielt. Millionenfacher Vertrauensbruch gegen ein besseres Sicherheitsgefühl. Klingt irgendwie nicht nach einem guten Deal. Nicht zuletzt geht es Rusbridger auch um den Umgang mit den gesammelten Informationen. Er stellt in seiner Liste die Frage danach, wie die USA für den sicheren Umgang mit den Dateien garantieren können, wenn innerhalb der letzten vier Jahre gleich zwei Whistleblower (Snowden und Manning) große Mengen an Geheiminformationen an die Presse weiterleiten konnten. Offensichtlich ein unmögliches Versprechen.

Rusbridger gibt sich in dem umfangreichen Artikel wirklich jede Mühe, Edward Snowden in einem guten Licht darzustellen. So schreibt er: »Snowden ist kein Liberaler, sondern ein freiheitsliebender Konservativer, der ernsthafte Befürchtungen hinsichtlich der potenziellen Stärke der Staatsmacht hegte. Er nannte das ›Überwachung ohne Anlass‹. Er glaubte nicht, dass die Politiker umfassend informiert waren über diese Stärke – oder dass sie hinreichend ausgerüstet waren, um ihre Rolle als Aufsichtsorgan auszufüllen. Deshalb wandte er sich an die freie Presse und packte aus.«[186] Zum Schluss führt Rusbridger noch einen bekannten konservativen Politiker aus Großbritannien ins Feld, um die letzten Zweifel an seinem »Schützling« auszuräumen. Und zwar David Maclean, Baron Blencathra, den ehemaligen parlamentarischen Geschäftsführer der Conservative Party, der laut Rusbridger im Oktober 2013 über Snowden sagte: »Er war der erste geheime Informant, für den ich Sympathie empfunden habe oder das Gefühl hatte, dass das Recht auf seiner Seite ist.«[187] Und Rusbridger führt zur Erklärung weiter aus: »Maclean fühlte sich im Dunklen gelassen, als er im Parlament die »Communications Data Bill« (der Entwurf einer Art Vorratsdatenspeicherung in Großbritannien – Anm.d.A.) prüfen sollte.«[188] Doch der Chefredakteur des *Guardian* hat noch ein anderes Beispiel in petto: »Der liberale Blogger Guido Fawkes (der den Whistleblower zuvor mehrfach angegriffen hatte – Anm.d.A.) nannte Snowden letzte Woche einen Helden und bat ihn um Verzeihung. Es sieht so aus, als würden die britischen Konservativen aufgrund der Gefahr, die dieses Thema in sich birgt, langsam aufwachen.«[189] Und Alan Rusbridger tut alles dafür, dass seine Landsleute nicht wieder einnicken.

GRUND 73

Weil durch ihn der Präsident von Bolivien zu Boden gezwungen wurde

Ein, wahrscheinlich aus dem Mittelalter stammendes, deutsches Sprichwort lautet: »Es ist noch kein Meister vom Himmel gefallen.« Präsidenten allerdings werden manchmal auf den Boden der Tatsachen zurückgeholt. Zumindest, wenn die US-Regierung es so wünscht.

Als Boliviens Präsident Evo Morales, seines Zeichens Träger des Titels »World Hero Of Mother Earth« (wird von der Generalversammlung der Vereinten Nationen vergeben), am 2. Juli 2013 in einem russischen Fernsehstudio saß und ein Interview gab, hätte er sich wohl kaum träumen lassen, was ihn in den nächsten Stunden erwarten würde. In besagtem Interview, das für den spanischsprachigen Sender RT geführt wurde, sagte Morales, dass er sich durchaus vorstellen könnte, Edward Snowden in Bolivien Asyl zu gewähren. Man wolle den Antrag, den der Whistleblower unter anderem auch an das südamerikanische Land gestellt hatte, gewissenhaft prüfen. Einige Stunden nach dem Gespräch setzte sich Morales in sein Flugzeug und wollte gepflegt in heimatliche Gefilde düsen. Nur ein kurzer Tankstopp sollte in Portugal eingelegt werden. Damit begann das Drama. Bereits kurz nach dem Interview entzog Portugal die Erlaubnis für eine Landung. Die Bolivianer wollten auf Spanien ausweichen, aber auch hier gab es kein Kerosin für den Snowden-Unterstützer. Kurz bevor die Maschine den französischen Luftraum erreichte, entzog das Land der Maschine die Überflugerlaubnis, Italien schloss sich an. Morales musste schließlich mit den letzten Kerosin-Reserven in Wien notlanden. Dort zeigte sich der bolivianische Präsident wenig begeistert. Allerdings herrschte zu diesem Zeitpunkt noch Konfusion bezüglich der genauen Hintergründe für die Überflug- und Landeverbote. Die sollten sich jedoch recht schnell klären, auch wenn von offiziellen Stellen, besonders in Frankreich, bis heute dementiert wird, dass es ein solches Verbot je gegeben hat.

Morales und seine Entourage versuchten, die Sache am Boden zu klären, und stießen sehr schnell auf ein Gerücht, das mittlerweile auch durch die Presse ging. Offensichtlich hatte irgendwer die Befürchtung gehabt, Morales hätte Snowden in Moskau gleich eingepackt und würde nun versuchen, ihn nach Bolivien zu schmuggeln. Morales dementierte umgehend. Der Präsident verbrachte die Nacht im VIP-Bereich des Wiener Flughafens, Augenzeugen zufolge soll er auf einer Bank gesessen und vor sich hin geschimpft haben. Am nächsten Morgen wurde die Maschine von österreichischen Beamten untersucht, von Snowden keine Spur. Gegen elf Uhr Ortszeit bekam das Flugzeug grünes Licht für die Weiterreise. Wie durch ein Wunder hatten alle europäischen Staaten ihre Überflugverbote aufgehoben. Kein Problem, schließlich hatten diese angeblich ja eh nie wirklich existiert. In Südamerika brach ein Sturm der Entrüstung los, diverse Staatschefs, unter anderem aus Ecuador, Argentinien, Uruguay und Venezuela, verbündeten sich mit Morales, der laut eigenen Angaben »in Geiselhaft« genommen wurde.

Die Maschine erreichte ohne weitere Zwischenfälle den Flughafen des bolivianischen Regierungssitzes La Paz, doch damit war die Sache natürlich noch nicht ausgestanden. Morales fühlte sich in seiner Ehre gekränkt, drohte den USA mit der Schließung ihrer Botschaft in Bolivien. Laut einer DPA-Meldung sagte er: »Wir brauchen die US-Botschaft nicht. Ohne die USA stehen wir politisch und demokratisch besser da, ohne die Weltbank und den Internationalen Währungsfonds geht es uns wirtschaftlich besser, deshalb brauchen wir sie nicht.«[190] Auch der russische Präsident Wladimir Putin erklärte sich die spontan auftretenden Überflugverbote mit Morales' positiven Worten für Snowden. Ansonsten enthielt er sich allerdings einer Wertung. Dafür nahm der Geschädigte selbst noch mal Fahrt auf. In einem offenen Brief, der am 9. August 2013 in der Monatszeitung *Le Monde diplomatique* abgedruckt wurde, schrieb Morales: »Am 2. Juli wurde dem Präsidentenflugzeug des plurinationalen Staates Bolivien untersagt, auf seinem Heimflug den französischen, spanischen, italienischen und portugiesischen Luftraum zu überfliegen. Der Präsident und seine Delegation wurden vierzehn Stunden im Flughafen von Wien festgehalten. Dieser

Anschlag auf eine regierungsoffizielle Delegation, begangen von Staaten, die wir für demokratisch und gesetzestreu gehalten haben, stellt eines der außergewöhnlichsten Vorkommnisse in der Geschichte des internationalen Rechts dar.«[191]

Des Weiteren berichtet Morales von seinen Erlebnissen in der Luft, der Notlandung in Wien und dem Chaos, das anschließend herrschte. Dann fällt der Name, der der Grund für die Unannehmlichkeiten zu sein scheint: »In diesem Moment suchte uns der spanische Botschafter in Österreich, Alberto Carnero, auf. Er sagte, wir könnten über Spanien fliegen. Wenn wir auf den Kanaren zwischenlanden wollten, müsse das Präsidentenflugzeug allerdings zuvor durchsucht werden. Ich fragte nach dem Grund. Der Botschafter erwähnte den Namen Snowden. Ich sagte ihm, den kenne ich nur aus der Presse, persönlich bin ich ihm nie begegnet. Ich erklärte dem Diplomaten aber auch, mein Land respektiere die internationalen Abkommen, daher würde ich niemals irgendjemanden mit nach Bolivien nehmen.«[192]

Für den bolivianischen Präsidenten war der Schuldige des ganzen Theaters schnell ausgemacht. Wer außer der US-Regierung hätte so viel Macht, souveräne europäische Staaten dazu zu bringen, ihren Luftraum für eine diplomatische Maschine zu schließen? Niemand, deshalb griff Morales die USA und das seiner Meinung nach kuschende Europa in seinem Brief auch mit deutlichen Worten an: »Offenbar verfolgt der ›Krieg gegen den Terror‹ auch den Zweck, das alte Europa neu zu kolonisieren. Das feindselige Vorgehen gegen uns, das viele als Staatsterrorismus bewerten, macht souveräne Regierungen ohnmächtig und setzt Millionen Bürger imperialistischer Willkür aus. Es ist eine Ohrfeige für die Menschheit, wie auch ein neuer Schlag gegen die globale Sicherheit.«[193] Ein Schlag gegen die globale Sicherheit? Vielleicht, aber vor allem die Wahrung der Sicherheitsbedürfnisse der USA, was am Ende aufs Gleiche rauskommen kann. Die Vereinigten Staaten haben sich im Übrigen nie dazu bekannt, ihre europäischen Verbündeten zum

Sperren des Luftraums angehalten zu haben. So geht auch diese Episode des Snowden-Skandals nicht als Obamas Meisterstück in die Geschichte ein.

GRUND 74

Weil er Angela Merkel für einen Moment irritiert hat

Sommer 2013, die NSA-Affäre erreicht ihren ersten Höhepunkt. Überall werden Demonstrationen gestartet, die Bürger sind komplett verunsichert. Was genau kontrollieren die US-Geheimdienste? Ist wirklich kein üblicher Kommunikationskanal sicher vor Überwachung? Was wird mit den gesammelten Daten gemacht, wer wertet sie aus und bewertet sie? Diese und ähnliche Fragen stehen im Raum. Aber die Bundesregierung steht vor einem Dilemma. Den wichtigen Verbündeten USA vor den Kopf stoßen? Oder die Bürger maulen lassen, bis die Geschichte langsam im Sand verläuft? Die Regierung unter Angela Merkel entscheidet sich für Variante zwei und versucht, die Enthüllungen von Edward Snowden einfach auszusitzen. Irgendwann wird schon etwas passieren, was den Skandal von den Titelblättern holt. Und außerdem ist das Thema auch ziemlich kompliziert, schwer fassbar, unglaublich detailliert. Der damalige Innenminister Hans-Peter Friedrich trompete schon im August via *Zeit Online*, »es habe viel Lärm um falsche Behauptungen und Verdächtigungen geben«, die sich als falsch herausgestellt haben. Also alles in Butter.[194]

Doch dann erschütterte Ende Oktober 2013 die Nachricht unser Land, das Handy der Kanzlerin sei abgehört worden. Das heißt, die Bürger waren eher so mittel erschüttert, denn sie wussten dank Edward Snowden ja seit Monaten, dass sie an allen Ecken und Enden ausspioniert werden. Darauf reagierte die Politik mit einigen halbherzigen Aktionen und vielen Plattitüden von Freundschaft und Verbundenheit. Nun stellte sich die Situation dank einer Anfrage des Nachrichtenmagazins *Der Spiegel* allerdings anders dar. Der Kanzlerinnensprecher Stefan Seibert sagte auf einer Pressekonferenz: »Die Kanzlerin hat klargemacht, dass sie solche Praktiken, wenn sich die Hinweise bewahrheiten sollten, unmissverständlich missbilligt und als völlig inakzeptabel ansieht. Dies wäre ein gravierender Vertrauensbruch. Solche Praktiken müssten unverzüglich unterbunden werden.«[195] *Zeit Online* schrieb sogar von einem »dringend benötigten Opfer«, damit die Regierung endlich aufwache.[196] Anlässlich der Snowden-Enthüllungen hatte die Bundesregierung einen Fragenkatalog an die US-Regierung übersandt, der zu diesem Zeitpunkt bereits seit vier Monaten auf seine Beantwortung wartete, was niemanden zu stören schien. Plötzlich drängte Merkel auf die Bearbeitung der Fragen.

Die US-Regierung versuchte, sich aus der Affäre zu taktieren: So sagte eine Sprecherin des Nationalen Sicherheitsrates der Vereinigten Staaten gegenüber dem *Spiegel*: »Der Präsident hat der Kanzlerin versichert, dass die Vereinigten Staaten ihre Kommunikation nicht überwachen und auch nicht überwachen werden.«[197] Ob dies auch für die Vergangenheit gelte, ließ die Sprecherin offen. Wenige Tage später wurde bekannt, dass die NSA nicht nur Kontaktdaten, sondern auch Gesprächsinhalte der Kanzlerin aufgezeichnet hatte. Präsident Obama zeigte sich erschüttert von der Affäre und beteuerte, nichts von der Abhöraktion gewusst zu haben. Tatsächlich stammte der Lausch-Befehl bereits von der Vorgängerregierung Bush, es wäre also theoretisch möglich, dass Obama nichts davon gewusst hatte. Allerdings ist es sehr unwahrscheinlich. Ein hochrangiger NSA-Mitarbeiter plauderte gegenüber der *Bild*-Zeitung aus, dass NSA-Chef Keith B. Alexander persönlich Obama 2010 von der Abhöraktion in Kenntnis gesetzt habe.[198] Zugegeben haben die USA jedenfalls nichts, Merkel wartet bis heute auf eine Entschuldigung des Präsidenten.

Als direkte Reaktion auf diesen Skandal verhandelten Deutschland und die Vereinigten Staaten über ein sogenanntes »No-Spy-Abkommen«, in dem unter anderem auch das Abhören der Staatschefs unterbunden werden sollte. Zum Zeitpunkt der Drucklegung dieses Buches stand das Abkommen kurz vor dem Scheitern. Die Bereitschaft der Weltmacht, gegenüber Verbündeten Geständnisse zu machen, ist also sehr übersichtlich. Und vielleicht ist Frau Merkel Snowden insgeheim sogar ein bisschen dankbar. Denn ohne seine Enthüllungen wäre die Geschichte wahrscheinlich niemals ans Licht gekommen, und die Kanzlerin hätte den US-Präsidenten beim nächsten Mal wieder mit allen Ehren am Brandenburger Tor empfangen. Das dürfte sich bis auf Weiteres erledigt haben.

GRUND 75

Weil er, wie wir alle, mal an Barack Obama geglaubt hat

Hach, was war der Jubel groß, als am 4. November 2008 endlich verkündet werden konnte: Yes, he can! Barack Obama, der erste afroamerikanische Präsident der USA, hatte mit einer nie da gewesenen Charmeoffensive nicht nur seine Heimat, sondern gleich die ganze Welt verzaubert. In Deutschland hätten ihn zeitweise fast 60 Prozent der Umfrageteilnehmer gewählt, in Kenia lag dieser Wert sogar bei über 80 Prozent. Und die Berliner, die er am 24. Juli 2008 besuchte, hätten ihn am liebsten als König bestätigt. Endlich mal ein US-Präsident, der nicht nur an die Supermacht USA glaubt, sondern sich global für Gerechtigkeit, Frieden und Liberalismus einsetzt. Hatte man geglaubt. Doch auch Obama musste anscheinend lernen, dass das mächtigste Land der Welt nicht mit guten Vorsätzen zu regieren ist. Guantanamo Bay existiert immer noch, den armen Bevölkerungsschichten in seiner Heimat geht es immer noch nicht besser. Und was die Whistleblower angeht, die haben unter diesem Präsidenten ganz besonders zu leiden.

Edward Snowden dachte angeblich bereits 2007 daran, geheime Dokumente zu veröffentlichen. Doch dann tauchte laut der *Süddeutschen Zeitung* ein Mann auf, der ihn erst einmal davon abhielt. »(...) Die Wahl Obamas zum Präsidenten im November 2008 ließ ihn zunächst hoffen, dass Reformen angegangen und fragwürdige Praktiken abgeschafft würden. Doch diese Hoffnung erfüllte sich nicht, und als Snowden die CIA kurz darauf verließ und in den folgenden Jahren für verschiedene private Dienstleister im Namen der NSA tätig war, sei in ihm immer stärker die Haltung herangereift, dass er nicht warten könne.«[199] Eine erstaunliche Entwicklung, denn vor seiner Wahl hatte Obama Whistleblower im Allgemeinen gelobt und als eine wertvolle Quelle für Regierungsfehler bezeichnet. Tatsächlich wurden unter Barack Obama bis 2011 bereits fünf Whistleblower gemäß des Anti-Spionage-Gesetzes von 1917 angeklagt, das schlimmstenfalls die Todesstrafe bringen kann. Das sind laut *The New Yorker* mehr Prozesse, als unter allen seinen Vorgängern zusammengenommen.[200]

Ähnlich kritisch äußerte sich Thomas Drake, ebenfalls ein ehemaliger NSA-Mitarbeiter, der ab 2003 Dokumente über das Projekt »Trailblazer« veröffentlichte und der 2010 angeklagt wurde. Da Drake jedoch nur eine »Zweckentfremdung eines Computersystems« nachgewiesen werden konnte (worauf er die Staatsanwaltschaft selbst aufmerksam gemacht hatte), bekam er letztendlich lediglich eine einjährige Bewährungsstrafe und konnte so die zunächst geforderten 35 Jahre Haft glücklicherweise umgehen. In einem selbst verfassten Artikel im *Guardian* nannte Drake Snowdens Enthüllungen einen »Akt des zivilen Ungehorsams« und deutete an, dass dies alles nur die Spitze des Eisberges sei.[201] Wie Snowden sagte auch Drake, der es innerhalb der NSA bis zum Abteilungsleiter geschafft hatte, in diversen Interviews, dass er von Obama enttäuscht sei. Anders als Snowden, der sich für den Kandidaten einer dritten Partei entschied, hatte Drake den aktuellen Präsidenten 2008 sogar gewählt. In einem Gespräch mit dem Magazin *Salon* zieht er eine bittere Bilanz: »(Obama ist) schlimmer als Bush. (…) Das alles ist nur Gerede. Das amerikanische Volk wird getäuscht. Interessanterweise hat er die Macht der Geheimdienste mehr gestärkt, als Bush es jemals gewollt hat. Ich glaube, Bush sitzt irgendwo und denkt: ›Wow!‹«[202] Womit Drake ein Bild gezeichnet hat, das man nur schwer wieder aus dem Kopf bekommt.

GRUND 76

Weil er es schaffte, dass für einen Moment die ganze Welt Hans-Christian Ströbele zuhörte

Wenn es so etwas wie das grüne Gewissen der Bundesrepublik Deutschland gibt, dann ist es wohl Hans-Christian Ströbele. Der Rechtsanwalt und Politiker von Bündnis 90/Die Grünen erinnert optisch zwar an einen verhuschten, pensionierten Biologielehrer, ist aber seit vielen Jahrzehnten aktives und stark engagiertes Mitglied dieser Partei. Er gehörte zu den Gründern der Alternativen Liste für Demokratie und Umweltschutz (die später in den Grünen aufging) und zu den Mitbegründern der linken Tageszeitung *taz*. In der Bundespartei übernahm er verschiedene Ämter, unter anderem als Sprecher und stellvertretender Vorsitzender der Bundestagsfraktion. Außerdem ist er Mitglied des Parlamentarischen Kontrollgremiums des Deutschen Bundestages zur Kontrolle der Geheimdienste. Aufmerksamkeit erregte er in den 1970er-Jahren, als er mehrere RAF-Mitglieder anwaltlich vertrat und eine gewisse Nähe zu den Terroristen nicht verhehlen konnte. Für verschiedene Verfehlungen wurde Ströbele einige Jahren später zu einer Bewährungsstrafe verurteilt.

Abgesehen von anderen Themenbereichen liegt dem Politiker auch der Schutz der Bürgerrechte am Herzen. Er ist ein erklärter Gegner der Vorratsdatenspeicherung und Befürworter von WikiLeaks. Er selbst schrieb in einem Kommentar in der *Taz*: »WikiLeaks und sein Chef Assange können sich in Deutschland auf den Schutz der Meinungs- und Pressefreiheit berufen. Das Internet gehört zu den modernen Medien. Sie genießen den Schutz des Grundgesetzes wie jedes Lokalblatt. Das ist eigentlich selbstverständlich.«[203]

Wer solche Positionen vertritt, hat es nicht mehr weit bis zu Edward Snowden. Ströbele gehörte zu den ersten deutschen Politikern, die nach den Enthüllungen des Whistleblowers die NSA und ihre Methoden kritisierte. Als im Oktober 2013 ans Licht kam, dass auch das Handy der Kanzlerin abgehört wurde, machte er zudem den Vorschlag, Snowden vor einen einzurichtenden Untersuchungsausschuss zu laden und ihn anzuhören. Doch Ströbele, der den Whistleblower in diesem Zusammenhang als »Kronzeugen« bezeichnete, redete nicht nur, er ließ auch Taten folgen. Am 31. Oktober flog der Politiker gemeinsam mit den Journalisten Georg Mascolo (ehemals Chefredakteur des *Spiegel*) und John Goetz (ARD, *Panorama*) unter strenger Geheimhaltung und ohne Kenntnis der Bundesregierung nach Moskau. Die Gespräche dauerten drei Stunden, in erster Linie ging es darum, wie Snowden vor einem entsprechenden Ausschuss aussagen könnte. Der Whistleblower verwies darauf, dass eine Reise nach Deutschland für ihn mit großen Risiken verbunden sei, er grundsätzlich aber bereit wäre, auszusagen. Eine Reise nach Deutschland und eine anschließende Rückkehr nach Russland schloss Snowden aus. Eine andere diskutierte Variante sah vor, dass eine Delegation des Bundestages nach Moskau reise, um vor Ort mit Snowden zu sprechen. Aber auch diese Variante, so sagte Ströbele auf einer Pressekonferenz in Berlin am 1. November, sei mit Risiken behaftet, die Snowden lieber nicht eingehen würde. Details dazu, so Ströbele, könne und wolle er nicht verraten.[204]

Snowden überreichte Ströbele zudem einen Brief, den der Politiker am nächsten Tag auf der zuvor erwähnten Bundespressekonferenz mit unverhohlenem Stolz präsentierte. Es waren diese Minuten, in denen die ganze Welt (oder zumindest ein gewichtiger Teil davon) auf Ströbele schaute. Denn jeder wollte wissen, was der Whistleblower Deutschland zu sagen hatte. Das Ergebnis war ein wenig ernüchternd, denn es brachte keine neuen Erkenntnisse. Snowden verteidigte seine Vorgehensweise und bot eine Zusammenarbeit an. Im Wortlaut heißt es in dem Schreiben: »Im Zuge meiner Beschäftigung in diesen Einrichtungen wurde ich Zeuge systematischer Gesetzesverstöße meiner Regierung, die mich aus moralischer Pflicht zum Handeln veranlassten. Als Ergebnis der Veröffentlichung dieser Bedenken sah ich mich einer schwerwiegenden und anhaltenden Hetze ausgesetzt, die mich zwang, meine Familie und meine Heimat zu verlassen.«[205] Und als direkte Botschaft an Deutschland gerichtet, auch wenn das Wort in dem Brief nicht einmal auftaucht: »Ich freue mich auf ein Gespräch mit Ihnen in Ihrem Land, sobald die Situation geklärt ist, und danke Ihnen für Ihre Bemühungen, das internationale Recht zu wahren, das uns alle beschützt.«[206]

Ströbele bescheinigte seinem Gesprächspartner zudem, auf keinen Fall ein Feind Amerikas zu sein. Ob sich die Situation, wie Snowden hofft, wirklich irgendwann in seinem Sinne klärt, bleibt völlig offen. Dass die USA eine Amnestie gewähren, ist kaum vorstellbar. Und dass US-Präsident Obama auf die wohlwollenden Worte eines Hans-Christian Ströbele hört, noch viel weniger. Aber mit seiner Reise nach Moskau hat sich der Politiker zumindest einen Platz in der Geschichte des Whistleblowers verdient.

GRUND 77

Weil er Wladimir Putin ein Lächeln ins Gesicht zauberte

Es gibt Dinge oder Ereignisse, die sind selten. Eine hybride Sonnenfinsternis zum Beispiel. Oder manche Hunderassen. Oder seltene Erden, da steckt es schon im Namen. Noch seltener ist allerdings ein Lächeln im Gesicht des Wladimir Wladimirowitsch Putin, des Präsidenten der Russischen Föderation. Und das, obwohl ihm Edward Snowden mit seinem Besuch zunächst einmal viel Arbeit auf dem diplomatischen Parkett beschert hat. Aber der ehemalige KGB-Offizier ist ja bekannt dafür, dass er nachteilige Situationen schnell zu seinem Vorteil ausnutzen kann.

Als Snowden am 23. Juni 2013 auf dem Moskauer Flughafen Scheremetjewo landete, konnte auch Putin nicht ahnen, dass sich der Whistleblower zu einem echten Problem entwickeln könnte. Eigentlich war klar, dass der junge Mann sofort weiterreisen und Russland sich aus dem Konflikt heraushalten würde. Doch es kam anders, plötzlich musste sich der Präsident mit seinem Amtskollegen aus den USA auseinandersetzen. Denn weil Putin Snowden nach anfänglichem Zögern Asyl gewährt hatte, sagte Obama Anfang August 2013 ein lange geplantes Treffen mit Putin im September ab. Zuvor hatte sich der Präsident der USA bereits in der *Tonight Show* von Jay Leno (wo auch sonst?) über das Verhalten Russlands beklagt. So sagte er: »Ich bin enttäuscht. Es gibt immer wieder Zeiten, in denen Russland in die Denkmuster des Kalten Krieges zurückfällt.« Eine ziemlich deutliche Attacke gegen Putin. In der gleichen Sendung meinte Obama: »Obwohl wir kein Auslieferungsabkommen mit ihnen (Russland – Anm.d.A.) haben, haben wir wie immer versucht, darauf zu achten, ob ein Gesetzesbrecher oder mutmaßlicher Gesetzesbrecher in ihrem Land ist.« Putin selbst sagte auffällig wenig zu den Vorwürfen, meist lächelte er nur milde. Na ja, was der russische Präsident eben so für ein Lächeln hält.

In den nächsten Monaten blieb die Atmosphäre zwischen den Staaten frostig, allerdings waren beide Seiten darauf bedacht, die Situation nicht eskalieren zu lassen. Anfang November, im Zuge der »Handygate-Affäre« um Angela Merkel, wurden dann plötzlich Stimmen laut, die Putin und seinen Geheimdienst FSB verdächtigten, die Enthüllungen von Snowden zu steuern. Manch konservatives Blatt, auch in Deutschland, nahm an, die Russen hätten das Material des Whistleblowers längst gesichtet und würden nun immer genau die Dokumente veröffentlichen, die ihnen in den Kram passen. Das Ziel im Herbst sei es, so die Vermutung einiger Journalisten, die Freundschaft zwischen Deutschland und den USA zu schädigen. Tatsächlich merkt Putin seit Jahren immer wieder an, dass er Europa lieber näher an seiner Heimat denn an den USA sehen würde. Und der Skandal um das abgehörte Handy der Kanzlerin dürfte ihm ein weiteres Lächeln ins Gesicht gezaubert haben. Doch die Vorwürfe, Snowden sei eine Marionette von Putin, konnten nicht bestätigt werden. Ganz im Gegenteil, in mehreren Artikeln, unter anderem auf *Spiegel Online*, wurde darauf verwiesen, dass Putin, der selbst von 1975 bis 1990 beim KGB war, von Natur aus kein großer Freund von Journalisten, Überläufern und Whistleblowern sei.[207]

Am 19. Dezember 2013 berichtete *Ria Novosti*, eine der größten Nachrichtenagenturen Russlands, von Putins alljährlicher Pressekonferenz, die auch als Videomitschnitt veröffentlicht wurde. Putin stellt sich alljährlich im Dezember den Fragen der Journalisten und spricht über die wichtigsten Themen der vergangenen zwölf Monate. Wenn auch widerwillig, wie man an seinem Gesichtsausdruck erkennen kann. Ein wichtiger Punkt dieser Pressekonferenz war natürlich Edward Snowden und sein Schicksal. Putin gab einige bemerkenswerte Details preis. So bezeichnete Putin Snowdens Tat auf Nachfrage als »schwierige, aber edle Tat«. Und weiter: »Als ich davon erfuhr, wurde ich neugierig, wie er sich dazu entschlossen hat. Denn er ist ziemlich jung. Was hat er denn? Nichts hatte er. Wie will er nun leben? Wo will er leben? Er ist knapp über 30. Dennoch hat er diese Wahl für sich getroffen.«[208] Putin gibt allerdings auch zu, Snowden nie persönlich getroffen zu haben. »Er ist ein interessanter Mensch […] Aber er hat seine Angelegenheiten und ich habe meine.«[209] Des Weiteren bestreitet Putin, sich jemals Informationen über die Arbeit der US-Geheimdienste bei Snowden besorgt zu haben. »Ich sage es Ihnen in der Fachsprache: In operativer Hinsicht arbeiten wir nicht mit ihm und haben nie mit ihm gearbeitet.«[210] Putin betonte außerdem explizit, nichts mit den Enthüllungen von Snowden zu tun zu haben. Schließlich habe man dem jungen Mann unter der Auflage, keine »antiamerikanische Propaganda« zu betreiben, Asyl in Russland gewährt. Bei den immer weiter gehenden Enthüllungen handle es sich um Material, das Snowden »irgendwo in der Welt hinterlassen hat. Und wir wissen nicht, was und wo er es hinterlassen hat«.[211]

Da befindet sich also einer der größten Staatsfeinde der USA auf russischem Boden, und Wladimir Putin behauptet, sich nie mit ihm getroffen zu haben. Klingt eigentlich ziemlich unglaubwürdig. Aber auf Nachfragen lehnt sich Putin nur zurück und lächelt. Dieser Snowden scheint ihm richtig Spaß zu machen.

GRUND 78

Weil er einen deutschen Innenminister degradierte

Ja, der Hans-Peter Friedrich. Treuer CSU-Soldat, Franke aus Überzeugung und von März 2011 bis Dezember 2013 sogar unser aller Innenminister. In dieser Funktion musste der 1957 geborene Politiker leider auch den Sturm ertragen, den Edward Snowden mit seinen Enthüllungen losgetreten hatte. Er tat es mit einer überraschenden Gelassenheit. Interviews, die zum Teil eine ganze Weile nach dieser Zeit stattfanden, lassen allerdings vermuten, dass er sich der Tragweite des NSA-Skandals bis heute nicht bewusst ist.

Friedrich, der nach der Versetzung von Thomas de Mazière im Rahmen der Guttenberg-Affäre 2011 auf den Stuhl des Innenministers gespült wurde, zeigte sich insgesamt recht spendabel, was die Einschränkung von Bürgerrechten angeht. So berichtete der *Spiegel* über eine Rede Friedrichs auf der Herbsttagung des Bundeskriminalamtes, in der der damalige Innenminister von der »Kontrolle des Internets« sprach.[212] Zudem bezeichnete er das Internet als ein »wesentliches Instrument zur Radikalisierung von Menschen«. An gleicher Stelle sprach sich Friedrich ausdrücklich dafür aus, gesetzliche Bedingungen zu schaffen, damit mehr Online-Durchsuchungen, zum Beispiel durch sogenannte »Bundestrojaner«, möglich seien. Die öffentliche Diskussion über solche Vorgehensweisen beschrieb der Minister als »teilweise hysterisch geführt«.[213] Wenige Wochen zuvor hatte der Chaos Computer Club (CCC) publik gemacht, dass der »Bundestrojaner« über eine bisher unbekannte Nachladefunktion verfügt. Friedrich griff daraufhin den CCC scharf an. Wiederum einige Wochen zuvor erklärte Friedrich in der *Süddeutschen Zeitung*, dass der Staat dringend mehr Geld in die öffentliche Videoüberwachung investieren müsse. In einem Radiointerview merkte er zu dieser Zeit an, dass Deutschland sich in Sachen Terrorbekämpfung an Israel orientieren solle. Im *Stern* wurde er daraufhin deutlich kritisiert: »Ein Innenminister, der sich wünscht, dass jeder Koffer geröntgt wird, wenn man in einen Zug steigen möchte? Ein Innenminister, der möchte, dass jeder Gang in den Supermarkt mit einer Taschen- und Gesichtskontrolle einhergeht? Ein Innenminister, der will, dass wir jeden Tag mit dem Bewusstsein der tödlichen Bedrohung klarkommen müssen, wie es in Israel der Fall ist? Das ist nicht nur ein abstruser Vergleich der Situation, in der die Menschen leben. Das ist auch ein Innenminister, der den Job verfehlt hat.«[214]

All diese Äußerungen sind nur Beispiele, die lange vor Snowdens Enthüllungen veröffentlicht wurden. Es hilft allerdings zu verstehen, warum Friedrich auf den NSA-Skandal so reagierte, wie er es tat. Denn erst bezweifelte der Innenminister, dass das Überwachungsprogramm PRISM überhaupt existiere (eine Reise in die USA im Juli 2013 überzeugte ihn vom Gegenteil), dann bescheinigte er allen Kritikern des Programms Antiamerikanismus und Naivität. Kommentar der *Berliner Zeitung*: »So drastisch wie Hans-Peter Friedrich hat schon lange kein Bundesinnenminister gezeigt, dass er den Aufgaben seines Amtes intellektuell nicht gewachsen ist.«[215] Von eiskalten Politprofis wie US-Vizepräsident Joe Biden oder Justizminister Eric Holden vor Ort eiskalt abgekocht, schwenkte Friedrich kurz um und klagte darüber, dass die US-Nachrichtendienste »gegen deutsches Recht verstoßen« würden, erklärte aber im gleichen Atemzug die Sache für geklärt.[216] Seine US-Kollegen haben ihm erklärt, dass PRISM bereits 45 Terroranschläge in Europa verhindert hätte, darunter auch fünf in Deutschland. Kurz nach dieser Äußerung ließ der Innenminister seinen Sprecher zurückrudern. Der erklärte in der *Süddeutschen Zeitung*, er könne sich nicht festlegen, »wie weit die Planungen fortgeschritten seien.[217] Möglicherweise sei es »auch ein sehr frühes Stadium« gewesen. »Zu sagen, dass wir hier vor fünf konkreten Terroranschlägen standen, das wäre jetzt sicherlich die falsche Botschaft.«[218]

Friedrichs Chefin, Bundeskanzlerin Angela Merkel, äußerte sich im Rahmen der Affäre bisweilen deutlich schärfer und war sichtlich unerfreut über das Herumeiern ihres Ministers. Deshalb nutzte sie die Chance, ihr Kabinett im Rahmen der Bundestagswahlen umzubauen und versetzte Friedrich ins Bundesministerium für Ernährung und Landwirtschaft, was dieser in diversen Interviews nicht als Degradierung verstanden wissen wollte, die es natürlich war. Aber der ehemalige Innenminister hatte noch einen in petto. Gegenüber dem *Münchner Merkur* bestritt der Geschasste, dass die NSA-Affäre und ihre Nebenwirkungen etwas mit seiner beruflichen Umorientierung zu tun gehabt hätte: »Nein, die NSA-Affäre hat nichts damit zu tun. Schon einmal hat die CSU in einer Großen Koalition das Innenministerium abgeben müssen: 1966 wechselte der damalige Innenminister Höcherl ins Landwirtschaftsressort.«[219] Was stimmen mag, hier aber gar nicht gefragt war. Wesentlich interessanter war jedoch der nachfolgende Satz: »Als Innenminister hatte ich übrigens wichtigere Themen als die NSA-Affäre.«[220] Zum Beispiel das Vorbereiten der neuen Karriere, inklusive Fotoshootings mit den glücklichsten Kühen Deutschlands. Die werden auch seltener ausgespäht oder beschweren sich über verletzte Bürgerrechte. Man kann Herrn Friedrich nur viel Glück wünschen.

GRUND 79

Weil er fast Isländer geworden wäre

Es war einmal eine Insel, die lag südlich von Grönland. Zahlreiche Legenden ranken sich um die größte Vulkaninsel der Welt, manche vergleichen sie mit dem Paradies, andere mit Mittelerde aus Tolkiens *Herr der Ringe*. Mit seinen etwas mehr als 300.000 Einwohnern bietet Island viel Privatsphäre, und wer sich verstecken möchte, kann sich mit einem Zelt in der Periglazial-Wüste oder auf einem der Gletscher des Landes niederlassen. Hier kommt höchstens mal ein Polarfuchs oder eine Trottellumme vorbei. Nachteil des Landes: Laut einer Umfrage aus dem Jahr 2011 nutzen 94 Prozent der Isländer das Internet. Die NSA hat also auch auf dieser Insel Zugriff auf alles und jeden. Ob Edward Snowden hier glücklich geworden wäre? Am Wetter wäre es zumindest nicht gescheitert. Zwar herrschen in Island im Jahresmittel zwischen zwei und sieben Grad, während die Insel auf durchschnittlich 148 Regentage im Jahr kommt. Aber der Whistleblower hat ja schon auf Hawaii keine Farbe bekommen.

Island gehörte neben Deutschland laut WikiLeaks zu den ersten 21 Ländern, in denen der Whistleblower Asyl beantragt hatte. Warum gerade die Vulkaninsel in seine engere Wahl fiel, hat er nie erklärt. Aber wahrscheinlich ist, dass auch Snowden mitbekommen hat, wie stark sich die Regierung des Inselstaates in den letzten Jahren für ein freies Internet eingesetzt hat. Allerdings fanden Ende April 2013 Wahlen in Island statt, die ein Mitte-Rechts-Bündnis für sich entscheiden konnte. Von diesem war von vorneherein wenig Unterstützung zu erwarten. Vielleicht dachte Snowden aber auch an den ehemaligen Schachweltmeister Robert »Bobby« Fischer, der nach seiner traumhaften Karriere in den Siebzigerjahren des vergangenen Jahrhunderts komplett die Bodenhaftung verlor, als US-Bürger jüdischer Abstammung antisemitische und antiamerikanische Statements abgab, sogar den Holocaust leugnete und schließlich durch die Welt zog, weil er sich wahlweise von den Behörden oder paranormalen Phänomenen verfolgt fühlte. Fischer strandete schließlich in Japan, von wo aus er (wegen angeblicher Steuerschulden) 2005 erst in Haft kam und anschließend an die USA ausgeliefert werden sollte, nachdem die seinen Reisepass für ungültig erklärt hatten. Die Parallelen zu Snowden (abzüglich der Judenfeindlichkeit und der grünen Männchen, natürlich) sind offensichtlich. Fischer floh schließlich mithilfe einiger Unterstützer nach Island, wo ihm das Parlament Asyl gewährte. Gunnar Snorr Gunnarsson vom Auswärtigen Amt sagte damals der BBC: »Wir fühlen uns solidarisch mit ihm. Nicht mit seinen Ansichten, sondern mit einem außergewöhnlichen Champion, der in Schwierigkeiten steckt.«[221] Eine Begründung, die, leicht abgewandelt, durchaus auch auf Snowden gepasst hätte. Fischer lebte auf Island im Übrigen sehr zurückgezogen und starb drei Jahre nach seiner Einbürgerung, weil er nach einem Nierenversagen die dringend notwendige Transplantation verweigerte. Totales Misstrauen kann manchmal auch tödlich enden. An seiner Beerdigung nahmen auf Wunsch Fischers nur fünf Personen teil.

Zum Zeitpunkt der Snowden-Anfrage stand das isländische Parlament kurz vor der Sommerpause. Die Oppositionspolitikerin Birgitta Jónsdóttir sagte gegenüber der Nachrichtenagentur *Reuters*: »Es gab keine Mehrheit, das Thema auf die Tagesordnung zu setzen. Wir konnten noch nicht einmal darüber abstimmen.«[222] Der Respekt vor den USA ist eben auch auf abgelegenen Inseln relativ groß. Zumal Island keine eigene Armee unterhält. Für Kleinigkeiten sind die circa 120 Kollegen von der Küstenwache zuständig, im Ernstfall greifen NATO-Truppen ein. Island gehört zu den Gründungsmitgliedern des Atlantischen Bündnisses, aber wer hier das Sagen hat, ist bekannt. Abgesehen davon muss sich ein Mensch, der in Island Asyl beantragt (wie in den meisten anderen Staaten auch), im Land befinden. Dann aber kann es ganz schnell gehen. Denn das isländische Parlament ist berechtigt, auf unkompliziertem Wege Staatsbürgerschaften auszustellen. Ganz ohne Einbürgerungstest und Formularwahnsinn. Doch als das Parlament nach seiner Sommerpause im September wieder zusammentrat, war Snowden bereits in Russland untergekommen. Es wird nicht wenige isländische Politiker geben, die dies mit einer gewissen Erleichterung registriert haben.

GRUND 80

Weil er den Pofalla blamierte

Es gibt Menschen, die stellen sich in ihrer Außendarstellung einfach unglücklich an. Der Trainer Berti Vogts ist so ein Beispiel. Oder der Präsident des Bundes Deutscher Radfahrer, Rudolf Scharping. Oder eben Ronald Pofalla von der CDU. Der machte in seiner ehemaligen Funktion als Bundesminister für besondere Aufgaben und Chef des Bundeskanzleramtes in der NSA-Affäre einmal mehr keine gute Figur. Um es freundlich auszudrücken.

Der Nordrhein-Westfale sorgt in seiner politischen Laufbahn immer wieder für Unterhaltung. So beleidigt er in schöner Regelmäßigkeit Kollegen von anderen Parteien, Koalitionspartner oder auch Parteifreunde. Legendär ist sein Ausfall gegenüber Wolfgang Bosbach, als er dem CDU-Mann »Ich kann deine Fresse nicht mehr sehen« an den Kopf warf.[223] Als im Sommer 2013 Edward Snowden auf den Plan trat, tat Pofalla erst mal nichts, weil er im Urlaub weilte. Das ist dahin gehend verwunderlich, da der Chef des Kanzleramtes grundsätzlich für die Geheimdienstkoordination und den Bundesnachrichtendienst zuständig ist. Kanzlerin Merkel verwies in einem Interview mit der *Zeit* auf Pofallas Zuständigkeit.[224] Sechs Wochen nach dem öffentlichen Auftritt von Snowden hatte die Bundesregierung immer noch nicht öffentlich erklärt, in welchem Umfang die Bürger ausgespäht worden waren und wer von was gewusst hatte. Etwas zerknirscht berief Pofalla schließlich das Parlamentarische Kontrollgremium des Bundestages ein, um die Kollegen zu informieren. Was ja schon mal ein Schritt in die richtige Richtung gewesen wäre. Wenn im Anschluss nicht das passiert wäre, was passiert ist.

Während die Opposition den Rücktritt des Politikers forderte, berichtete Pofalla am 12. August zum insgesamt dritten Mal vor dem Parlamentarischen Kontrollgremium über die NSA-Affäre und die Verbindungen deutscher Geheimdienste zur NSA und britischen Behörden. Im Anschluss gab er vor laufenden Kameras ein Interview, das in die Geschichte einging. In selbstbewusster Pose erklärte er, alle Vorwürfe seien »vom Tisch. Es gibt in Deutschland keine millionenfache Grundrechtsverletzung.«[225] Anlass für diese mutigen Aussagen war das Angebot der USA, sich mit Deutschland über ein »No-Spy-Abkommen« zu unterhalten (aus dem bekanntlich leider nichts wurde). Die Opposition lief Sturm, während die Bürger draußen im Lande versuchten, der Schmierenkomödie noch etwas Positives abzugewinnen. Denn natürlich wusste jeder, dass die Affäre nicht beendet sein konnte, solange unzählige Dokumente von Snowden noch ihrer Veröffentlichung harrten. Fix wurde ein

Blog unter dem Titel »Pofalla beendet Dinge« ins Leben gerufen, in dem sie den CDU-Mann alle möglichen Sachen für beendet erklären ließen. Zum Beispiel die Privatsphäre oder das schlechte Wetter. Andere User bastelten Filmplakate mit dem Porträt Pofallas und dem damaligen Kinohit *Schlussmacher* von Matthias Schweighöfer. Oder der Schokoriegel Twix, der per Beschluss ab sofort wieder Raider heißen sollte. Und schließlich beendete Pofalla sogar Chuck Norris, den heimlichen König des Internets. Die leider unterschätzte Satire-Sendung *extra3* des NDR verlieh dem Politiker gar den »Silbernen Hilfssheriff-Stern«. Erstaunlicherweise wollte Herr Pofalla diese Auszeichnung nicht annehmen.

Doch nicht alle konnten über diese Affäre in der Affäre schmunzeln. Bei der seit 2006 jährlich stattfindenden Demonstration »Freiheit statt Angst« in Berlin im Sommer 2013 fanden Pofallas Bemerkungen ein entsprechendes Echo. Auf Plakaten von Teilnehmern waren Sätze wie »Wir erklären diese Regierung für beendet« – »Geh Heim, Dienst (mit einem Foto des Politikers) oder »Pofalla, wir wissen, wo dein Auto steht« zu lesen. Am deutlichsten drückte es wohl ein Spruchband aus, auf dem die verfremdeten Fotos von Pofalla, Innenminister Friedrich und Kanzlerin Merkel zu sehen waren. Darüber stand: »Wollt ihr die totale Überwachung«, in Anlehnung an die bekannte Sportpalast-Rede von Joseph Goebbels aus dem Jahr 1943.

So oder so, Pofalla machte, wie sein Kollege Friedrich, während der Affäre eine äußerst unglückliche Figur. Dass sein Ausscheiden aus Merkels Kabinett nach der Bundestagswahl 2013 damit zusammenhing, wurde von den Beteiligten bestritten. Aber natürlich wird es, wie bei der Degradierung Friedrichs, eine Rolle gespielt haben. Warum Pofalla im Januar 2014 mit Anlauf gleich in den nächsten Fettnapf hüpfte (Stichwort: Bahnvorstand), wird sein Geheimnis bleiben. Das »volle Vertrauen«, das Angela Merkel ihrem Ex-Kanzleramtschef dereinst ausgesprochen hat, dürfte jedenfalls für die nächsten Jahrzehnte aufgebraucht sein.

KAPITEL 9

LAND OF THE BRAVE

GRUND 81

Weil nun sogar in den USA der Ruf nach Amnestie laut wird

Man kann den USA ja einiges vorwerfen. Zum Beispiel, dass sie die Weltherrschaft erringen wollen. Oder dass sie doppelte Cheeseburger mit Speck und frittierten Zwiebeln für Essen halten. Oder dass sie ihren Kindern Gewehre statt Gebäck unter den Weihnachtsbaum legen. Oder dass sie Ulan Bator für den Anführer der Orks in *Herr der Ringe* halten. Oder dass sie Homer Simpson immer noch nicht zu ihrem Präsidenten gewählt haben. Aber dass sie mit ihren Straftätern zimperlich umgehen, kann wirklich niemand behaupten. Selbst wenn nur die Hälfte der allabendlich ausgestrahlten US-Knastsendungen auf N24 und n-tv, offensichtlich der Quotenrenner nach Hitler-Dokumentationen, der Wahrheit entsprechen, dann geht es hinter US-schwedischen Gardinen ziemlich rau zu. Und der Fall des am 16. Januar 2014 hingerichteten Mörders und Vergewaltigers Dennis McGuire zeigt, dass Todeskandidaten zur Not auch als Testobjekte für Medikamentencocktails herhalten müssen. Keine schönen Aussichten für Edward Snowden, den im Falle einer Verurteilung in seiner Heimat lebenslange Haft erwarten könnte.

Deshalb stieß die *New York Times* pünktlich zum Jahresbeginn 2014 eine Diskussion an, die große Wellen schlug: eine Amnestie für Edward Snowden. Während die Hardliner stöhnend abwinkten, arbeiteten die Journalisten einige Argumente für diese Option heraus. So habe der Whistleblower zwar das Gesetz gebrochen, die NSA jedoch zigtausendfach. Dass dieser Missbrauch von Macht ans Licht der Öffentlichkeit gelangte, sei einzig das Verdienst von Snowden. Außerdem schreibt die *New York Times*: »Die NSA hat systematisch die im Internet verwendeten Verschlüsselungssysteme unterwandert. Es ist nun nicht mehr möglich zu sagen, ob sensible Daten aus dem Banken- oder Medizinbereich wirklich noch privat sind.«[226] Was nicht nur den Verlust von Vertrauen, sondern gleichzeitig auch finanzielle Einbußen mit sich bringen kann, deren Höhe abzuschätzen heute noch niemand in der Lage ist. Und auch die Lüge eines James Robert Clapper, der vor dem Kongressausschuss für Nachrichtendienste noch im Mai 2013 bestritt, dass die NSA Millionen von Daten sammeln würde, erwähnt die Zeitung. Und so ganz nebenbei fragt sie, warum in diesem Fall eigentlich nicht von einer Bestrafung die Rede ist.

Ein weiterer wichtiger Punkt für die *New York Times* ist das Ausmaß der Datensammlung: »Viele der Programme, die haufenweise Daten sammeln und die von Herrn Snowden bekannt gemacht wurden, könnten ebenso effektiv arbeiten, wenn ihr Einsatzbereich verkleinert und die Aufsicht über diese Programme strikt von außerhalb erfolgen würde. So, wie es die Arbeitsgruppe des Präsidenten vorgeschlagen hat.«[227] Womit ein weiteres Argument der Snowden-Gegner abgeschwächt wäre. Gleiches gilt für die angebliche Gefahr, in die Snowden die USA und ihre Verbündeten gebracht hat. Auch diese wurde nie bewiesen.

Der Artikel schließt mit einem klaren Appell, Edward Snowden unter bestimmten Umständen Amnestie zu gewähren. »Wenn jemand enthüllt, dass Beamte der Regierung wiederholt und wissentlich die Gesetze brechen, sollte diese Person nicht von der gleichen Regierung zu lebenslanger Haft verurteilt werden. Deshalb sagte Rick Ledgett, der Leiter der Untersuchungskommission der NSA, kürzlich zu CBS (in der Sendung *60 Minutes* – Anm.d.A.), dass er eine Amnestie für Herrn Snowden in Erwägung ziehen würde, wenn dieser einwilligen würde, keine Dokumente mehr zu enthüllen. Und das ist auch der Grund, warum Präsident Obama seinen Beratern sagen sollte, endlich einen Weg zu finden, die Schmähungen gegen Herrn Snowden zu stoppen und ihm einen Anreiz zu geben, nach Hause zu kommen.«[228]

NSA-Chef Keith B. Alexander sieht die Sache naturgemäß anders und äußerte sich ebenfalls in der CBS-Sendung *60 Minutes.* Er sagte, eine Amnestie für Snowden wäre vergleichbar »mit einem

Geiselnehmer, der 50 Leute als Geiseln nimmt, zehn erschießt und dann sagt: ›Ihr gebt mir vollständige Amnestie, und ich lasse die anderen 40 frei.‹ Was machen Sie dann?«[229] Die Nationale Sicherheitsberaterin Susan Rice (nicht zu verwechseln mit Namensvetterin Condoleezza) wurde ebenfalls in *60 Minutes* befragt und sagte zum Thema Amnestie: »Wir glauben, dass er zurückkommen oder zurückgeschickt werden sollte, um sich dem Gericht zu stellen.«[230] Hinter dieser Äußerung steckt vermutlich eher die Angst, einen Präzedenzfall zu schaffen, der noch mehr Whistleblower ermutigen könnte, Geheimnisse zu verraten, als die Angst gegenüber der Person Snowden an sich. Fakt ist aber auch, dass das Klima insgesamt ein wenig milder zu werden scheint.

GRUND 82

Weil er noch lebt

Es ist nicht leicht, Edward Snowden zu sein. Regierungsbeamte der NSA bekennen sich offen (aber natürlich anonym) dazu, den Whistleblower umlegen zu wollen. Der ehemalige CIA-Chef James Woosley will ihn gar hängen sehen. Und in den Foren dieser Welt toben sich unzählige Trolle aus, die dem Whistleblower Dinge an den Hals wünschen, die man unmöglich wiederholen kann. In dem von der ARD am 26. Januar 2014 ausgestrahlten Fernsehinterview zeigte sich Snowden zum ersten Mal beeindruckt von diesen Drohungen. Er gab zu, um sein Leben zu fürchten. »Diese Leute, und das sind Regierungsbeamte, haben gesagt, sie würden mir nur zu gerne eine Kugel in den Kopf jagen oder mich vergiften, wenn ich aus dem Supermarkt komme, und dann zusehen, wie ich unter der Dusche sterbe.«[231] Und auch auf seiner Unterstützer-Seite *freesnowden.is* äußerte sich der US-Amerikaner zu diesem Thema: »Ich bin mir dessen bewusst, dass mein Leben direkt bedroht ist, aber ich werde mich davon nicht einschüchtern lassen.«

Es gibt viele US-Bürger, die grundsätzlich froh darüber sind, dass Snowden seine Informationen mit der Öffentlichkeit geteilt hat. Sie nehmen es ihm allerdings übel, dass er aus dem Land geflohen ist und sich ausgerechnet bei den »Lieblingsfeinden« (China, Russland) versteckt hielt und hält. Ihrer Meinung nach hätte er sich stellen müssen, weil echte Helden nun mal nicht weglaufen. Ein User des Yahoo!-Forums stellte dagegen eine andere These auf: »Du musst nicht sterben, um ein Held zu sein.«[232] Bleibt zu hoffen, dass sich diese Ansicht durchsetzt.

GRUND 83

Weil er ein Herz für Großmütter in Missouri hat

Wann immer sich Edward Snowden seit seiner Flucht aus den USA in der »Öffentlichkeit« zeigt, zieht er die Aufmerksamkeit auf sich. So auch am 23. Januar 2014, als der Whistleblower, wie kurz zuvor ankündigt, gegen Abend mehr als 90 Minuten über die Webseite *freesnowden.is* Anfragen via Twitter beantwortete. Geplant war eine Stunde, trotzdem konnte er nur einen Bruchteil der Fragen beantworten. Dabei wiederholte Snowden viele seiner Standpunkte, die er auch schon in früheren Interviews oder Beiträgen dargelegt hatte. Aber es kamen auch neue Erkenntnisse auf den Tisch. So schien Snowden aktiv gegen den (schon älteren) Vorwurf Barack Obamas angehen zu wollen, er sei kein Patriot. Auffällig häufig lobte der 30-Jährige sein Heimatland und sogar die Geheimdienste. Laut eigenen Angaben wollte und will er seinem Land keinen Schaden zufügen, sondern nur auf Missstände aufmerksam machen. Dabei macht er auch deutlich, dass er unter Heimweh leidet, unter den jetzigen Umständen eine Rückkehr allerdings unmöglich sei. Die Gesetze zum Schutz von Whistleblowern, da ist sich Snowden sicher, sind einfach nicht umfangreich genug. Und auch die Zeichen der Verantwortlichen machen eine Rückkehr momentan noch unmöglich. So sagte US-Justizminister Eric Holder am Tag des Chats im US-Fernsehen, dass er gerne mit dem Whistleblower ins Gespräch kommen würde, eine Amnestie aber nicht möglich sei.

Im Laufe der Fragestunde wird mehrmals auf die Lebensgefahr verwiesen, in der sich der junge Mann nach wie vor befindet. Erst wenige Tage vor dem Chat soll ein anonymer Pentagon-Beamter gesagt haben, dass er dem Flüchtigen »gerne eine Kugel verpassen würde«.[233] Snowden antwortet, dass ihn solche Sätze durchaus beunruhigen würden, er aber nicht unmittelbar Angst um sein Leben hätte. Er sorge sich mehr, weil »Regierungsmitglieder sich so auf ihre Autorität verlassen, dass sie Reportern offen erzählen, dass der 5. Zusatzartikel der Verfassung, der die Rechte eines Angeklagten sichern soll, ein überholtes Konzept ist – das sollte uns alle stören«.[234] Wer sich so manche Äußerung von etablierten US-Politikern zur Sache anschaut, könnte tatsächlich meinen, der Wilde Western wäre zurück. Es ist allerdings auch ein Zeichen dafür, wie tief Snowden den Apparat in seinem Selbstverständnis getroffen hat. Ein Nutzer wollte wissen, was genau denn das Schlimmste an der wahllosen Massendatenspeicherung sei. Der Whistleblower antwortete äußerst überzeugend: »Du weißt vielleicht nicht mehr, wo du am 12. Juni 2009 zu Abend gegessen hast, aber die Regierung weiß es.«[235]

Eine weitere prägnante Aussage bezieht sich auf die technischen Möglichkeiten der Geheimdienste und ihre Nutzung. »Wenn wir gut genug sind, um in jedes Gerät auf dem Planeten einzubrechen, in das wir wollen (und dazu gehört das Handy von Angela Merkel, wenn man den Berichten glauben kann, Anm.d.A.), dann gibt es keine Entschuldigung dafür, dass wir unsere Zeit damit verschwenden, die Verbindungsdaten von Großmüttern in Missouri zu sammeln.«[236] Korrekt, denn Omas aus dem Mittleren Westen sind neuesten Studien zufolge nur ganz selten in Terrorakte verstrickt. Aber, wie Snowden deutlich machte, auch andere Bürger haben es nicht verdient, dass von Staats wegen irgendwo peinliche Details über ihr Privatleben gesammelt werden. Zudem forderte der Whistleblower internationale Standards für das Überwachen von Menschen, da sonst die Gefahr bestünde, dass sich Diktatoren (am Ende gar islamistische), die ihr Volk ausspähen, ausgerechnet auf die Praktiken der USA berufen würden. Und das kann kein schießwütiger Pentagon-Mitarbeiter wirklich wollen.

GRUND 84

Weil er von der U.S. Army ausgemustert wurde

Was macht ein junger Mann, der nicht so recht weiß, wo sein Leben hinführen soll? Der sein Land liebt und es verteidigen möchte? Der schon morgens nichts dagegen hat, von Vorgesetzten angebrüllt zu werden, weil die Schuhe nicht geputzt sind. Richtig, so jemand geht zur Armee. Edward Snowden muss so eine Phase im Jahr 2004 gehabt haben.

Nach einem zum ersten Mal abgebrochenen Studium und verschiedenen Jobs wollte der spätere Whistleblower offensichtlich für seine Nation im Irak kämpfen. Dafür schrieb er sich für acht Jahre bei der Heeresreserve der Vereinigten Staaten ein, sein Dienst begann am 7. Mai 2004. Gleich zu Beginn sollte der eher zart gebaute Computer-Freak ein 14-wöchiges Spezialtraining der Special Forces absolvieren. Das ist Teilnehmern des Programms zufolge extrem hart, hier wird ordentlich ausgesiebt. Es ist also keine Seltenheit, dass ein Rekrut an dieser physischen und psychischen Hürde scheitert. So wie Edward Snowden. Der brach sich im Training beide Beine (Details sind leider nicht bekannt) und wird auch sonst nicht die überzeugendste Figur abgegeben haben. Denn schon am 28. September 2004 bedankte sich die U.S. Army für das Interesse und schickte den jungen Mann mit den Worten »Wir rufen Sie an« (oder so ähnlich) wieder nach Hause.

Ärgerlich, denn hätte Snowden den Test bestanden und wäre wirklich in den Irak gegangen, hätte er vielleicht seinen Whistleblower-Kollegen Bradley (heute Chelsea) Manning kennengelernt. Der bewarb sich 2007 bei der Armee, schaffte den Eignungstest, wurde aufgrund seiner Computer-Vorkenntnisse zum Nachrichtentechniker ausgebildet und schließlich von 2009 bis 2010 in den Irak geschickt. Man mag sich gar nicht vorstellen, was die beiden bekanntesten Enthüller unserer Zeit gemeinsam zwischen Euphrat und Tigris hätten losmachen können. Angesichts der 35 Jahre Haft (plus 100.000 Dollar Strafe), die Manning im Sommer 2013 für seine »Vergehen« aufgebrummt bekam, war die Ausmusterung für Snowden aber wohl doch eher ein Glücksfall.

GRUND 85

Weil er von einigen seiner Mitbürger als Verräter bezeichnet wird

Der Duden definiert Verrat als »Bruch eines Vertrauensverhältnisses, Zerstörung des Vertrauens durch eine Handlungsweise, mit der jemand hintergangen, getäuscht, betrogen o. Ä. wird, durch Preisgabe einer Person oder Sache«. Orientiert man sich strikt an diesen Worten, dann ist Edward Snowden fraglos ein Verräter. Allerdings hat sich die Bedeutung des Begriffs »Verrat« im Laufe der letzten Jahrhunderte verändert: Das Wort besitzt, anders als noch im Mittelalter, mittlerweile einen eindeutig negativ wertenden Klang. Und genau das wollen Snowdens Gegner ausdrücken, wenn sie ihn öffentlich als Verräter bezeichnen. Doch das gemeine Volk, egal ob in den USA oder anderswo auf der Welt, ist gespalten. Und in den verschiedenen Redaktionen der Zeitungen und Magazine herrscht ein regelrechter Krieg um Snowdens (Un-)Beliebtheit. Denn natürlich wird mit Umfragewerten auch immer Politik gemacht.

Die Quinnipiac University aus Hamden, Connecticut, hat am 10. Juli 2013 eine Umfrage veröffentlicht, laut der 55 Prozent der US-Amerikaner Edward Snowden für einen Whistleblower (also Enthüller) hielten, aber »nur« 34 Prozent ihn als Verräter bezeichneten. Das sind zwar immer noch gut ein Drittel der Befragten, aber doch weniger als erwartet. Schließlich war Snowden erst wenige Tage vor der Umfrage in die Öffentlichkeit getreten. Im Rahmen der Erhebung wurde zudem zweifelsfrei festgestellt, dass das Sicherheitsbedürfnis bei Frauen deutlich höher zu sein scheint als bei Männern, Frauen also eher bereit sind, auf Bürgerrechte zu verzichten, und deutlich intensivere Eingriffe in ihr Privatleben tolerieren. Ein ebenfalls überraschendes Ergebnis, das bisher noch von niemandem genauer untersucht wurde.

Die *Washington Post* schrieb bereits am 17. Juni 2013 vom »PR-Krieg« in Sachen Snowden.[237] Denn der Nachrichtensender CNN hatte kurz zuvor eine Umfrage veröffentlicht, laut der angeblich 52 Prozent der US-Bevölkerung die Enthüllungen missbilligen, während nur 44 Prozent diese begrüßen würden. Nahezu zeitgleich stellte jedoch das *Time Magazine* eine sehr ähnlich lautende Frage, die völlig anders beantwortet wurde. Hier waren angeblich 55 Prozent der Meinung, Snowden hätte »einen guten Job« gemacht, während lediglich 30 Prozent gegenteiliger Meinung waren. Diese Unterschiede kommen nicht nur durch Tagesereignisse und die unterschiedliche Gewichtung bestimmter Gruppen unter den Umfrageteilnehmern zustande, sondern auch durch die Fragestellung des jeweiligen Mediums. So sprach das *Time Magazine* von »Informationen über ein geheimes Programm, die der Bevölkerung weitergegeben« wurden, während CNN in seiner Frage auf das »Enthüllen geheimer Dokumente« verwies. Letztgenannte Variante klingt deutlich negativer und eher nach Straftat als die Frage des *Time Magazine*. Was natürlich kein Zufall ist. Aaron Blake von der *Washington Post* stellt es etwas überspitzt dar, wenn er schreibt, dass die eine Zeitung von einem Weltverbesserer spricht, der der Bevölkerung etwas für sie Wichtiges mitteilen möchte, während die andere Seite von einem fehlgeleiteten, unzufriedenen Ex-Mitarbeiter spricht, der das Gesetz gebrochen hat. So bekommt jede Zeitung, was ihr besser in den Kram passt und der jeweiligen Leserschaft aus dem Herzen spricht. Die seriöse Ermittlung des Meinungsbildes bleibt auf der Strecke.

Für Snowden selbst sind diese Umfragen nicht unwichtig, schließlich bestimmen (auch) sie die allgemeine Gemütslage für oder gegen ihn. Sollte er wirklich mit dem Gedanken spielen, irgendwann in sein Heimatland zurückzukehren, wäre eine positive Stimmung in der breiten Bevölkerung für ihn sicherlich von Vorteil. Denn Präsidenten wollen wiedergewählt werden. Aber Snowden wird clever genug sein, um seine Entscheidungen nicht allein davon abhängig zu machen. Denn wie eben dargestellt, sind solche Stimmungsbilder mit Vorsicht zu genießen, da Zahlen, wie Statistiken im Allgemeinen, leider nicht vom Himmel fallen, sondern von Menschen erhoben werden müssen. Doch wie sagte der französische Geistliche und Politiker Charles Maurice de Talleyrand einst so weise: »Hochverrat ist nur eine Frage des Datums.« Dieser Satz ist gänzlich unbestritten richtig.

GRUND 86

Weil er juristische Unterstützung von Richard J. Leon erhält

Was durfte sich Edward Snowden nicht alles anhören. Er wurde als Landesverräter, chinesischer Spion und sogar als Hurensohn beschimpft, den man einfach abknallen sollte. US-Präsident Obama versuchte erst, ihn zu marginalisieren, um schließlich minimale Zugeständnisse an sein Volk und die der ganzen Welt zu machen. Doch im Dezember 2013 bekamen die Kritiker des Whistleblowers einen herben Dämpfer. Und das aus einer ganz unerwarteten Richtung. Wobei es vielleicht doch nicht ganz so überraschend ist, wenn man sich einige Urteile und Äußerungen des Bundesrichters Richard J. Leon genauer anschaut.

Leon wurde am 10. September 2001, also einen Tag vor den Anschlägen in den USA, vom damaligen US-Präsidenten George W. Bush in den United States District Court for the District of Columbia berufen. Im Jahr 2008 ging sein Name erstmals im großen Stil durch die Presse, als er über den Begriff der sogenannten »ungesetzlichen Kombattanten« entscheiden musste. 2006 hatten die USA im Kampf gegen den Terror diesen Begriff massiv ausgeweitet, was zur Folge hatte, dass Menschen, die unter diesen Terminus fielen (und fallen), kein Recht auf eine richterliche Überprüfung ihrer Haft und deren Gründe haben. Somit werden willkürliche Verhaftungen möglich, wie sie zum Beispiel im Zusammenhang mit dem Gefangenenlager von Guantanamo Bay vermutet werden. Der Begriff der »ungesetzlichen Kombattanten« war zudem nicht ausreichend definiert, was Leon schockierte. Im Oktober 2008 griff er den Kongress mit deutlichen Worten an und äußerte sein Unverständnis darüber, wie man so etwas beschließen könne, ohne genau darzulegen, wer unter welchen Umständen unter den Begriff des »ungesetzlichen Kombattanten« fallen dürfe. Praktisch war es den USA mit diesem Gesetz möglich, jeden Ausländer ohne Angabe von Gründen zu inhaftieren und diesen in Haft zu behalten, ohne dass dieser sich dagegen wehren konnte. Wenige Wochen nach diesen Aussagen entließ Leon aufgrund mangelnder Beweise fünf inhaftierte Algerier aus dem Lager in Guantanamo. Die Männer saßen seit 2002 in diesem Gefängnis, weil sie angeblich in Kontakt mit Abu Zubaydah standen, der ebenfalls 2002 verhaftet wurde. Die Gruppe soll geplant haben, die US-Botschaft in Sarajevo anzugreifen. Dies konnte allerdings nie bewiesen werden. Zubaydah sitzt immer noch in Guantanamo ein.

Doch wirklich weltweit Schlagzeilen machte der Richter aus Massachusetts mit seinem Urteil vom 16. Dezember 2013. Leon entschied, dass das Vorgehen der NSA wahrscheinlich gegen den 4. Zusatzartikel zur Verfassung der Vereinigten Staaten verstoße. In dem Artikel, der Teil der »Bill of Rights« ist, wird klar festgehalten, dass US-Bürger vor »willkürlicher Durchsuchung« zu schützen sind. Leon merkte in seiner kurz darauf veröffentlichten Urteilsbegründung sarkastisch an, dass James Madison, vierter Präsident der USA und einer der Hauptautoren der Verfassung, wohl entsetzt gewesen wäre, hätte er vom Vorgehen der NSA Kenntnis gehabt.[238] Das Magazin *Politico* zitierte Leon so: »Ich kann mir keinen wahlloseren und willkürlicheren Eingriff als diese hochtechnologische Sammlung und Speicherung von persönlichen Daten eines jeden Bürgers zu Analysezwecken vorstellen. Und das ohne jede gerichtliche Einwilligung.«[239] Außerdem merkte er in seiner Urteilsbegründung an, dass die Regierung nicht einen einzigen Fall anführen könne, in dem die Analyse der massenhaften Dateien der NSA zur Abwehr eines drohenden Angriffs geführt habe. Es gebe auch kein Gericht in den USA, das es jemals für nötig befunden hätte, buchstäblich jeden Amerikaner auszuspähen. Zudem bezweifelte Leon die Effektivität des Anhäufens willkürlicher Datensätze gegenüber anderen Methoden.

All diese Einlassungen machen deutlich, dass Edward Snowden vielleicht nicht die richtige Methode gewählt hat (aus der Sicht seines Landes), im Grunde aber vollkommen richtig lag. Sein Gefühl, dass die NSA ihre Kompetenzen im großen Stil überschritt, wurde von Richard J. Leon bestätigt. Dass dies nicht automatisch zu einer Entlastung von Snowden führt, ist klar. Aber es sollte die Hardliner, die die Inhaftierung oder gar die Exekution des Whistleblowers fordern, zumindest zum Nachdenken bringen.

GRUND 87

Weil er für den angeblichen Antiamerikanismus der Deutschen herhalten muss

Der Hamburger Journalist Ludwig Greven ist seit vielen Jahren Redakteur bei *Zeit Online* und beschäftigt sich gerne mit Politik und der Zukunft Europas. Außerdem hat er das Buch *Sind wir alle käuflich? Weshalb Korruption die Politik und unser Leben durchdringt* verfasst. Der Mann ist also ein Profi auf dem Gebiet. Im November 2013 verfasste Greven einen Kommentar für seinen Arbeitgeber, in dem er behauptet, wir würden nur US-Helden verehren, die sich gegen ihren eigenen Staat stellten.[240]

Als Beispiel führt Greven die Verehrung von Barack Obama an, die spätestens in dem Moment stoppte, als sich dieser auf die Seite der NSA stellte. Dafür lieben wir Deutschen jetzt Edward Snowden, laut Greven »der Gegenspieler« des Präsidenten. Er schreibt: »Warum bewundern viele Deutsche diesen Edward Snowden so? Weshalb würden sie ihm am liebsten die deutsche Staatsbürgerschaft ehrenhalber verleihen, mindestens aber Asyl gewähren, damit er sicher ist vor Obamas Häschern? Obwohl er eine Untat begangen hat, die ihm, wäre er als Deutscher zu den Chinesen oder Russen übergelaufen, wohl nur wenige nachsehen würden: Verrat.«[241] Greven unterstellt den Deutschen ganz offenen Antiamerikanismus, der sich unter anderem deshalb gebildet hat, weil die USA uns von den Nazis befreien mussten, uns die Demokratie aufzwangen und über 50 Jahre als Schutzmacht fungierten. Böse Amis! Außerdem hätte Deutschland einen Minderwertigkeitskomplex gegenüber der Größe und Macht des Landes, dessen Lebensstil in der westlichen Welt als Ideal gilt. Greven schließt ab mit den Worten: »Was Snowden sowie den mittlerweile vierlerorts als Antihelden geltenden Obama tatsächlich antreibt, in welchen Zwängen sie jeweils gefangen sind, das interessiert die wenigsten. Es reicht ja jeweils zu wissen, wer gerade der Gute und wer der Böse ist. Bis zum nächsten Showdown.«[242]

So, liebes Deutschland, da hast du es. Oberflächlich bist du, immer gegen die Amis, naiv und außerdem schlecht informiert! Was ja alles sein mag. Aber abgesehen davon, dass sich Greven sein Vokabular ganz offensichtlich von den Gegnern Snowdens geborgt hat (»Verräter«), widerspricht er sich massiv. Denn einerseits bezeichnet er Snowden als Patrioten, der in seinen Ansichten eher zur mittlerweile rechtslastigen »Tea-Party-Bewegung« der Republikaner passen würde als zu den Grünen von Hans-Christian Ströbele (was in einigen Punkten sicher stimmt). Andererseits behauptet Greven, Snowden sei zu den Chinesen oder Russen übergelaufen. Ungeachtet dessen, dass es für diese Behauptung keinerlei Beweise gibt und Snowden selbst sie immer wieder abstreitet – welcher durch und durch patriotische Anhänger der »Tea-Party-Bewegung« würde denn bitte ausgerechnet zu einem dieser beiden Staaten überlaufen? Warum sind die deutschen Snowden-Anhänger naiv, wenn sie eine spionagefreie Welt bevorzugen? Und warum, zur Hölle, suchen wir uns alle, wenn wir schon so antiamerikanisch eingestellt sind, nicht lieber Helden aus Griechenland, Bangladesch oder Turkmenistan, anstatt einen blassen US-Boy zu unterstützen? Fragen, die in diesem Kommentar leider unbeantwortet bleiben.

GRUND 88

Weil er einen Vorgänger hat, den kaum jemand kennt

Kennen Sie Russell »Russ« Tice? Vermutlich würden auch die allermeisten US-Bürger bei diesem Namen mit den Schultern zucken. Dabei müsste Tice eigentlich berühmt sein. Denn im Rahmen seiner fast 20-jährigen Karriere als Geheimdienstmitarbeiter bei verschiedenen US-Diensten, zuletzt bei der NSA, hat er eine Menge Dinge gesehen, die er nicht für sich behalten wollte. Zudem fühlte er sich von verschiedenen Stellen verfolgt. Ähnlich wie Edward Snowden veröffentlichte er zuerst keine Daten, sondern versuchte, Vorgesetzte auf die von ihm als solche empfundenen Missstände aufmerksam zu machen. Mit dem Erfolg, dass er von seinem Arbeitgeber psychologisch untersucht wurde und eine paranoide Persönlichkeitsstörung attestiert bekam. Das Ende seiner Karriere bei den Diensten, die ihn erst zur Wartung der hauseigenen Fahrzeugflotte abkommandierten und ihn im Mai 2005 ganz entließen.

Wenige Monate später wurde dem Ex-Mitarbeiter von NSA-Seite noch mal erklärt, dass seine Bedenken jeglicher Grundlage entbehren würden. Im Dezember 2005 unterstellte der Whistleblower hochrangigen Mitarbeitern verschiedener Dienste, gegen die Verfassung zu verstoßen, indem sie ohne Erlaubnis eines Gerichts diverse »schwarze Operationen« (»black ops«) durchführen würden. Also Operationen, von denen die Menschen niemals etwas erfahren würden und die sich im Graubereich der Legalität bewegen (wenn überhaupt). Dies löste eine Diskussion in den USA aus, die bis heute anhält. Plötzlich tauchten in Zeitungen verschiedene Berichte über illegale Vorgehensweisen der NSA und anderer Organisationen auf. Tice wies Ende 2005 und Anfang 2006 zudem auf die Möglichkeit hin, dass unzählige Bürger von ihren eigenen Geheimdiensten ausgespäht werden könnten. Da sein Ruf dank der Diagnose in der Öffentlichkeit ruiniert war, besaß er nicht die Glaubwürdigkeit späterer Whistleblower. Konservative Medien wie *Fox News* versuchten aktiv, den Mann als Verrückten darzustellen. Außerdem warfen Kritiker dem Ex-NSA-Mitarbeiter vor, für gesicherte Informationen schon zu lange ausgeschieden zu sein. Gerade im Technologiebereich liegen zwischen wenigen Monaten schon Welten. Trotzdem kündigte Tice an, versuchen zu wollen, vor dem Kongress und anderen Ausschüssen auszusagen. Bei diesem Versuch ist es wahrscheinlich bis heute geblieben, eine offizielle Einladung ist nie erfolgt.

Tice nutzte die Aufmerksamkeit, die Snowden erhielt, um weitere Details aus seiner Arbeit preiszugeben. So soll die NSA systematisch die wichtigsten Menschen des Landes überwachen, um im Zweifelsfall eingreifen zu können, so der Whistleblower am 9. Juli 2013 in der US-Fernsehsendung *Breaking the Set*. Daraus schlussfolgerte Tice, dass es nicht mehr die Parteien und Politiker seien, die die USA führen würden, sondern die Geheimdienste. Eine gewagte These, die in der Heimat von Tice aus den oben genannten Gründen auf wenig Resonanz stieß. Die Weltveränderer müssen anscheinend weiter auf Snowden setzen.

GRUND 89

Weil er den ehemaligen Präsidentschaftskandidaten Ron Paul unterstützte

Ronald »Ron« Paul gehört in den USA zu den bekanntesten liberalen Politikern überhaupt. 1988 trat er für die Libertarian Party (eine der sogenannten Drittparteien in den USA) zur Präsidentschaftskandidatur an, 2008 und 2012 versuchte er selbiges für die Republikaner, wurde aber von anderen Kandidaten aus dem Rennen gedrängt. Wenige Tage nach Edward Snowdens erstem Interview im Juni 2012 wurde bekannt, dass der Whistleblower zu den Unterstützern von Paul gehört. Im Jahr 2008 spendete Snowden dem Kandidaten innerhalb weniger Wochen zweimal 250 Dollar. Laut eigenen Angaben glaubte Snowden damals zwar den Versprechungen von Barack Obama, entschied sich bei der Wahl aber doch für einen Drittkandidaten.

Ron Paul, der als erklärter Gegner des »Patriot Act« und des »Department of Homeland Security« gilt, ist für einen Vertreter der republikanischen Partei erstaunlich weltoffen. So ist er unter anderem dafür, Cannabis zu medizinischen Zwecken freizugeben, und spricht sich gegen ein Verbot von gleichgeschlechtlichen Ehen aus. 2013 trat

Paul von seinem Amt als Abgeordneter des Repräsentantenhauses zurück. Als Unterstützer von WikiLeaks steht er Whistleblowern grundsätzlich positiv gegenüber, so auch Edward Snowden. Am 10. Juni 2013 veröffentlichte der Politiker ein Statement: »Ich wünschte, ich könnte sagen, die Nachricht, dass die NSA Millionen von verizon-Kunden ausspäht, hätte mich überrascht. Doch es ist das vorhersehbare Ergebnis einer Regierung, die unablässig unsere Freiheiten aushöhlt und uns dafür die Hoffnung auf einen Funken mehr Sicherheit gibt. Wir sollten dankbar für Individuen wie Edward Snowden und Glenn Greenwald sein, die das Unrecht ihrer eigenen Regierung erkennen und es trotz der Risiken öffentlich machen. Sie haben der amerikanischen Öffentlichkeit einen großen Dienst erwiesen, indem sie die Wahrheit ans Licht brachten und allen zeigten, was unsere Staatsmacht hinter verschlossenen Türen treibt.«[243] Wenige Monate später forderte er in der TV-Sendung von Larry King, dass Whistleblower wie Manning oder Snowden als Helden bezeichnet werden. »Ein Typ wie Snowden wusste genau, was er da vor sich hatte. Er kannte das Risiko. Obwohl ich ihn nie persönlich getroffen habe, bin ich mir sehr sicher, dass er das, was er tat, für die Menschen gemacht hat. Solche Menschen dürfen wir nicht als Verräter beschimpfen.«[244] Es gibt wenige Politiker, gerade in den USA, die sich mit einer solchen Deutlichkeit für Edward Snowden einsetzen. Und Snowden braucht solche öffentlichen Unterstützer mit Reputation dringend. Die 500 Dollar Spendengeld waren damals also verdammt gut angelegt.

GRUND 90

Weil er es bis nach South Park, Colorado, geschafft hat

Wenn Ihnen auf der Straße ein fettes Kind über den Weg läuft, das dauernd »Kampfkoloss, Kampfkoloss« brüllt, oder ein anderes, offensichtlich armes Kind vor ihren Augen stirbt, um dann kurz darauf wieder quicklebendig herumzuspringen, dann sind Sie in South Park, Colorado. Die ungelenke Zeichentrickserie in dieser (fiktiven) Kleinstadt hat nicht nur unzählige Auszeichnungen gewonnen, sondern ist auch bekannt dafür, aktuelle Ereignisse zu persiflieren. Und tatsächlich hat es Edward Snowden, beziehungsweise der NSA-Skandal, tatsächlich in die Sendung geschafft.

In der Folge *Let Go, Let Gov* (erste Folge der 17. Staffel, insgesamt Folge 238) beschwert sich Eric Cartman darüber, dass seine Freunde ihn beim Telefonieren belauschen, und vermutet, dass Kumpel Kyle ein Spitzel der NSA ist. Deshalb lässt er sich ein neues System mit dem Namen »Shitter« ins Hirn pflanzen, mit dessen Hilfe seine Gedanken direkt ins Internet übertragen werden. So ausgestattet lässt sich Cartman unter dem großartigen Pseudonym Bill Clinton von der NSA anwerben, wo er E-Mails und Telefone von Bürgern überwachen soll. Zu seinem Entsetzen muss der dicke Junge mit der Bommelmütze feststellen, dass ihn die NSA als »fett und unwichtig« eingestuft hat. Cartman ist tief getroffen, forscht aber weiter und findet heraus, dass der Geheimdienst den Weihnachtsmann dazu zwingt, seine Fähigkeiten für das Böse einzusetzen. Außerdem ist Cartman entsetzt, dass sich keiner seiner Landsleute an den Methoden der Geheimdienste zu stören scheint. Nicht zuletzt aus Angst davor, dass er jetzt als Mitwisser all dieser schrecklichen Fakten Asyl in Russland suchen muss, sucht er Trost bei einer Massenevangelisation.

Ob Edward Snowden mit ähnlichen Gedanken spielt, ist unbekannt. Zumindest gibt es ein Foto von ihm mit der Christ-Erlöser-Kathedrale in Moskau im Hintergrund. Aber zumindest darf er sich geehrt fühlen, dass sich eine der populärsten Zeichentrickfiguren seiner Heimat in dieser Art vor ihm verbeugt.

KAPITEL 10

WIR SIND DAS VOLK

GRUND 91

Weil er sich um die Jugend der Welt sorgt

Menschen, die sich um die Weihnachtszeit im Fernsehen öffentlichkeitswirksam um die Zukunft der Kinder und Jugend sorgen, gibt es zuhauf. Weihnachten 2013 reihte sich allerdings ein Mann in diese Gruppe ein, von dem man so etwas nicht unbedingt erwartet hätte. Edward Snowden durfte auf dem britischen Channel 4, der ausgerechnet mit der Reality-Serie *Big Brother* seine größten Erfolge feierte, die alternative Weihnachtsansprache halten. Diese Ansprache hat bei Channel 4 Tradition, vor Snowden hatten unter anderem bereits Marge Simpson und Ali G. (alias Sacha Baron Cohen) die Ehre, der Queen mit ihrer Weihnachtsansprache die Stirn zu bieten.

Snowden, im schwarzen Jackett und rosa Oberhemd, wirkte während seiner kurzen Botschaft von etwas mehr als drei Minuten relativ ausgeruht. Er sprach unter anderem davon, dass er seine Mission, die Bevölkerung vom Umfang der Machenschaften der NSA zu informieren, als erfüllt ansehe, da er den Journalisten die Möglichkeit gegeben habe, die Geschichte zu erzählen. Wörtlich sagte er: »Ich wollte nicht die Gesellschaft verändern. Ich wollte der Gesellschaft eine Chance geben, zu entscheiden, ob sie sich selbst ändern will.«[245] In seiner Weihnachtsansprache, die Teil eines Interviews mit dem Freelancer Barton Gellman in der *Washington Post* war, regte der Whistleblower aus North Carolina einen weiteren Gedanken an: Kinder in der heutigen Zeit würden nicht einmal mehr wissen, was private Momente eigentlich seien. Wörtlich sagte er: »Das ist ein Problem, weil es auf die Privatsphäre ankommt. Die Privatsphäre erlaubt uns zu bestimmen, wer wir sind und wer wir sein wollen.« Das ist aus pädagogischer Sicht wahrscheinlich nicht ganz haltbar, besitzt aber einen wahren Kern. Ein einfacher Vergleich beweist dies: Wer im Jahr 1984 Kind war, verbrachte seine Freizeit auf dem Fußballplatz, in Baumhäusern oder auf irgendwelchen Feldern. Wer in der Stadt wohnte und ein bisschen Glück hatte, konnte vielleicht noch die ersten Schritte des Privatfernsehens verfolgen oder saß vor seinem nagelneuen C64, wo sich in Spielen wie *Aztec Challenge*, *Decathlon* oder *Falcon Patrol* Flugzeuge, Leichtathleten und Krieger längst untergegangener Kulturen aus dem Pixelbrei schälten. Wenn Mutti die eigene Brut nach Hause holen wollte, hielt sie den Kopf aus dem Küchenfenster und brüllte dreimal den entsprechenden Namen. Wenn das Kind nicht reagierte, musste Mutti losstapfen und es wieder einfangen. Heute reicht ein Knopfdruck, und die böse Miene der Erzeuger erscheint auf dem Display des Smartphones. Programme zur Ortung des Gerätes gibt es zuhauf (auch wenn der Gebrauch für Privatpersonen ohne Zustimmung des Georteten rechtlich äußerst problematisch ist). Der PC geht bei Start automatisch ins Internet, jeder Chat-Eintrag und jeder Webseiten-Besuch wird registriert. Big Browser is watching you. Viele Erwachsene machen sich keinerlei Gedanken darüber, wie viele Informationen für Dritte sie mit ihren Handys und ihren Aktivitäten im Internet hinterlassen. Warum sollten sich also Kinder darum kümmern?

Fakt ist, dass ein Kind in der heutigen Zeit mehr als nur Fußspuren im Sand hinterlässt. Und damit steigt die Gefahr, dass sich andere diese Spuren zunutze machen, um zum Beispiel gezielte Werbebotschaften zu lancieren. Das ist hier vielleicht noch der harmloseste Fall von Datenmissbrauch. Privatsphäre ist somit nicht nur für Erwachsene, sondern auch für Kinder wichtig. Und es wäre schön, wenn die nachfolgende Generation diesen Begriff nicht nur vom Hörensagen kennen würde.

Weil man sich bei ihm ganz einfach bedanken kann

Haben Sie nicht auch schon mal das Bedürfnis gehabt, sich bei Edward Snowden für seinen selbstlosen Einsatz für Ihre Rechte zu bedanken? Nein? Dann lesen Sie eindeutig das falsche Buch. Allen anderen sei gesagt, dass sie auf der Website www.thanksnowden.com ganz einfach ein Foto und/oder eine Grußbotschaft an den Whistleblower absetzen und so ihre Unterstützung kundtun können. Und von dieser Möglichkeit machen eine Menge Menschen Gebrauch. So posten Schulkinder ebenso wie Senioren. Mutige zeigen dabei ihr Gesicht, andere bevorzugen die Anonymität. Besonders Kreative zeichnen Comics oder Porträts, und manchmal bedankt sich sogar ein Haustier für den Kampf um ihre Privatsphäre. Hunde, Katzen oder Pinguine (ja, auch die gibt es) sollten allerdings eh nicht zu viel Zeit vor dem Computer verbringen. Das ist nicht gut für ihre Entwicklung.

Die Webseite wird von zwei Organisationen betrieben, namentlich *Fight For The Future* und *Center For Rights*. Die letztgenannten sind in Boston ansässig und setzen sich für ein freies Internet, den Schutz der Privatsphäre im Internet und junge Aktivisten (hier »Hacktivisten« genannt) ein, die Probleme mit der Polizei oder anderen bekommen haben. Außerdem protestieren sie gegen Zensurmaßnahmen im World Wide Web. *Fight For The Future* wurde 2011 in Worcester, Massachusetts, von der Aktivistin Tiffiniy Cheng und ihrem Kollegen Holmes Wilson gegründet. Die Aufgaben, die sich die Non-Profit-Organisation stellt, decken sich nahezu mit denen von *Center For Rights*, allerdings hat *Fight For The Future* eine größere Außenwirkung. So initiierte die Gruppe 2012 den wahrscheinlich größten Internet-Protest überhaupt, um gegen den Gesetzesentwurf »Stop Online Piracy Act« (SOPA) in den USA zu protestieren (in Europa stieß ein ähnliches Vorhaben unter dem Namen ACTA auf ähnlich großen Protest). Was im Titel erst mal vernünftig klingt, hätte dem US-Justizministerium weitreichende Rechte (unter anderem zur Zensur) eingeräumt und das Internet wahrscheinlich völlig verändert. Große Anbieter wie Facebook oder amazon drohten damit, ihre Seiten vollständig abzuschalten, Wikipedia ging aus Protest für 24 Stunden vom Netz, Google blendete für einige Zeit einen Zensurbalken über dem eigenen Schriftzug ein. *Fight For The Future* gehörte zu den Koordinatoren des Protestes und konnte nach eigenen Angaben über 115.000 Webseiten zu einer Teilnahme bewegen. Dabei spielte es keine Rolle, ob es sich um riesige Unternehmen oder um Einzelpersonen handelte. Angeblich gingen rund drei Millionen Protest-Mails im US-amerikanischen Kongress ein. Die Gesetzesvorlage wurde daraufhin nicht weiter vorangetrieben.

Fight For The Future verbuchte dies als großen Erfolg und erstellte wenige Wochen nach den Protesten gemeinsam mit Reddit-Gründer Alexis Ohanian eine Webseite mit dem Titel »International Defense League« mit einer grinsenden Katze als Maskottchen. Die hat aber durchaus ihren Sinn, denn sie lehnt sich an das »Bat-Signal« der berühmtesten Fledermaus der Welt an, wie Tiffiniy Cheng in einem Interview mit CNN erklärte: »Das ist unser »Cat-Signal«, denn für uns ist die Katze das Symbol für das Internet. Es gibt da diese wissenschaftliche Theorie, dass die Leute sofort in Massen protestieren, wenn man ihnen die Möglichkeit nimmt, im Internet niedliche Katzenbilder auszutauschen. Die Idee dahinter ist, eine Infrastruktur zu schaffen, die es uns ermöglicht, mit einem Knopfdruck unzählige Webseiten mit unserem »Cat«- oder »Bat-Signal« zu informieren, dass etwas im Busch ist, und sie so zum Protest aufzurufen.«[246] Womit der endgültige Beweis erbracht wäre, dass auch Frauen prima Nerds abgegeben.

Mit Aktionen dieser Art zog *Fight For The Future* das Interesse der Medien auf sich. Neben den üblichen Verdächtigen wie *The*

Washington Post oder *The Guardian* berichteten auch *The Huffington Post*, die *Los Angeles Times* und sogar das Musikmagazin *Rolling Stone* über die Organisation. Für ihre Kampagne »Thank You Edward Snowden« haben sich Cheng und Co. allerdings noch etwas anderes ausgedacht. In Washington fahren tatsächlich Linienbusse umher, die eine riesige Anzeige schmückt. Neben dem Konterfei des Whistleblowers ist auch die Webseite angegeben, auf der man sich bei Snowden bedanken kann. Der Widerstand aus dem Untergrund kommt in der Mitte der Gesellschaft an. Das würde wohl sogar Batman gefallen.

GRUND 93

Weil er den Summer Of Snowden auslöste

Erinnern Sie sich noch an den »Summer of Love« im Jahre 1967? Ich leider nicht, denn ich wurde erst acht Jahre später (und auch noch im Winter) geboren. Aber man hört ja so viel davon. Die Menschen zogen auf die Straße und demonstrierten gegen das Verbot von LSD. Weil Freiheit nicht nur wörtlich, sondern allumfassend propagiert wurde, gründeten sich diverse Geschäfte, in denen es alles umsonst gab. Sogar eine Umsonst-Klinik für notorisch klamme Hippies öffnete ihre Pforten. Mädchen hatten Blumen im Haar, und Männer auch. Konnte man damals sowieso nicht unterscheiden. Und dann gab es das Monterey International Pop Festival, das eigentliche Woodstock der Szene, auf dem Jimi Hendrix, Jefferson Airplane, Grateful Dead, The Mamas & The Papas und viele andere auftraten. Der »Summer of Love« endete am 6. Oktober 1967 bei der Veranstaltung »Death of a Hippie«, als ein solcher symbolisch zu Grabe getragen wurde. Hippie sein war keine Lebenseinstellung mehr, sondern eine Modeerscheinung, der sich jeder Hinz und

Kunz anschloss, ohne das wirkliche Gefühl dahinter zu kennen. Glaubten zumindest die, die sich für die Gralshüter der Lehre hielten.

Natürlich, die Welt der Hippies dürfte Edward Snowden so fremd sein wie eine Computertastatur mit kyrillischen Zeichen. Und doch erfand irgendein schlauer Journalist im Herbst 2013 den Begriff »Summer of Snowden«. Wie das in diesen Kreisen üblich ist, verbreitete er sich in Windeseile. Und plötzlich tauchte der Begriff in jeder zweiten Publikation auf. Auch deutsche Blätter übernahmen den Terminus, der eigentlich gar nicht viel bedeutet. Er klingt einfach schick und deutet an, dass Snowden im Sommer 2013 die Schlagzeilen beherrschte. Es ist nicht mal wertend gemeint, sondern beschreibt einfach nur den Zustand. Doch wie beim »Summer of Love« werden sich spätere Generationen fragen, ob er etwas in der Gesellschaft verändert hat. Das lässt sich mit »wahrscheinlich ja« beantworten. Und dem Zusatz »aber nicht viel«. Oder vielleicht doch? Der britische Wissenschaftler Dr. Philip Garnett von der University of Durham versuchte auf dem 30. Treffen des Chaos Computer Clubs im Dezember 2013 in Hamburg eine Antwort darauf zu finden, was in besagtem Sommer eigentlich passiert ist. Im Blog seines Institutes (Institute of Hazard, Risk and Resilience) schrieb er unter dem Titel *The Cold after the Summer of Snowden* (»Die Kälte nach dem ›Summer of Snowden‹«) über die seltsame Atmosphäre, die auf diesem Kongress herrschte. Alle sollten eigentlich die gleiche Sprache sprechen, aber irgendetwas war zwischen all die Forscher, Computerfreaks und Hobby-Hacker getreten, was niemand artikulieren konnte. »Die Stimmung wurde von Aram Bartholl aufgegriffen, der uns ein sehr unterhaltsames Video zeigte, in dem er in einem falschen Google-Auto quer durch Europa fuhr. Nach der Vorführung versuchte er in Worte zu fassen, dass es auch für ihn wirklich lustig war, mit dem nachgemachten Auto herumzufahren. Aber nach dem ›Summer of Snowden‹ fehlte ihm irgendetwas an seiner Aktion. Was dieses ›Etwas‹ war, konnte er nicht sagen. Er war wortwörtlich sprachlos. Die gemeinsame Unfähigkeit der Forscher und Techniker, der Künste und Künstler, das zu verarbeiten, was die veröffentlichen NSA-Dokumente für uns alle bedeuten, hat meinen Versuch, selbst eine Lösung für das Problem zu finden, ersetzt. Wir wurden alle sprachlos zurückgelassen.«[247]

Oder um es in einfacheren Worten auszudrücken: Die Revolution frisst ihre Kinder. Aber auch das ist für die Alt-Hippies unter uns nichts Neues.

GRUND 94

Weil er sich um das gute alte Briefgeheimnis sorgt

Hätten Sie gewusst, dass das Postgeheimnis hierzulande bereits 1712 in der preußischen Postordnung festgehalten wurde? Und auch in vorherigen Jahrhunderten gab es unter Herrschern die Vereinbarung, verschlossene Briefe, die durch Boten überbracht wurden, nicht zu öffnen. 1919 wurde das Postgeheimnis in Artikel 117 der Weimarer Verfassung sogar zum Grundrecht erklärt (heute Artikel 10 Absatz 1 des Grundgesetzes), auch wenn es in den nachfolgenden Jahrzehnten immer mal wieder böse ausgehebelt wurde. Weder die Nazis noch die Stasi hatten viel dafür übrig. 1968 wurde dieses Grundrecht im Zuge der Notstandsgesetze aufgeweicht, es folgten weitere Einschränkungen wie zum Beispiel im Rahmen der Einführung der Antiterrordatei im Jahr 2007. Aber grundsätzlich gilt: Das Briefgeheimnis sowie das Post- und Fernmeldegeheimnis sind unverletzlich. Und so ähnliche Paragrafen gibt es in allen Verfassungen demokratischer Staaten. Auch in der der USA.

Man hat es geahnt, aber bis 2008 nicht gewusst. Wer Tante Hertha von Deutschland aus mal eine ordentliche Schokolade oder Bohnenkaffee in die Vereinigten Staaten schickt, muss damit rechnen, dass das Paket von findigen Beamten auf Anthrax oder Sprengsätze kontrolliert wird. Das mag im Verdachtsfall sogar sinnvoll sein, man erinnere sich an die Paket-Anschläge mit Milzbranderregern im Herbst 2001. Die USA gehen allerdings noch einen Schritt weiter und fordern seit Jahren alle erdenklichen Informationen über den Absender und den Inhalt seiner Sendung an. Und das, noch bevor das Päckchen, das Paket oder der Brief im gelobten Land eintreffen. So soll nicht nur die Einfuhr gefährlicher Stoffe unterbunden werden. So ganz nebenbei entsteht eine riesige Datenbank mit allerlei Informationen über ausländische Postnutzer. Eigentlich ein riesiger Aufreger, der in Europa aber scheinbar kaum jemanden interessierte. Als die Meldungen 2008 durch die Zeitungen geisterten, blieb die Resonanz bescheiden.

Erst Anfang Juli 2013 wurde das ganze Ausmaß dieses Überwachungswahnsinns bekannt. Im Rahmen der Snowden-Enthüllungen kam ans Licht, dass die USA auch die inländische Post mit einer Akribie überwachen, die an Verfolgungswahn grenzt. Im Jahr 2012 sollen unglaubliche 160 Milliarden inländische Postsendungen kopiert, fotografiert und archiviert worden sein. Das Programm trägt den Titel »Mail Isolation Control And Tracking« (MICT) und umfasst jeden einzelnen Briefkontakt. An sich würde jedes einzelne Abfangen einer Sendung auch in den USA eines richterlichen Beschlusses bedürfen. Doch das ist in der Theorie schon kaum vorstellbar, geschweige denn in die Praxis umzusetzen. Vermutlich läuft es andersherum, und die Ausnahme von der Regel, also ein nicht zu öffnender Brief, wird vom zuständigen Richter durchgewunken.

Erstaunlicherweise kamen diese Details nicht von Snowden direkt, sondern von einem US-amerikanischen Bürger namens Leslie James Pickering. Laut einem Artikel der WAZ ist Pickering Umweltaktivist und ehemaliger Sprecher der Organisation *Earth Liberation Front.*[248] Die Mitglieder dieser Umweltorganisation wurden vom FBI als »Ökoterroristen« eingestuft, unter anderem gehören Wirtschaftssabotage gegen umweltfeindliche Unternehmen und das Befreien von Tieren aus Forschungseinrichtungen zu ihren Aktionen. Die Anhänger selbst verwahren sich dagegen, als Terroristen eingestuft zu werden. Pickering löste sich vor einigen Jahren von der Gruppe, schrieb Bücher und hielt Vorträge zu Umweltthemen. Ihm gehört ein Buchladen in Buffalo. Im Sommer 2013 stellte er fest, dass in einem an ihn adressierten und noch verschlossenen Umschlag eine handgeschriebene Karte mit den Worten »Alle Briefe sind dem Supv (= Supervisor – Anm.d.A.) zum Kopieren vorzulegen, bevor der Brief ausgeliefert wird«[249] lag. Eine Anmerkung, die keine Fragen mehr offen lässt.

Pickering entschied sich, im Juli 2013 an die Öffentlichkeit zu gehen. Unter normalen Umständen wäre das Thema vielleicht versandet. Doch durch die Snowden-Enthüllungen war die Öffentlichkeit sensibilisiert und fragte nach. Pickering selbst reichte Klage ein. Und auch in Deutschland begannen sich die Menschen zu fragen, wie viele Briefe und Päckchen eigentlich ungeöffnet bei ihrem Empfänger ankommen. Und eine öffentliche Debatte ist das Mindeste, was so eine Enthüllung lostreten sollte. Manch einer lächelte, als der berühmte Whistleblower Daniel Ellsberg im Rahmen der Snowden-Affäre von der »Vereinigten Stasi von Amerika« sprach. In Wahrheit scheint dieser Vergleich zumindest in diesem Punkt ziemlich passend.

GRUND 95

Weil er uns Botschaften zukommen lässt

Man muss schon sehr gute Augen haben, um diese Botschaft von Edward Snowden zu entziffern. Im ARD-Interview mit dem Journalisten Hubert Seipel im Januar 2014 trug Snowden nämlich ein weißes Oberhemd (knitterfrei) mit einem winzigen gestickten »O« auf der Brusttasche. Experten der Herrenoberbekleidung wissen, das ist das Emblem der schwäbischen Marke OLYMP aus Bietigheim-Bissingen. Dies nahm die *Stuttgarter Zeitung* zum Anlass, in einem humoristischen Artikel zu spekulieren, ob Snowden uns damit eine Nachricht senden wolle.[250] War das eine verkappte Asylanfrage an Deutschland? Hält er sich bereits in Baden-Württemberg auf? Möchte er sich um einen neuen Arbeitsplatz im beschaulichen Örtchen an der Enz bewerben? Am Ende gar als Model?

Möglich, aber es gibt noch andere Interpretationsmöglichkeiten. Schließlich fanden die »Olymp«ischen Winterspiele 2014 in Russland statt. Oder wählte Snowden das Hemd mit dem kleinen »O« etwas deshalb, um eine Kamera in seiner Brusttasche zu verstecken? Schließlich ist er nachweislich ein Experte der Gegenspionage. Oder war es am Ende einfach nur Zufall? Das ist im Geschäft der Geheimdienste schwer zu sagen. Aber vorsorglich hat die *Stuttgarter Zeitung* schon mal einen sich nicht reimenden Werbespruch aufgelegt, den der schwäbische Bekleidungshersteller verwenden kann, sollte es den Whistleblower wirklich nach Schwaben verschlagen: »Als Vogelfreier trägt man bügelfrei: Olymphemden aus Bietigheim.«[251] Snowden sollte sich allerdings gut überlegen, ob er in einem Landstrich, in dem man für solch Lyrik nicht mal bestraft wird und in dem der Kartoffelsalat in einer lauwarmen Brühe schwimmend serviert wird, wirklich leben und arbeiten möchte.

GRUND 96

Weil er von den Lesern des *Guardian* zur Person des Jahres 2013 gewählt wurde

Jedes Jahr ruft der britische *Guardian* seine Leser dazu auf, die »Person des Jahres« zu wählen. Die Mitarbeiter des Blattes stellen eine Liste mit zehn Personen auf, unter denen ausgewählt werden kann. 2013 gewann Edward Snowden mit großem Vorsprung diese Wahl. Von etwas mehr als 2.000 Teilnehmern stimmten 1.445 für den Whistleblower.

Stellvertretend für die 30 Greenpeace-Aktivisten, die am 18. September 2013 an Bord der Arctic Sunrise gegen Ölbohrungen in der Arktis protestierten und wegen »Rowdytums« verhaftet wurden, standen der Schweizer Marco Weber und die Finnin Sini Saarela zur Wahl. Die mittlerweile wieder freigelassenen Umweltschützer wurden mit 314 Stimmen auf Platz zwei gewählt. Jorge Mario Bergoglio, seit März 2013 besser als Papst Franziskus bekannt, erreichte 153 Stimmen, knapp gefolgt von der britischen Bloggerin und Journalistin Jack Monroe, die sich, wie Papst Franziskus, die Armutsbekämpfung auf die Fahnen geschrieben hat. Alle weiteren Kandidaten spielten keine große Rolle. Im Jahr zuvor hatte der Whistleblower Bradley (heute Chelsea) Manning mit einem ähnlichen Abstand die Abstimmung gewonnen.

In dem dazugehörigen Artikel verweisen die Autoren darauf, dass nur sechs Monate zuvor kein Mensch je den Namen Edward Snowden gehört hat, und nur wenige außerhalb der USA hätten beantworten können, wofür die drei Buchstaben NSA stehen.[252] Und auch die Spuren, die jeder Nutzer im Internet hinterlässt, wären nur für Experten und einige besonders kritische Surfer interessant gewesen. Edward Snowden änderte alles. Im Artikel wird auch noch mal darauf hingewiesen, welche Anstrengungen und Opfer der Whistleblower auf sich nahm (und nimmt), um die Wahrheit an die Öffentlichkeit zu bringen. Die Angst vor einer Gefängnisstrafe von 35 Jahren (wie Manning) oder mehr sei allgegenwärtig.

Ähnlich äußern sich einige Leser/innen, die für Snowden gestimmt haben. So wird eine Dame mit den Worten zitiert: »Er hat seine Zukunft für demokratische Werte, Transparenz und Freiheit geopfert.« Ein Leser schrieb: »Wir brauchen Menschen wie ihn, die ihr eigenes Leben zurückstellen, um für die Freiheit aller zu kämpfen. Seien wir ehrlich, sein Leben ist zu Ende, sobald er zurück in die USA geht. Er wird Jahrzehnte im Gefängnis verbringen, seine persönlichen Opfer sind immens.« Ein anderer Leser stimmte für Snowden, »wegen seines großen und beispielhaften Mutes und der historischen Dimension seiner couragierten Tat. Er hat zu jedem Zeitpunkt eine erstaunliche Integrität und Geistesgegenwart bewiesen. Er ist ein großartiger Amerikaner und internationaler Patriot.« Aber natürlich gibt es auch andere Meinungen, wie die Reaktion dieses Lesers beweist: »Gefängnis zu riskieren, um die Privatsphäre zu schützen, ist eine Sache. Verletzungen oder gar den eigenen Tod in Kauf zu nehmen, um den Planeten zu schützen, wie es Greenpeace-Aktivisten oft tun, eine ganz andere.«

Neben diversen anderen Publikation schrieb auch das *Time Magazine* 2013 wieder eine Liste mit zehn Menschen aus, die »Person of the Year« werden konnten. Anders als beim *Guardian*, zählt beim *Time Magazine* allerdings nicht die Popularität bei den Lesern, sondern nur, welcher Mensch im vergangenen Jahr für die meisten Schlagzeilen gesorgt und den größten Einfluss auf das Weltgeschehen hat. In positiver oder negativer Hinsicht spielt dabei keine Rolle. Der »Gewinner« oder die »Gewinnerin« wird von den Redakteuren bestimmt. Neben der Sängerin Miley Cyrus, dem Papst und Barack Obama (bereits zweimaliger Gewinner) war auch Edward Snowden nominiert. Im Vorfeld wurden dem Whistleblower die besten Chancen eingeräumt. Im *New Yorker* war noch vor der Bekanntgabe des ersten Platzes zu lesen: »Die Ernennung von

Snowden zur ›Person des Jahres‹, würde das, was in Washington und anderen Hauptstädten passiert, noch nicht per se ändern. Aber die Ehre, von den Redakteuren des weltweit bekanntesten Wochenmagazins ausgewählt worden zu sein, würde die Nachricht senden, dass Journalisten seinen Beitrag registriert und die Wichtigkeit der von ihm aufgeworfenen Fragen erkannt haben.«[253]

In der US-amerikanischen *Today Show* konnten die Zuschauer zwei Tage lang abstimmen, wen sie gerne als »Person of the Year« sehen würden. Das Ergebnis hatte zwar keinerlei Einfluss auf die tatsächliche Wahl, gilt aber als guter Gradmesser. Bei den Zuschauern setzte sich Papst Franziskus mit 59 Prozent der Stimmen deutlich vom Zweitplatzierten Snowden mit zwölf Prozent ab. Und so entschieden letztlich auch die Redakteure des *Time Magazine*. Doch Snowden wird die Niederlage verschmerzen können, schließlich ist es ja keine Ehrung im eigentlichen Sinne. Im Jahr 1938 belegte Adolf Hitler den ersten Platz, 1939 und 1942 folgte Josef Stalin.

GRUND 97

Weil er ein Gewinner ist

Ein Mensch, der einen sehr gut bezahlten Job, seine Familie, Freunde und Heimat aufgeben musste, der in Russland unter großen Sicherheitsvorkehrungen im Verborgenen lebt und den in seiner Heimat eine jahrzehntelange Haftstrafe erwartet, würde grundsätzlich nicht als Gewinner bezeichnet werden. In seinem großen »Weihnachtsinterview« mit Barton Gellman von der *Washington Post* sagte Edward Snowden allerdings genau das.[254] Er sehe sich als Gewinner. In dem Interview, das über zwei Tage 14 Stunden lang an einem geheimen Ort in Moskau stattfand, sagte er wörtlich: »Was meine persönlichen Ambitionen angeht, sehe ich meine Mission als erfüllt an. Ich habe bereits gewonnen. Als die Journalisten ihre Arbeit aufnahmen, hatte ich nicht mehr zu tun, als ihre Angaben zu bestätigen. Denn wie ich bereits sagte: Ich wollte nicht die Gesellschaft ändern. Ich wollte, dass die Gesellschaft die Chance bekommt, zu überlegen, ob sie sich ändern möchte. Die Gesellschaft sollte ein Mitspracherecht darüber haben, wie sie regiert wird.«[255]

Snowden, der sich auch durch die monatelang anhaltenden Angriffe der US-Regierung, auch von Präsident Barack Obama, nicht von seiner Meinung hat abbringen lassen, findet sich mehr und mehr bestätigt. Je mehr Details aus den von ihm entwendeten Dokumenten veröffentlicht werden, desto stärker geraten die NSA und ihre Helfer in die Kritik. Und auch die Kontrollbehörden müssen sich immer häufiger rechtfertigen. Mit Genugtuung hat Snowden auch das Urteil des US-Bundesrichters Richard J. Leon zur Kenntnis genommen, der im Zusammenhang mit dem amerikanischen Überwachungsapparat von »fast orwellschen Verhältnissen« sprach.[256] Snowdens Verbündeter, Julian Assange, feierte Snowden bereits im August 2013 als Sieger. In einem Statement, das auf der Webseite von WikiLeaks veröffentlicht wurde, schreibt Assange, dass die Öffentlichkeit ohne Snowden niemals etwas über die Ausspähprogramme erfahren hätte. Snowdens größte Sorge sei es gewesen, dass seine Enthüllungen folgenlos bleiben könnten, erklärte Assange. »Nun zeichneten sich Reformen ab, und der Präsident sowie das Volk der USA und andere Völker der Welt schuldeten Snowden Dank und Anerkennung.«[257] Dem vorausgegangen war eine Rede von Präsident Obama am 9. August 2013, in der er sich für mehr Transparenz aussprach und erklärte, man sei in der Lage, das Sammeln von Metadaten einzuschränken. Die *Neue Zürcher Zeitung* berichtete: »In Anspielung auf die Enthüllungen Snowdens sagte Obama, es sei zwar eine leidenschaftliche, aber nicht immer inhaltlich hochstehende Debatte über die Balance zwischen Sicherheit in einem krisenhaften globalen Umfeld und persönlicher Freiheit in den Vereinigten Staaten ausgebrochen. Er wolle sicherstellen, dass diese Debatte auf der Basis von Fakten geführt werde und in Maßnahmen münde, die einer freiheitsliebenden Demokratie angemessen seien.«[258] Assange wertete diese Aussagen als Sieg für Snowden.

In den folgenden Monaten machte der US-Präsident immer wieder Andeutungen in diese Richtung, baute in seine Reden aber grundsätzlich eine Hintertür ein. So sagte er im Januar 2014, dass befreundete Regierungschefs nicht mehr abgehört werden. Zudem betonte er, dass die gesammelten Daten in Zukunft nicht mehr unter der Kontrolle der Regierung stehen würden. Wer sie stattdessen kontrolliert, sagte Obama nicht. Sein Justizminister Eric Holder und die Geheimdienste sind damit beauftragt, neue Ideen auszuarbeiten. Außerdem stellte der Präsident klar, dass er sich nicht dafür entschuldigen würde, weil die Dienste der USA effektiver seien als andere.[259] Ob man solche Äußerungen wirklich als Sieg von Edward Snowden werten kann, ist momentan schlichtweg Ansichtssache und kann wahrscheinlich erst in einigen Jahren beantwortet werden.

Ganz sicher zu den Gewinnern der Enthüllungen zählen allerdings verschiedene Firmen, die IT-Sicherheit verkaufen. Laut einem Bericht des Schweizer *Tages-Anzeigers* hat sich der ehemalige E-Mail-Provider von Edward Snowden mit einem Konkurrenten zusammengetan, um die ultimativ sichere E-Mail zu entwickeln.[260] Versicherungsunternehmen wie die Zurich verzeichnen große Gewinne im Bereich »Cyber-Versicherung«. Seit August 2013 kann man sich bei dem Unternehmen gegen Angriffe aus dem Netz versichern. Ein Cloud-Anbieter aus dem Silikon Valley spannt den Whistleblower gleich namentlich ein. Das sogenannte »Snowden-Programm« soll Sicherheitslücken in der technischen Infrastruktur von Firmen finden, bevor sie jemand anderes findet. Ideen haben die Leute …

GRUND 98

Weil er Pizzaboten neuen Mut macht

Studentenjobs sind in der Regel ziemlich nervig und dazu schlecht bezahlt. Im Programmkino um die Ecke die drei Karten pro Abend abreißen, bei Glatteis und Schneeverwehungen auf dem Roller Pizza ausfahren oder Pakete von irgendwelchen Sub-Subunternehmen großer Firmen in Laster verladen – alles nicht schön. Edward Snowden entschloss sich in der zweiten Phase seines Informatikstudiums zwischen 2004 und 2005 für einen Job als Wachmann. In dieser Funktion passte er für einige Monate ironischerweise auf ein NSA-Gebäude auf, das sich auf dem Grundstück der University of Maryland befindet. Diese Nachricht löste eine gewisse Unruhe unter den Studenten der Universität aus, von denen viele überhaupt nicht wussten, dass sich eine solche Einrichtung auf ihrem Campus befindet. Wenige Tage nach Snowdens ersten Enthüllungen schrieb die hauseigene Studentenzeitung *The Diamondback*: »Wir wissen nicht, in welchem Gebäude und wo genau Snowden gearbeitet hat. Aber die NSA hat Kontakt zu verschiedenen Einrichtungen dieser Universität, unter anderem zu den Laboren der physikalischen Wissenschaften, dem Büro für Technologiekommerzialisierung und dem Labor der Telekommunikationsforschung.«[261] Wenige Tage später wurde bekannt, dass Snowden im Center for Advanced Study of Language (CASL) tätig war, in dem die NSA eine Forschungsstelle betreibt.

Viel wichtiger aber ist, dass Snowden es geschafft hat, von einem (vermutlich) mies bezahlten Jobber zur größten Gefahr für seinen ehemaligen Arbeitgeber zu werden. Und das innerhalb von nicht einmal zehn Jahren. Der Traum eines jeden Pizzaboten, der sich Tag für Tag herumscheuchen lassen muss, und der wahrscheinlich auch viele Dinge sieht, die kein Mensch je erfahren sollte. Aber haltet durch, liebe Teigfahrer. Edward S. hat euch gezeigt, dass es auch ganz schnell andersherum laufen kann!

GRUND 99

Weil er den Karneval 2014 beherrscht

Rheinländer, Südhessen, Thüringer und andere Volksstämme in Deutschland und anderswo kommen mit vier Jahreszeiten pro zwölf Monate einfach nicht hin. Deshalb feiern sie noch eine fünfte, den sogenannten Karneval (Fastnacht, Fasching etc.). Hier werden alkoholhaltige Getränke im Übermaß konsumiert, wenige Stunden andauernde Liebschaften gepflegt (gerne auch in Verbindung mit Punkt eins) und sich mehr oder minder verkleidet. Und weil vor allem im »politischen« Karneval Aktualität das Gebot der Stunde ist, reicht es nicht, jedes Jahr als Cowboy, Indianer oder Froschkönig/in aufzulaufen. Der Renner 2014 ist das Kostüm Edward Snowden.

Für die Verwandlung in den bekanntesten Whistleblower der Welt braucht es nicht viel. Sollte die Frisur einigermaßen hinkommen, reichen ein weißes, graues oder hellblaues Oberhemd, ein Anstecker mit Foto und Namen (für die Sicherheitskontrollen), eine Trillerpfeife (für das lahme Wortspiel mit Whistleblower) und ein Aktenkoffer. Wer besonders lustig sein will, klebt noch das Wappen der NSA, den Schriftzug »Top Secret« oder das Logo der Electric Frontier Foundation und des »Tor«-Projektes (die beide auf Snowdens eigenem Laptop prangen) drauf. Und wer ganz detailbesessen unterwegs ist, der besorgt sich auch noch einen Leberfleck für den Hals. Fertig ist der falsche Edward Snowden, der sich auch auf diverse Umzugswagen und in Büttenreden einschleichen könnte. Das hätte sich der Mann aus North Carolina wohl auch nicht träumen lassen, bei solchen Veranstaltungen im Mittelpunkt zu stehen.

Doch bereits zu Halloween 2013 geisterten die ersten falschen NSA-Angestellten durch die Straßen dieses Landes. Der Gruseleffekt hielt sich abseits von Rechenzentren und getarnten Außenstellen der Geheimdienste allerdings in Grenzen. Manchmal ist die Realität eben viel erschreckender als jede denkbare Verkleidung.

GRUND 100

Weil er sogar die »wütenden Vögel« singen lässt

Man sieht sie in der U-Bahn, auf dem Marktplatz und in Cafés. Menschen, die auf ihr Smartphone starren und auf die Tastatur einhacken, als gäbe es kein Morgen und vor allem keine Realität mehr. Apps sind aus unserem Alltag nicht mehr wegzudenken. Sie verkürzen die Wartezeit auf den Bus, sagen einem, was man essen darf, und machen den langweiligen Matheunterricht erträglich. Was wir bisher nur ahnten: Sie spähen uns auch aus und verraten ihre Erkenntnisse der NSA und dem GQHC.

Wer zum Beispiel das beliebte Zeittotschlag-Spiel *Angry Birds* auf dem Display erscheinen lässt, verrät unter Umständen nicht nur seinen Aufenthaltsort, sondern auch noch sein Geschlecht und sein Alter. Inklusive des Bewegungsprofils, das über sogenannte »Geo-Apps« abgerufen werden kann, können die Schlapphüte damit quasi interaktive Karten erstellen, die unseren Weg vom Bett zur Arbeit, ins Fitnessstudio, in die Kneipe und wieder zurück ins Bett zeigen. Inklusive jeder einzelnen Schlangenlinie. Und das von jedem einzelnen Menschen an jedem Tag. Die *Frankfurter Rundschau*, die sich auf Dokumente aus dem Fundus von Edward Snowden beruft, berichtet: »In einem geheimen britischen Dokument aus dem Jahr 2012 sei die Rede davon, dass man auf Apps zugreifen könne, die Details wie die politische oder sexuelle Orientierung von Nutzern enthielten.«[262] Wobei nicht sicher ist, was diese Daten tatsächlich noch alles über uns preisgeben. Im Zweifelsfall also lieber das Smartphone ausgeschaltet lassen und stattdessen ein Buch lesen. Das bietet ebenfalls Unterhaltung, interessiert sich aber nicht dafür, wer bei Ihnen übernachtet hat und warum. Nicht mal, wenn *Fifty Shades Of Grey* auf dem Einband steht.

KAPITEL 11

PROGNOSEN UND PROPHEZEIUNGEN

GRUND 101

Weil er für die *Star Trek*-Version unserer Zukunft steht

Star Trek gehört zu den absoluten Lieblingsserien aller Nerds. Punkt. Doch die meisten Fans schätzen an dem Universum von Captain Kirk, Captain Picard und Co. nicht nur die technischen Aspekte (tatsächlich orientieren sich viele Designer von Gerätschaften bis heute an dieser Serie, zum Beispiel bei Handys oder Tablets), sondern auch von der Utopie eine besseren Gesellschaft. Eine Welt ohne Geld, ohne Arbeitslosigkeit und Zwänge, von weisen Menschen geleitet, die niemals ihre Macht missbrauchen würden. Die *FAZ* zog in einem umfangreichen Artikel Vergleiche zwischen unserer Welt und der des Raumschiffs Enterprise. »Wir brauchen wieder positive Science-Fiction. Wir brauchen eine erstrebenswerte Zukunftsvision. Eine, die wie *Star Trek* Werte wie Humanismus und Gerechtigkeit hochhält. Aber auch eine, die zeigt, wie eine Gesellschaft ohne Bürokratie, ohne Unterdrückung, ohne Armut und ohne Geheimdienste funktionieren kann. Und nicht nur funktionieren kann – sie muss klar überlegen sein!«[263] Im Prinzip sind Snowdens Enthüllungen durchaus erste Schritte in diese Richtung.

Der Blogger »drlje« zog in seinem Eintrag einen ähnlichen Vergleich. »Ich würde einwenden, dass Edward Snowden, auf seine eigene Art, einen besseren Captain der Enterprise abgeben würde als jeder Präsident, der je im Oval Office gesessen hat, oder jeder Abgeordnete, der je durch die angeblich so heiligen Hallen des Kongresses gelaufen ist.«[264]

Experten des *Star Trek*-Universums werden wissen, dass Snowden längst in Reichweite der Enterprise gelangt ist. Als Offizier auf der USS Okinawa schiebt er seit längerer Zeit Dienst. Allerdings unter dem Tarnnamen T. Snowdon, der, ausgehend von der literarischen Vorlage *Der IKS-Haken* von Joseph Heller, eigentlich Snowden heißt. Es kann also nur noch eine Frage der Zeit sein, wann sich der Whistleblower auf den ihm zustehenden Stuhl schwingt. Bis dahin müssen wir noch durchhalten.

GRUND 102

Weil er mächtige Freunde hat

Anfang Februar 2014 wurde bekannt, dass die NSA nicht nur das deutsche Volk, diverse Firmen und Politiker und sogar unsere Kanzlerin ausspioniert hat, sondern auch Alt-Kanzler Gerhard Schröder. Edward Snowden hatte diese Tatsache nicht direkt angekündigt, sagte aber in dem Interview mit dem ARD-Journalisten Hubert Seipel: »Ich würde sagen, es ist nicht sehr wahrscheinlich, dass jemand, der sich um Absichten der deutschen Regierung sorgt, nur Merkel überwacht und nicht ihre Berater, keine anderen bekannten Regierungsmitglieder, keine Minister oder sogar Angehörige kommunaler Regierungen.«[265] Das deutet zumindest die Möglichkeit an, die nun zur Gewissheit geworden ist. Mitgeschnitten wurden nicht nur Metadaten, sondern auch Gesprächsinhalte und Kurzmitteilungen.

Unser »Gerd«, der sich nachdrücklich gegen eine Beteiligung im Irak-Krieg gestemmt hatte (und deshalb ins Visier geriet), also ein Opfer der NSA. Und das, wie übrigens auch Angela Merkel, bereits seit dem Jahr 2002. Wie sagte George W. Bush einmal so schön: »Wer nicht für uns ist, ist gegen uns.«[266] Nur dass die Liste der potenziellen Gegner für die USA immer länger wird. Schröder, der nach eigenen Angaben selbst nicht damit gerechnet hätte, ausgerechnet von den USA belauscht zu werden, grundsätzlich aber nicht überrascht ist, zählt nämlich zu den guten Kumpels von Wladimir Putin. Und wenn »Gerd« seinem »Wladi« bei Bier und Chips während der nächsten »Gasprom«-Aufsichtsratssitzung ein paar Worte ins Ohr flüstert, wird das Asyl von Snowden gleich um 20 Jahre verlängert. Allein die langen Gesichter bei der NSA wären es wert.

GRUND 103

Weil er zum Propheten gemacht wird

Wenn Gott (Allah, Jehova etc. pp.) seinen missratenen Abbildern auf der Erde etwas Wichtiges mitzuteilen hat, dann schickt er einen Propheten. Zum Beispiel seinen Sohn Jesus. So glauben es jedenfalls viele Menschen. Die Sängerin, Produzentin und Komponistin Inga Humpe (DÖF, 2raumwohnung) ist der Meinung, dass Edward Snowden durchaus in diese Riege gehört. Sie sagte gegenüber *Spiegel Online*: »Asyl für Cyber Jesus! Er verhilft uns mit seinen Enthüllungen zu einem neuen Bewusstsein über den herrschenden Kontrollwahn.«[267] So so, Snowden ist also der »Cyber Jesus«. Und seine alternative Weihnachtsansprache auf dem britischen Channel 4 war dann so etwas wie die Bergpredigt. Wasser zu Wein hat er wahrscheinlich nicht so drauf, aber dafür kann er geheime Dokumente in der Öffentlichkeit erscheinen lassen. Ist ja auch schon mal was.

Tatsächlich hat der junge Mann aus North Carolina einige Christen in die Sinnkrise gestürzt. Dürfen Anhänger dieser Religion Snowden unterstützen oder nicht? Was wiegt schwerer? Der Diebstahl (Du sollst nicht stehlen) oder die dunklen Machenschaften der NSA und ihrer Kollegen (Du sollst nicht falsch gegen deinen Nächsten aussagen)? Die Bewegung der Red-Letter Christians, eine in den USA recht verbreitete Gruppe, die sich verstärkt für Randgruppen und Arme einsetzt, hat sich diese Frage gestellt. Die Antwort, die sie gefunden haben, ist erstaunlich weltlich: »Als amerikanische Christen wollen wir uns selbst natürlich im bestmöglichen Licht sehen.

Und die Enthüllungen, die unser Land als schwach und grausam darstellen, sind oft schwer zu akzeptieren. Aber wir müssen anfangen, diese Informationen ernst zu nehmen. Diese Enthüllungen sind keine verrückten, unbegründeten Verschwörungstheorien. Sie enthalten oft genug bedeutende Informationen, die wichtige Fragen der Gesellschaft betreffen.«[268]

Wenn Edward Snowden jetzt auch noch die versammelte Christenheit auf seine Seite ziehen kann, besitzt er ein weiteres Pfund, mit dem er wuchern kann.

GRUND 104

Weil er ein Realist ist

Edward Snowden wird gerne mal vorgeworfen, er sei naiv und könne überhaupt nicht einschätzen, mit welchem Gegner er sich da angelegt hat. Die Einschätzung des Whistleblowers über die NSA, die er in seinem ersten Interview für den *Guardian* abgab, beweist das Gegenteil »Wenn sie dich kriegen wollen, dann werden sie es schaffen.«[269] Bleibt zu hoffen, dass die Vernunft siegt und/oder Snowden in diesem Fall unrecht hat.

GRUND 105

Weil er laut Michael Hayden zum Alkoholiker wird

Es ist doch schön, wenn einem Menschen, die einen noch nie im Leben getroffen haben, den weiteren Lebensweg vorhersagen. Der ehemalige NSA- (1999 bis 2005) und CIA-Boss (2006 bis 2009) Michael Hayden ist so ein Typ. Bei Fernsehinterviews schnodderig bis arrogant und mit einem Selbstbewusstsein ausgestattet, das selbst Zlatan Ibrahimović wie einen Waisenknaben wirken lässt. So sagte er im Rahmen einer Diskussionsrunde in einer Washingtoner Kirche: »Ich habe den Verdacht, dass er wie die meisten anderen Überläufer, die sich damals in die Sowjetunion abgesetzt haben, enden wird: Isoliert, gelangweilt, einsam, depressiv und die meisten von ihnen wurden schließlich zu Alkoholikern.«[270] Abgesehen davon, dass Snowden verschiedenen Quellen zufolge kein Interesse an Alkohol haben soll und noch nicht mal Kaffee trinkt, muss Hayden es wissen.[271] Er selbst arbeitete eine Zeit lang in Bulgarien. Vielleicht hat er ja einfach ein bisschen viel am einheimischen Obstbrand Rakija genascht, der gerne einen Alkoholgehalt von 50 Prozent und mehr besitzt. Aber was soll man auch machen, wenn man isoliert, gelangweilt, einsam und depressiv fern der Heimat in seiner Botschaft hockt?

GRUND 106

Weil er eine eigene Merch-Reihe besitzt

Im Heavy Metal oder Punk ist es gang und gäbe, dass Fans Shirts, Aufnäher, Jacken, Pins und Buttons ihrer Lieblingsbands tragen. Doch auch in der Welt der Whistleblower hat sich diese Art der Vermarktung durchgesetzt. Wer seine Begeisterung für Assange und Co. zeigen möchte, hat eine riesige Auswahl. Und natürlich ist Edward Snowden auch in diesem Bereich führend.

Im WikiLeaks-Shop gibt es zum Beispiel ein Shirt für fast 30 Euro mit einem Foto von Snowden. Der Aufdruck ist an die bekannte »Uncle Sam«-Kampagne aus dem Ersten Weltkrieg angelehnt und sagt: »I want you to blow the whistle in defense of our liberty« (»Ich will dich als Enthüller, um unsere Freiheit zu verteidigen«). Das Motiv ist im Übrigen auch als politisch aussagekräftiger Kaffeebecher erhältlich. Daneben gibt es im Internet natürlich noch diverse andere Schätze zu entdecken. Von Sprüchen wie »Save Snowden. Save Freedom« über »Team Edward (Snowden)« oder »I Stand With Snowden« bis hin zu »Stand Up For Snowden« gibt es nichts, was es nicht gibt. Sogar Babys können im entsprechenden Strampelanzug deutlich ihre Meinung äußern.

WikiLeaks gibt an, dass die Erlöse aus den Merchandise-Verkäufen Edward Snowden zukommen. Ob dem wirklich so ist und wie viel Geld bei dem Whistleblower in Russland ankommt, ist ungewiss. Klar ist aber, dass sich diverse Geschäftsleute eine goldene Nase verdienen, ohne einen Cent abzuführen. Und mit jeder Veröffentlichung aus dem Hause Snowden steigt der Gewinn. Man mag sich gar nicht vorstellen, was passiert, wenn dem Whistleblower wirklich etwas zustoßen würde.

GRUND 107

Weil er den Überwachungsstaat vorhersieht

Stellen Sie sich vor, Sie würden als Geschäftsmann immer wieder beruflich in andere Länder fliegen müssen und würden bei jeder Landung auf heimatlichem Boden stundenlang von den Behörden verhört. So erging es nicht nur der Dokumentarfilmerin Laura Poitras, sondern auch Mario Labbé aus Kanada. Das Problem: Er trug den gleichen Namen wie ein Terrorverdächtiger. »Einmal wurde ich in Miami für sechs Stunden festgehalten«, so Labbé in einem Interview mit CBC News.[272] Auf die Frage, wie er von dieser Liste wieder runterkomme, bekam er die Antwort, er solle einfach seinen Namen ändern, was er vor einigen Jahren auch tat. Damit ist der gute Mann aus Kanada nicht alleine, immer häufiger passiert es, dass Menschen aufgrund von Namensgleichheiten oder -ähnlichkeiten auf solchen Listen landen. Gerne auch Kleinkinder oder sogar Babys, was die Schwächen und die Perversität dieses Überwachungssystems deutlich macht. In Italien sind Fälle bekannt, in denen sich Geheimdienstler mit dem organisierten Verbrechen zusammentaten, um wahllos Bürger zu erpressen. In dem Datenwust lässt sich immer etwas finden, was gegen Menschen zu verwenden ist.

Edward Snowden hat vor allem die Auswüchse erkannt und angeprangert. Ein Zitat von ihm ist in diesem Zusammenhang besonders erschreckend, wie die *Berliner Zeitung* schreibt. »Wer weiß, was damit in 30 bis 40 Jahren passiert? Edward Snowden gab diese Überlegung gar als seine Motivation an: Wollte eine US-Regierung der Zukunft Amerika zu einen autoritären Staat umbauen, wären alle Bedingungen dafür bereits geschaffen«, so das Blatt.[273] Bereits jetzt wird in Teilen der USA mittels komplizierter Programme ermittelt, welches Stadtviertel in Zukunft einen Anstieg von Verbrechen verzeichnen könnte, und dementsprechend stärker überwacht. Einerseits eine gute Sache, andererseits aber auch eine gruselige Vorstellung. Snowden selbst bezeichnet die Vorgehensweise der NSA als »Tyrannei auf Knopfdruck«[274]. Anders als damals die Stasi könnte die NSA auch rückwirkend jedes noch so winzige Detail über eine beliebige Person herausfinden.[275] Unsere Kinder und Kindeskinder werden ihre Freude daran haben.

GRUND 108

Weil er John Kornblum in die Zukunft schauen lässt

John Kornblum, seines Zeichens US-Diplomat mit deutschen Wurzeln und ehemaliger US-Botschafter, ist ein Freund markiger

Worte. Sein am häufigsten zitierter Satz lautet: »Europäische Ideen haben fast nie zu praktischen Fortschritten geführt. Die Vorstellung, Europa könne die Welt durch soft powers regieren, ist nicht realistisch.«[276] Die praktischen Fortschritte der US-Methode lassen sich im Irak oder in Afghanistan bewundern.

Aber natürlich hat der wohlbeleibte Mann auch eine Meinung zum NSA-Skandal. In der TV-Sendung *Günther Jauch* sagte Kornblum: »Was jetzt gemacht wird, wird in zehn Jahren als Kindergarten angesehen werden.«[277] Na, das lässt doch frohgemut in die Zukunft blicken.

GRUND 109

Weil sich selbst der zweitwichtigste Mann der Welt Gedanken über seine Zukunft macht

»Als ich davon erfuhr, wurde ich neugierig, wie er sich dazu entschlossen hat. Denn er ist ziemlich jung. Was hat er denn? Nichts hatte er. Wie will er nun leben? Wo will er leben? Er ist knapp über 30. Dennoch hat er diese Wahl für sich getroffen.«[278] Dieses Zitat stammt wahrhaftig von Wladimir Putin. Entwickelt der russische Präsident am Ende so etwas wie Besorgnis für den Whistleblower, der sich in seiner Obhut befindet? Wenn dem so ist, wollen wir hoffen, dass Snowden nicht irgendwann seine homosexuelle Seite entdeckt. Das könnte wirklich unangenehm werden.

GRUND 110

Weil er demnächst von der Uni Rostock zum Schneemann gemacht wird

Im Herbst 2013 sorgte die Ankündigung der Philosophischen Fakultät der Universität Rostock für Aufsehen; Man überlege, Edward Snowden einen Ehrendoktortitel zu verleihen. Neben viel Beifall gab es auch einige Kritiker, die meinten, die Universität würde sich nur in den Mittelpunkt spielen wollen und der Doktortitel hätte für Snowden keinerlei praktischen Nutzen. So schrieb *Zeit Online*: »Um nicht in den Verdacht zu geraten, sie wolle sich mit Snowden nur schmücken, sollte die Universität Rostock ihm den Titel daher nicht verleihen. Auf seine Verdienste lässt sich mit anderen Mitteln aufmerksam machen. Die Hochschule könnte zum Beispiel Vorträge von Datenschützern organisieren oder Podiumsdiskussionen veranstalten. Dann hätten die Studenten auch was davon.«[279]

Im Januar 2014 bestätigte die Universität trotz der Kritik, dass Snowden die Ehrendoktorwürde verliehen bekomme. Ein genauer Termin war bei Drucklegung des Buches noch nicht veröffentlicht. Frau Professor Gesa Mackenthun vom Institut für Anglistik/Amerikanistik der Universität Rostock sagte in einem Interview mit der *Taz* zur Begründung: »Snowden hat uns ein verborgenes Datenkorpus mit absolut relevanten Informationen für Wissenschaft und Gesellschaft zur Verfügung gestellt. Das macht ihn für viele zum Verräter, zum gesuchten Straftäter. Für uns ist das verantwortungsvolles, akribisches, gesellschaftsrelevantes Handeln, das Ehre verdient. Zivilbürgerliche Institutionen müssen darüber dauerhaft diskutieren und versuchen, die Gesellschaft zu verändern.«[280] Zudem hofft die Professorin, dass die Verleihung einen positiven Einfluss auf die Gespräche zwischen Deutschland und den USA hat. Natürlich möglichst mit einem positiven Ende für Snowden. Auf die Frage, ob sie wirklich glaube, dass eine Ehrendoktorwürde in Rostock solche großen Auswirkungen habe, antwortet Professor Mackenthun: »Sie könnte ein Anfang sein. Das Vorhaben ist nicht ganz ungehört, sonst würden wir ja nicht sprechen. Wir hoffen auf einen Schneeballeffekt. Wir beginnen mit einer kleinen Kugel, und wenn genügend Andere mitmachen, wird daraus ein schöner großer Schneemann.«[281] Was zu einem in Russland festsitzenden Flüchtling irgendwie passt.

GRUND 111

Weil irgendjemand ...

... diese verdammte Welt retten muss!

Anmerkungen

1 Thomas Krause auf Stern online, 27. Juni 2013, www.stern.de/politik/ausland/angeblich-fehlerhafter-us-antrag-behoerdenpatzer-soll-snowden-festnahme-verhindert-haben-2030840.html, abgerufen am 11.02.2014

2 Rebekka Schmidt auf jesus.ch, 13. März 2013, www.jesus.ch/magazin/gesellschaft/234849-initiative_senkt_scheidungsrate_um_70_prozent.html, abgerufen am 11.02.2014

3 Julie Bykowicz und Greg Giroux auf bloomberg.com, 11. Juni 2013, www.bloomberg.com/news/2013-06-11/nsa-leaker-was-shy-computer-bound-teenager-in-maryland.html, abgerufen am 11.02.2014

4 Mavanee Anderson auf timesfreepress.com, 12. Juni 2013, www.timesfreepress.com/news/2013/jun/12/who-is-ed-snowden/, abgerufen am 11.02.2014

5 ebd.

6 ebd.

7 ebd.

8 Jeffrey Toobin auf The New Yorker online, 10. Juni 2013, www.newyorker.com/online/blogs/comment/2013/06/edward-snowden-nsa-leaker-is-no-hero.html, abgerufen am 11.02.2014

9 ebd.

10 David Gilbert auf International Business Times Online, 11. Juni 2013, www.ibtimes.co.uk/edward-snowden-credible-witness-former-intelligence-chief-477191, abgerufen am 11.02.2014

11 Dorothea Hahn auf Taz online, 12. Juni 2013, www.taz.de/!117941/, abgerufen am 11.02.2014

12 Heinrich Wefing auf Zeit Online, 26. Juni 2013, www.zeit.de/2013/27/edward-snowden-leben, abgerufen am 11.02.2014

13 ebd.

14 Ewen MacAskill auf The Guardian online, 10. Juni 2013, www.theguardian.com/world/2013/jun/09/nsa-whistleblower-edward-snowden-why, abgerufen am 12.02.2014

15 ebd.

16 ebd.

17 Xan Brooks auf The Guardian online, 05. Juli 2013, www.theguardian.com/film/2013/jul/05/oliver-stone-edward-snowden-nsa, abgerufen am 12.02.2014

18 BBC News online, 26. Juni 2013, www.bbc.co.uk/news/world-europe-23201774, abgerufen am 12.02.2014

19 BBC News Online, 06. Juni 2013, www.bbc.co.uk/news/world-europe-23201774, abgerufen am 12.02.2014

20 Youtube, 24. Juli 2013, www.youtube.com/watch?v=Q-gkbYsboAw, abgerufen am 12.02.2014

21 Washington Post online, 09. August 2013, www.washingtonpost.com/politics/transcript-president-obamas-august-9-2013-news-conference-at-the-white-house/2013/08/09/5a6c21e8-011c-11e3-9a3e-916de805f65d_story.html, abgerufen am 12.02.2014

22 ABC News online, 23. Juni 2013, http://abcnews.go.com/Politics/week-transcript-nsa-director-gen-keith-alexander/story?id=19457454, abgerufen am 12.02.2014

23 Ewen MacAskill und Glenn Greenwald auf The Guardian online, 07. Juni 2013, www.theguardian.com/world/2013/jun/07/obama-china-targets-cyber-overseas, abgerufen am 12.02.2014

24 Heise online, 28. Juni 2013, www.heise.de/newsticker/meldung/Netzwerk-Hygiene-U-S-Army-

blockiert-Guardian-Artikel-ueber-PRISM-1902584.html, abgerufen am 12.02.2014

25 Simon Hülsbömer auf Computerwoche online, 27. Januar 2014, www.computerwoche.de/a/prism-hilft-ueberfluessige-produkte-zu-verkaufen,2553075, abgerufen am 12.02.2014

26 Spiegel Online, 27. November 2013, www.spiegel.de/netzwelt/netzpolitik/snowden-dokument-nsa-beobachtet-porno-nutzung-islamischer-prediger-a-935898.html, abgerufen am 12.02.2014

27 Glenn Greenwald, Ryan Gallagher und Ryan Grim auf The Huffington Post online, 26. November 2013, www.huffingtonpost.com/2013/11/26/nsa-porn-muslims_n_4346128.html, abgerufen am 12.02.2014

28 Twitter, 27. November 2013, https://twitter.com/benwizner/status/405673095907639296, abgerufen am 12.02.2014

29 Matthias Rüb auf Faz online, 10. Juni 2013, www.faz.net/aktuell/politik/ausland/amerika/informant-edward-snowden-nichts-ist-unmoeglich-12216749-l2.html, abgerufen am 12.02.2014

30 Michael S. Schmidt und Andrew Roth auf New York Times online, 10. Oktober 2013, www.nytimes.com/2013/10/11/us/cia-warning-on-snowden-in-09-said-to-slip-through-the-cracks.html?_r=0, abgerufen am 12.02.2014

31 Paul Harris auf The Guardian online, 15. September 2012, www.theguardian.com/technology/2012/sep/15/data-whistleblower-constitutional-rights, abgerufen am 12.02.2014

32 James Bamford auf The Guardian online, 15. März 2012, www.webcitation.org/6IIt6w2PX, abgerufen am 12.02.2014

33 ebd.

34 Siobhan Gorman auf The Wall Street Journal online, 07. Oktober 2013, http://online.wsj.com/news/articles/SB10001424052702304441404579119490744478398, abgerufen am 12.02.2014

35 Ewen MacAskill, Nick Davies, Nick Hopkins, Julian Borger und James Ball auf The Guardian online, 17. Juni 2013, www.theguardian.com/uk/2013/jun/16/gchq-intercepted-communications-g20-summits, abgerufen am 12.02.2014

36 John Goetz, Hans Leyendecker und Frederik Obermaier auf Süddeutsche Zeitung online, 24. Juni 2013, www.sueddeutsche.de/politik/nachrichtendienst-gchq-briten-schoepfen-deutsches-internet-ab-1.1704670, abgerufen am 12.02.2014

37 heise.de, 24. Juni 2013, www.heise.de/newsticker/meldung/Bundesregierung-Ausmass-der-Ueberwachung-war-nicht-bekannt-1895806.html, abgerufen am 12.02.2014

38 James Cusick und Oliver Wright auf The Independent online, 20. August 2013, www.independent.co.uk/news/uk/politics/nick-clegg-backs-david-cameron-as-pm-sends-cabinet-secretary-sir-jeremy-heywood-to-warn-guardian-over-edward-snowden-documents-8777216.htm, abgerufen am 12.02.2014

39 Alan Rusbridger auf The Guardian online, 19. August 2013, www.theguardian.com/commentisfree/2013/aug/19/david-miranda-schedule7-danger-reporters, abgerufen am 12.02.2014

40 Julian Borger auf The Guardian online, 20 August 2013, www.theguardian.com/world/2013/aug/20/nsa-snowden-

files-drives-destroyed-london, abgerufen am 12.02.2014

41 Nathaniel Rich auf Rolling Stone online, 01. Dezember 2010, www.rollingstone.com/culture/news/meet-the-american-hacker-behind-wikileaks-20101201, abgerufen am 12.02.2014

42 Patrick Beuth auf Zeit online, 01. Januar 2014, www.zeit.de/digital/datenschutz/2013-12/30c3-nsa-methoden, abgerufen am 12.02.2014

43 Focus online, 21. Dezember 2013, www.focus.de/politik/ausland/usa/einbruch-bei-snowden-vertrauter-us-agenten-jacob-appelbaum-berlin-2_id_3499257.html, abgerufen am 12.02.2014

44 Urs Meier auf Journal 21, 09. September 2013, www.journal21.ch/das-unsichtbare-monument, abgerufen am 12.02. 2014

45 ebd.

46 Handelsblatt online, 22. Juni 2013, www.handelsblatt.com/politik/international/abhoerskandal-warum-nicht-jederzeit-alle-signale-sammeln/8391120-2.html, abgerufen am 12.02.2014

47 Ewen MacAskill, Julian Borger, Nick Davies und James Ball auf The Guardian online, 21. Juni 2013, Ewen MacAskill, Julian Borger, Nick Davies und James Ball, abgefragt am 12.02.2014

48 ebd.

49 Konrad Lischka auf Spiegel Online, 18.12.2013 www.spiegel.de/netzwelt/netzpolitik/obama-veroeffentlicht-expertenbericht-zu-nsa-reformen-a-939956.html, abgerufen am 12.02.2014

50 ebd.

51 Übersetzung von Thorsten Glotzmann auf Süddeutsche Zeitung online, 13. Juli 2013, www.sueddeutsche.de/kultur/whistleblower-daniel-ellsberg-ueber-prism-vereinigte-stasi-von-amerika-1.1718578, abgerufen am 12.02.2014

52 ebd.

53 ebd.

54 ebd.

55 Jessica Testa auf buzzfeed.com, 26. Juni 2013, www.buzzfeed.com/jtes/how-glenn-greenwald-became-glenn-greenwald, abgerufen am 12.02.2014

56 ebd.

57 ebd.

58 Martin Beckford auf The Telegraph online, 30. November 2010, www.telegraph.co.uk/news/worldnews/wikileaks/8171269/Sarah-Palin-hunt-WikiLeaks-founder-like-al-Qaeda-and-Taliban-leaders.html, aufgerufen am 12.02.2014

59 The Huffington Post online, 07. Dezember 2010, www.huffingtonpost.com/2010/12/07/fox-news-bob-beckel-calls_n_793467.html, abgerufen am 12.02.2014

60 Süddeutsche Zeitung online, 11. Juni 2013, www.sueddeutsche.de/politik/enthuellungen-um-us-spaehprogramm-prism-assange-feiert-snowden-als-helden-1.1693621, abgerufen am 12.02.2014

61 Hamburger Morgenpost online, 13. September 2013, www.mopo.de/nachrichten/hamburger-lead-awards-wikileaks-gruender-assange-lobt-edward-snowden,5067140,24306372.html, abgerufen am 12.02.2014

62 Nils Rüdel auf Handelsblatt online, 11. Juli 2013, www.handelsblatt.com/politik/international/whistleblower-assange-und-snowden-freunde-in-der-not/8480742.html, abgerufen am 13.02.2014

63 Daniel Kothenschulte auf Frankfurter

Rundschau Online, 02. Juli 2013, www.fr-online.de/kultur/edward-snowden-snowden-vermeidet-assanges-fehler-,1472786,23570872.html, abgerufen am 13.02.2014

64 ebd.

65 Steven Lee Myers auf New York Times online, 27. Juli 2013, www.nytimes.com/2013/07/28/world/europe/snowdens-lawyer-comes-with-high-profile-and-kremlin-ties.html?pagewanted=all&_r=0, abgerufen am 13.02.2014

66 Claudia Joseph auf Daily Mail online, 29. Juni 2013, www.dailymail.co.uk/news/article-2351726/Were-proud-Wikileaks-daughter-say-family-British-blonde-went-run-CIA-whistleblower.html, abgerufen am 13.02.2014

67 Tagesschau.de, 08. November 2013, www.tagesschau.de/inland/harrisson-erklaerung100.html, abgerufen am 13.02.2014

68 www.campact.de/snowden/appell/teil-nehmen/, abgerufen am 20.02.2014

69 Anette Sawatzki auf Blog.campact.de, 19. November 2013, http://blog.campact.de/2013/11/welcome-to-germany-edward-snowden/, abgerufen am 13.02.2014

70 ebd.

71 Robert Roßmann auf Süddeutsche Zeitung online, 18. November 2013, www.sueddeutsche.de/politik/kritik-von-gruenen-und-linken-im-bundestag-letzter-ausweg-superausschuss-1.1821873, abgerufen am 13.02.2014

72 Jochen Buchsteiner auf FAZ.net, 03. Dezember 2013, www.faz.net/aktuell/politik/ausland/snowden-affaere-unterhaus-befragt-guardian-chefredakteur-12692851.html, abgerufen am 13.02.2014

73 Carsten Volkery auf Spiegel Online, 03. Dezember 2013, www.spiegel.de/politik/ausland/guardian-chef-verteidigt-nsa-enthuellung-in-britischem-parlament-a-937065.html, abgerufen am 13.02.2014

74 ebd.

75 Carl Bernstein auf The Guardian online, 04. Dezember 2013, www.theguardian.com/media/2013/dec/03/open-letter-carl-bernstein-alan-rusbridger, abgerufen am 13.02.2014

76 Die Welt online, 27. Dezember 2013, www.welt.de/wirtschaft/webwelt/article123321716/Hacker-diskutieren-ueber-Snowden-Enthuellungen.html, abgerufen am 13.02.2014

77 Ole Reißmann auf Spiegel Online, 27. Dezember 2013, www.spiegel.de/netzwelt/netzpolitik/journalist-greenwald-wirft-us-regierung-luegen-vor-a-941043.html, abgerufen am 13.02.2014

78 Wolf Wiedmann-Schmidt auf Journalist online, 28. Juli 2013, www.journalist.de/ratgeber/handwerk-beruf/menschen-und-meinungen/guardian-reporter-ewen-macaskill-die-geheimdienste-wollen-alles.html, abgerufen am 13.02.2014

79 ebd.

80 Ewen MacAskill auf The Guardian online, 02. Dezember 2013, www.theguardian.com/world/2013/dec/02/edward-snowden-nsa-whistleblower-us-law, abgerufen am 13.02.2014

81 ebd.

82 Washington Post online, www.washingtonpost.com/politics/gen-keith-b-alexander/gIQA7gFTKP_topic.html, abgerufen am 13.02.2014

83 Foreign Policy online, 08. September 2013, www.foreignpolicy.com/articles/2013/09/08/the_cowboy_of_the_nsa_keith_alexander, abgerufen am 13.02.2014

84 ebd.
85 Alexander Osang auf Spiegel Online International, 06. Dezember 2013, www.spiegel.de/international/world/edward-snowden-neighbor-joyce-kinsey-brands-him-a-traitor-a-937369.html, abgerufen am 13.02.2014
86 Julie Bykowicz und Greg Giroux auf Bloomberg.com, 11. Juni 2013, www.bloomberg.com/news/2013-06-11/nsa-leaker-was-shy-computer-bound-teenager-in-maryland.html, abgerufen am 13.02.2014
87 ebd.
88 ebd.
89 ebd.
90 www.wikipedia.org/wiki/Frederick_Forsyth, abgerufen am 20.02.2014
91 Deutschlandfunk online, 14. Oktober 2013, www.deutschlandfunk.de/deutsche-setzen-sich-auf-hohes-moralisches-ross.694.de.html?dram:article_id=265113, abgerufen am 20.02.2014
92 Lucas Tomlinson auf Fox News online vom 17. Dezember 2013, www.foxnews.com/politics/2013/12/17/ex-cia-director-snowden-should-be-hanged-if-convicted-for-treason/, abgerufen am 13.02.2014
93 Mollie Reilly auf The Huffington Post online, 17. Dezember 2013, www.huffingtonpost.com/2013/12/17/john-bolton-edward-snowden_n_4461196.html, abgerufen am 13.02.2014
94 Matthias Kremp auf Spiegel Online, 15. Dezember 2013, www.spiegel.de/netzwelt/netzpolitik/nsa-raetselt-ueber-ausmass-der-snowden-enthuellungen-a-939145.html, abgerufen am 13.02.2014
95 Mark Mazzetti auf The New York Times online, 14. Dezember 2013, www.nytimes.com/2013/12/15/us/officials-say-us-may-never-know-extent-of-snowdens-leaks.html, abgerufen am 13.02.2014
96 Benjamin Knight auf DW.de, 27. Januar 2014, www.dw.de/hexenjagd-auf-snowden/a-17385924, abgerufen am 13.02.2014
97 ebd.
98 ebd.
99 ebd.
100 Spiegel Online, 23. Januar 2014, www.spiegel.de/netzwelt/netzpolitik/us-datenschutzkommission-haelt-nsa-telefonueberwachung-fuer-illegal-a-945084.html, abgerufen am 13.02.2014
101 Die Welt online, 14. Januar 2014, www.welt.de/newsticker/dpa_nt/infoline_nt/brennpunkte_nt/article123980203/Geteiltes-Echo-auf-Obamas-Rede-zum-NSA-Skandal-Skepsis-in-Berlin.html, abgerufen am 13.02.2014
102 Spiegel Online, 07. Juli 2013, www.spiegel.de/politik/ausland/interview-mit-edward-snowden-im-spiegel-nsa-und-bnd-arbeiten-zusammen-a-909800.html, abgerufen am 13.02.2014
103 ebd.
104 Ole Reißmann auf Spiegel Online, 27. Januar 2014, www.spiegel.de/netzwelt/netzpolitik/ard-versendet-snowden-interview-vor-mitternacht-a-945657.html, abgerufen am 13.02.2014
105 Raf Sanchez auf The Telegraph online, 19. Januar 2014, www.telegraph.co.uk/news/worldnews/northamerica/usa/10580662/Edward-Snowden-completely-abandoned-girlfriend-says-her-father.html, abgerufen am 13.02.2014
106 ebd.
107 Abby D. Phillip auf ABC News online, 11. Juni 2013 http://abcnews.go.com/blogs/politics/2013/06/house-speaker-john-boehner-nsa-leaker-a-traitor/, abgerufen am 13.02.2014

108 ebd.

109 Andy Greenberg auf Forbes online, 06. Juni 2013, www.forbes.com/sites/andygreenberg/2013/06/06/watch-top-u-s-intelligence-officials-repeatedly-deny-nsa-spying-on-americans-over-the-last-year-videos/, abgerufen am 13.02.2014

110 Michael Hirsh auf National Journal online, 06. Juni 2013, www.nationaljournal.com/whitehouse/james-clapper-clarifies-remarks-over-nsa-snooping-20130606, abgerufen am 13.02.2014

111 ebd.

112 siehe 109

113 ebd.

114 ebd. Lars Wienand auf Rhein-Zeitung online, 13. November 2013, www.rhein-zeitung.de/region_artikel,-Snowden-pleite-Mainzer-will-ihn-nun-fuer-supersichere-E-Mails-anheuern-_arid,1066622.html, abgerufen am 13.02.2014

115 ebd.

116 siehe 102

117 Barton Gellman auf Washington Post online, 23. Dezember 2013, www.washingtonpost.com/world/national-security/edward-snowden-after-months-of-nsa-revelations-says-his-missions-accomplished/2013/12/23/49fc36de-6c1c-11e3-a523-fe73f0ff6b8d_story.html, abgerufen am 13.02.2014

118 ebd.

119 ebd.

120 ebd.

121 FAZ.net, 27. Oktober 2013, www.faz.net/aktuell/politik/ausland/amerikanische-reaktionen-auf-die-nsa-affaere-republikaner-europa-sollte-dankbar-fuer-die-ueberwachung-sein-12636759.html, abgerufen am 13.02.2014

122 ebd.

123 ebd.

124 www.facebook.com/photo.php?fbid=10151539637973845&set=pb.206770278844.-2207520000.1373291013.&type=3&theater, abgerufen am 20.02.2014

125 Österreich online, 11. Juli 2013, www.österreich.at/nachrichten/Edward-Snowden-hat-Wiener-Doppelgaenger/109912993, abgerufen am 13.02.2014

126 inTouch online, 26. Juni 2013, http://intouch.wunderweib.de/stars/starnews/artikel-3071023-starnews/Bizarres-Video-aus-den-90ern-Snowden-Doppelgaenger.html, abgerufen am 13.02.2014

127 Rebecca Mactee auf E Online, 25. Juni 2013, http://de.eonline.com/news/433635/edward-snowden-5-actors-who-could-play-the-nsa-leaker, abgerufen am 13.02.2014

128 siehe 12

129 Monika Schramm auf Tiroler Tageszeitung online, 12. Juni 2013, www.tt.com/Nachrichten/6717806-2/der-mann-mit-dem-zauberw%C3%BCrfel-wie-snowden-die-journalisten-traf.csp, abgerufen am 13.02.2014

130 Bild online, 20. Juli 2013, www.bild.de/politik/ausland/edward-snowden/guardian-journalist-glenn-greenwald-snowdens-stimme-31409576.bild.html, abgerufen am 13.02.2014

131 Fabian Gartmann und Thomas Jahn in »Die Geheim-Dienstleister«. In: Handelsblatt. Nr. 120, 26. Juni 2013, ISSN 0017-7296, S. 24.

132 Barton Gellman, Ashkan Soltani und Andrea Peterson auf Washington Post online, 04. November 2013, www.washingtonpost.com/blogs/the-switch/wp/2013/11/04/how-we-know-the-

nsa-had-access-to-internal-google-and-yahoo-cloud-data/, abgerufen am 13.02.2014

133 Deborah Kan auf The Wall Street Journal online, 04. November 2013, http://online.wsj.com/news/articles/SB10001424052702304391204579177104151435042, abgerufen am 13.02.2014

134 Süddeutsche Zeitung online, 13. Januar 2014, www.sueddeutsche.de/digital/nach-snowden-enthuellungen-millionen-internetnutzer-nutzen-anonyme-suchmaschine-duckduckgo-1.1861481, abgerufen am 13.02.2014

135 ebd.

136 Anna-Lena Roth auf Spiegel Online, 13. November 2012, www.spiegel.de/panorama/justiz/john-mcafee-unter-verdacht-it-unternehmer-hat-aerger-in-belize-a-867031.html, abgerufen am 13.02.2014

137 Spiegel Online, 01. Oktober 2013, www.spiegel.de/netzwelt/web/ueberwachung-john-mcafee-will-anti-nsa-gadget-bauen-a-925545.html, abgerufen am 13.02.2014

138 Mikkel Stern-Peltz und Jim Armitage auf The Independent online, 29. Dezember 2013, www.independent.co.uk/life-style/gadgets-and-tech/news/it-firms-lose-billions-after-nsa-scandal-exposed-by-whistleblower-edward-snowden-9028599.html, abgerufen am 13.02.2014

139 ebd.

140 Bernd Kling auf Zd.net News, 16. August 2013, www.zdnet.de/unternehmen/national-security-agency/page/2/, abgerufen am 13.02.2014

141 Bernd Kling auf Zd.net News, 06. Juli 2013, www.zdnet.de/88161348/nsa-enthuller-snowden-wurde-zum-hacker-ausgebildet/, abgerufen am 13.02.2014

142 www.arbeitsagentur.de/Navigation/zentral/Buerger/Arbeit/Weiterbildung/Weiterbildung-Nav.html, abgerufen am 13.02.2014

143 Stefan Niggemeier auf FAZ.net, 25. Juli 2011, http://blogs.faz.net/fernsehblog/2011/07/25/elmar-thevessen-und-der-saubere-journalismus-der-terrorismusexperten-1275/, abgerufen am 13.02.2014

144 Elmar Theveßen auf heute.de, 06. November 2013, www.heute.de/Stellen-Sie-Ihre-Dokumente-ins-Internet-30510580.html, abgerufen am 13.02.2014

145 ebd.

146 ebd.

147 ebd.

148 heise.de, 23. Januar 2014, www.heise.de/newsticker/meldung/NSA-Skandal-Verizon-zaehlt-Hunderttausende-Anfragen-nach-Kundendaten-2094916.html, abgerufen am 13.02.2014

149 Tagesschau.de, 25. Januar 2014, www.tagesschau.de/ausland/snowden352.html, abgerufen am 13.02.2014

150 Gerhard Hegmann auf Die Welt online, 01. Februar 2014, www.welt.de/wirtschaft/article124443235/Siemens-verniedlicht-den-NSA-Spionagevorwurf.html, abgerufen am 13.02.2014

151 Steven Rich und Barton Gellman auf The Washington Post online, 02. Januar 2014, www.washingtonpost.com/world/national-security/nsa-seeks-to-build-quantum-computer-that-could-crack-most-types-of-encryption/2014/01/02/8fff297e-7195-11e3-8def-a33011492df2_story.html, abgerufen am 13.02.2014

152 ebd.

153 Jeff Forshaw auf The Observer online, 06. Mai 2012, www.theguardian.

com/science/2012/may/06/quantum-computing-physics-jeff-forshaw, abgerufen am 13.02.2014
154 ebd.
155 Christoph Spangenberg auf Der Tagesspiegel online, 19. November 2013 www.tagesspiegel.de/berlin/wanted-witches-projekt-zur-hexenjagd-durch-kreuzberg/9093784.html, abgerufen am 13.02.2014
156 Griff Witte auf Washington Post online, 25. Dezember 2013, www.washingtonpost.com/world/europe/snowden-says-spying-worse-than-orwellian/2013/12/25/e9c806aa-6d90-11e3-a5d0-6f31cd74f760_story.html, abgerufen am 13.02.2014
157 Spiegel Online, 13. Juni 2013, www.spiegel.de/kultur/literatur/prism-george-orwells-1984-in-usa-und-grossbritannien-bestseller-a-905492.html, abgerufen am 13.02.2014
158 ebd.
159 Der Standard online, 25. Oktober 2013, http://derstandard.at/1381369906644/Big-Brother-Awards-Ubuntu-und-NSA-raeumen-ab, abgerufen am 13.02.2014
160 Spiegel Online, 05. November 2013, www.spiegel.de/politik/deutschland/prominente-deutsche-fordern-asyl-fuer-nsa-whistleblower-snowden-a-931913.html, abgerufen am 13.02.2014
161 ebd.
162 ebd.
163 ebd.
164 ebd.
165 ebd.
166 ebd.
167 ebd.
168 ebd.
169 ebd.
170 Frankfurter Rundschau, 03. Mai 1997, S. 8, www.scilogs.de/sprachlog/whistleblower/, abgerufen am 14.02.2014
171 Frankfurter Rundschau, 27. September 1997, S. 8, www.scilogs.de/sprachlog/whistleblower/, abgerufen am 14.02.2014
172 Braunschweiger Zeitung, 23. Januar 2008, www.scilogs.de/sprachlog/whistleblower/, abgerufen am 14.02.2014
173 ebd.
174 Denise Martin auf Vulture online, 12. Oktober 2013, www.vulture.com/2013/10/why-the-good-wife-went-after-edward-snowden.html, abgerufen am 14.02.2014
175 ebd.
176 ebd.
177 ebd.
178 Humanistische Union online, 24. Juli 2013, www.humanistische-union.de/nc/aktuelles/presse/pressedetail/back/2012/article/ueberwachungsskandal-hu-statt-grenzenlosem-sicherheitsstreben-mehr-freiheit-schaffen/, abgerufen am 14.02.2014
179 Stern Online, 30. August 2013, www.stern.de/politik/ausland/preis-fuer-edward-snowden-ehrung-in-abwesenheit-2054662.html, abgerufen am 14.02.2014
180 Diarmaid MacCulloch auf The Guardian online, 05. April 2013, www.theguardian.com/commentisfree/belief/2013/apr/05/who-is-the-antichrist-obama-satan, abgerufen am 14.02.2014
181 National Public Radio, 11. September 2013, www.npr.org/2013/09/11/221359323/reporter-had-to-decide-if-snowden-leaks-were-the-real-thing, abgerufen am 14.02.2014
182 ebd.

183 ebd.
184 siehe 117
185 Alan Rusbridger auf The Spectator online, 18. Januar 2014, www.spectator.co.uk/features/9116531/alan-rusbridger-edward-snowden-is-no-leftie/, abgerufen am 14.02.2014
186 ebd.
187 ebd.
188 ebd.
189 ebd.
190 Süddeutsche.de, 05. Juli 2013, www.sueddeutsche.de/politik/verweigerte-ueberflugrechte-fuer-morales-bolivien-droht-mit-schliessung-von-us-botschaft-1.1713141, abgerufen am 14.02.2014
191 Evo Morales (Übersetzung von Angelica Ammar) auf Le Monde diplomatique online, 09. August 2013, www.monde-diplomatique.de/pm/2013/08/09.mondeText.artikel,a0012.idx,3, abgerufen am 14.02.2014
192 ebd.
193 ebd.
194 Zeit Online, 16. August 2013, www.zeit.de/politik/deutschland/2013-08/friedrich-nsa-affaere, abgerufen am 14.02.2014
195 Jacob Appelbaum, Holger Stark, Marcel Rosenbach und Jörg Schindler auf Spiegel Online, 23.Oktober 2013, www.spiegel.de/politik/deutschland/nsa-merkel-beschwert-sich-bei-obama-a-929636.html, abgerufen am 14.02.2014
196 Patrick Beuth auf Zeit Online, 25. Oktober 2013, www.zeit.de/digital/datenschutz/2013-10/bundesregierung-massnahmen-gegen-nsa, abgerufen am 14.02.2014
197 ebd.
198 Michael Backhaus und Kayhan Özgenc auf Bild online, 27. Oktober 2013, www.bild.de/politik/inland/spionage/obama-billigt-lauschangriff-auf-merkel-33140378.bild.html, abgerufen am 14.02.2014
199 Hannah Beitzer und Oliver Klasen auf Süddeutsche Zeitung online, 10. Juni 2013, www.sueddeutsche.de/politik/whistleblower-edward-snowden-allein-gegen-die-supermacht-1.1692537-2, abgerufen am 14.02.2014
200 Jane Mayer auf The New Yorker online, 23. Mai 2011, www.newyorker.com/reporting/2011/05/23/110523fa_fact_mayer?currentPage=all, abgerufen am 14.02.2014
201 Thomas Drake auf The Guardian online, 12. Juni 2013, www.theguardian.com/commentisfree/2013/jun/12/snowden-surveillance-subverting-constitution, abgerufen am 14.02.2014
202 Matthew Harwood auf Salon.com, 07. März 2012, www.salon.com/2012/03/07/nsa_whistle_blower_obama_worse_than_bush/, abgerufen am 14.02.2014
203 Hans-Christian Ströbele auf taz online, 19. Dezember 2010, www.taz.de/1/archiv/digitaz/artikel/?ressort=me&dig=2010/12/20/a0092&cHash=d96a6d29b4, abgerufen am 14.02.2014
204 Veit Medick auf Spiegel Online, 01. November 2013, www.spiegel.de/politik/deutschland/nsa-stroebele-spricht-ueber-details-von-treffen-mit-enthueller-snowden-a-931222.html, abgerufen am 14.02.2014
205 Arne Meyer auf Tagesschau.de, 01. November 2013, www.tagesschau.de/ausland/snowden274.html, abgerufen am 14.02.2014
206 ebd.
207 Benjamin Bidder auf Spiegel Online, 06. November 2013, www.spiegel.

de/politik/ausland/russland-putin-profitiert-von-den-snowden-enthuellungen-a-931964.html, abgerufen am 14.02.2014
208 RIA Novosti, 19. Dezember 2013, http://de.ria.ru/politics/20131219/267505444.html, abgerufen am 14.02.2014
209 ebd.
210 ebd.
211 ebd.
212 Frank Patalong auf Spiegel online, 06. Dezember 2011, www.spiegel.de/politik/deutschland/kampf-gegen-neonazis-friedrich-will-internet-strenger-ueberwachen-a-802135.html, abgerufen am 14.02.2014
213 ebd.
214 Sophie Albers auf Stern online, 03. April 2011, www.stern.de/politik/deutschland/innenminister-hans-peter-friedrich-der-hooligan-der-aus-dem-nichts-kam-1670248.html, abgerufen am 14.02.2014
215 Christian Bommarius auf Frankfurter Rundschau online, 28. Juni 2013, www.fr-online.de/meinung/leitartikel-zu-geheimdiensten-weltherrschaft-der-spitzel,1472602,23541328.html, abgerufen am 14.02.2014
216 FAZ online, 14. Juli 2013, www.faz.net/aktuell/politik/inland/nsa-aktivitaeten-in-deutschland-berlin-weiter-ohne-eigene-erkenntnisse-12282189.html, abgerufen am 14.02.2014
217 Süddeutsche Zeitung online, 15. Juli 2013, www.sueddeutsche.de/politik/geheimdiensterkenntnisse-durch-prism-anschlagsplaene-die-keine-waren-1.1721889, abgerufen am 14.02.2014
218 ebd.
219 Münchner Merkur online, 13. Januar 2014, www.bmelv.de/SharedDocs/Interviews/2014/2014-01-13-FR-MuenchnerMerkur.html, abgerufen am 14.02.2014
220 ebd.
221 Laura Smith-Spark auf BBC News online, 23. März 2005, http://news.bbc.co.uk/2/hi/europe/4102367.stm, abgerufen am 14.02.2014
222 Handelsblatt online, 05. Juli 2013, www.handelsblatt.com/politik/international/nsa-enthuellungen-rueckschlag-fuer-snowden-keine-islaendische-staatsbuergerschaft/8457848.html, abgerufen am 14.02.2014
223 Peter Müller auf Spiegel online, 01. Oktober 2011, www.spiegel.de/politik/deutschland/druck-auf-abweichler-euro-rettung-vergiftet-klima-in-der-union-a-789501.html, abgerufen am 14.02.2014
224 Christian Tretbar auf Zeit online, 22. Juli 2013, www.zeit.de/politik/deutschland/2013-07/nsa-pofalla-geheimdienste-kontrollgremium, abgerufen am 14.02.2014
225 Die Welt online, 12. August 2013, www.welt.de/politik/deutschland/article118949176/Pofalla-erklaert-NSA-Affaere-fuer-beendet.html, abgerufen am 14.02.2014
226 The New York Times online, 02. Januar 2014, www.nytimes.com/2014/01/02/opinion/edward-snowden-whistle-blower.html?_r=0, abgerufen am 14.02.2014
227 ebd.
228 ebd.
229 Ansgar Graw auf Berliner Morgenpost online, 17. Dezember 2013, www.genios.de/presse-archiv/artikel/BMP/20131217/nsa-diskutiert-ueber-amnestie-fuer-/123869106.html, abgerufen am 14.02.2014
230 Courtney Subramanian auf Time Swampland online, 23. Dezember 2013, http://swampland.time.com/2013/12/23/obama-adviser-edward-snowden-doesnt-deserve-

amnesty/, abgerufen am 14.02.2014
231 Spiegel Online, 26. Januar 2014, www.spiegel.de/netzwelt/netzpolitik/nsa-affaere-snowden-hat-angst-getoetet-zu-werden-a-945619.html, abgerufen am 14.02.2014
232 Shrug auf Yahoo Answers, Juli 2013, http://answers.yahoo.com/question/index?qid=20130709221944AAaX8Px, abgerufen am 14.02.2014
233 Saskia Hödl auf taz online, 24. Januar 2014, www.taz.de/!131629/, abgerufen am 14.02.2014
234 ebd.
235 ebd.
236 Matthias Kremp auf Spiegel Online, 23. Januar 2014, www.spiegel.de/netzwelt/netzpolitik/chat-mit-edward-snowden-nicht-jede-spionage-ist-boese-a-945266.html, abgerufen am 14.02.2014
237 Aaron Blake auf Washington Post online, 17. Juni 2013, www.washingtonpost.com/blogs/the-fix/wp/2013/06/17/the-pr-battle-over-edward-snowden-in-two-polls/, abgerufen am 14.02.2014
238 United States District Court For The District Of Columbia, 16. Dezember 2013, https://ecf.dcd.uscourts.gov/cgi-bin/show_public_doc?2013cv0851-48, abgerufen am 14.02.2014
239 Josh Gerstein auf Politico online, 16. Dezember 2013, www.politico.com/story/2013/12/national-security-agency-phones-judge-101203.html, abgerufen am 14.02.2014
240 Ludwig Greven auf Zeit online, 08. November 2013, www.zeit.de/politik/deutschland/2013-11/snowden-obama-antiamerikanismus, abgerufen am 14.02.2014
241 ebd.
242 ebd.
243 Amanda Terkel auf The Huffington Post online, 10. Juni 2013, www.huffingtonpost.com/2013/06/10/edward-snowden-ron-paul_n_3414992.html, abgerufen am 17.02.2014
244 Rt.com, 23. August 2013, http://rt.com/usa/larry-king-ron-paul-875/, abgerufen am 17.02.2014
245 Channel 4 News, online, 25. Dezember 2013, www.channel4.com/news/edward-snowden-nsa-gchq-whistleblower-surveillance-spying, abgerufen am 17.02.2014
246 John D. Sutter auf CNN online, 29. Mai 2012, http://edition.cnn.com/2012/05/29/tech/web/internet-defense-league/, abgerufen am 17.02.2014
247 Institute of Hazard, Risk and Resilience Blog, 10. Januar 2014, http://ihrrblog.org/2014/01/10/the-cold-after-the-summer-of-snowden/, abgerufen am 17.02.2014
248 Dirk Hauptkapp auf WAZ online, 04. Juli 2013, www.derwesten.de/politik/usa/ueberwachung-in-den-usa-das-fbi-liest-briefe-mit-id8148256.html, abgerufen am 17.02.2014
249 ebd.
250 Martin Willy auf Stuttgarter Zeitung online, 28. Januar 2014, http://m.stuttgarter-zeitung.de/inhalt.glosse-zu-edward-snowden-snowdens-spur-fuehrt-nach-bietigheim.ccfcd30e-4f37-49c8-9953-0dc9dde2f8a1.html, abgerufen am 17.02.2014
251 ebd.
252 Mark Rice-Oxley, Leila Haddou und Frances Perraudin auf The Guardian online, 09. Dezember 2013, www.theguardian.com/world/2013/dec/09/edward-snowden-voted-guardian-person-of-year-2013, abgerufen am 17.02.2014
253 John Cassidy auf The New Yorker online, 09. Dezember 2013, www.

newyorker.com/online/blogs/johncassidy/2013/12/no-contest-edward-snowden-is-person-of-the-year.html, abgerufen am 17.02.2014
254 siehe 117
255 ebd.
256 Charlie Savage auf The New York Times online, 16. Dezember 2013, www.nytimes.com/2013/12/17/us/politics/federal-judge-rules-against-nsa-phone-data-program.html?_r=0, abgerufen am 25.02.2014
257 Neue Züricher Zeitung online, 11. August 2013, www.nzz.ch/aktuell/international/auslandnachrichten/assange-feiert-snowden-als-sieger-1.18131131, abgerufen am 17.02.2014
258 Peter Winkler auf Neue Züricher Zeitung online, 10. August 2013, www.nzz.ch/aktuell/international/auslandnachrichten/obama-verspricht-mehr-transparenz-1.18130498, abgerufen am 17.02.2014
259 Manager Magazin online, 17. Januar 2014, www.manager-magazin.de/politik/artikel/obama-will-abhoeren-befreundeter-staatschefs-verbieten-a-944175.html, abgerufen am 18.02.2014
260 Seraina Kobler auf Tagesanzeiger online vom 1. November 2013, www.tagesanzeiger.ch/wirtschaft/unternehmen-und-konjunktur/Die-Gewinner-des-SnowdenEffekts/story/11524612, abgerufen am 18.02.2014
261 Asawin Suebsaeng auf Mother Jones online, 12. Juni 2013, www.motherjones.com/mojo/2013/06/university-maryland-edward-snowden-nsa, abgerufen am 18.02.2014
262 Frankfurter Rundschau online, 27. Januar 2014, www.fr-online.de/datenschutz/angry-birds-nsa-zapft--angry-birds--an,1472644,26012600.html, abgerufen am 18.02.2014
263 Felix von Leitner auf FAZ online, 13. September 2013, www.faz.net/aktuell/feuilleton/debatten/ueberwachung/star-trek-und-die-nsa-datenmissbrauch-nicht-mit-captain-kirk-12571024.html, abgerufen am 18.02.2014
264 drlje auf Researched Facts online, 09. September 2013, http://researchedfacts.wordpress.com/2013/09/09/edward-snowden-the-embodiment-of-star-trek/, abgerufen am 18.02.2014
265 Spiegel Online, 04. Februar 2014, www.spiegel.de/netzwelt/netzpolitik/kanzler-handy-nsa-hoerte-auch-gerhard-schroeders-mobiltelefon-ab-a-950996.html, abgerufen am 18.02.2014
266 Spiegel Online, 21. September 2001, www.spiegel.de/politik/ausland/bush-vor-dem-kongress-wer-nicht-fuer-uns-ist-ist-gegen-uns-a-158495.html, abgerufen am 18.02.2014
267 Spiegel Online, 04. November 2013, www.spiegel.de/spiegel/print/d-119402652.html, abgerufen am 18.02.2014
268 Stephen Mattson auf Redletterchristians.org, 28. Juni 2013, www.redletterchristians.org/should-christians-support-edward-snowden-bradley-manning-and-julian-assange/, abgerufen am 18.02.2014
269 Ewen MacAskill auf The Guardian online, 09. Juni 2013, www.theguardian.com/world/2013/jun/09/nsa-whistleblower-edward-snowden-why, abgerufen am 18.02.2014
270 RIA Novosti online, 18. September 2013, http://de.ria.ru/security_and_military/20130918/266897991.html, abgerufen am 18.02.2014
271 Bild online, 04. November 2013, www.bild.de/politik/ausland/edward-

snowden/der-nsa-whistleblower-als-phantom-von-moskau-33254922.bild.html, abgerufen am 18.02.2014
272 CBC News online, 11. September 2008, www.cbc.ca/news/canada/quebec-man-changes-name-to-dodge-relentless-airport-screening-1.709967, abgerufen am 18.02.2014
273 Steven Geyer und Jonas Rest auf Berliner Zeitung online, 31. Januar 2014, www.berliner-zeitung.de/spionage-skandal/us-geheimdienste-und-snowden-die-nsa-und-wir--,23568638,26056052.html, abgerufen am 18.02.2014
274 ebd.
275 ebd.
276 Wikipedia.de, http://de.wikipedia.org/wiki/John_Kornblum, abgerufen am 18.02.2014
277 Josef Seitz auf Focus online, 27. Januar 2014, www.focus.de/fotos/nach-sechs-monaten-vorbereitungszeit-ist-es-ndr-autor-hubert-seipel-gelungen-das-weltweit-erste-fernsehinterview-mit-edward-snowden-nach-dessen-flucht-aus-hongkong-zu-fuehren-das-erste-sendet-am-sonntag-26-januar-um-23-05-uhr-eine-30-minuten-fassung-das-laengere-gespraech-ist-im-rahmen-einer-ndr-dokumentation-entstanden-die-das-erste-im-fruehjahr-zeigen-wird-bereits-um-21-45-uhr-am-sonntag-beschaeftigt-sich-auch-guenther-jauch-mit-dem-thema-und-zeigt-erste-ausschnitte-aus-dem-exklusivinterview_id_3570086.html, abgerufen am 18.02.2014
278 RIA Novosti, 19. Dezember 2013, http://de.ria.ru/politics/20131219/267505444.html, abgerufen am 18.02.2014
279 Ruben Karschnik auf Zeit online, 19. November 2013, www.zeit.de/studium/hochschule/2013-11/edward-snowden-ehrendoktor-kommentar, abgerufen am 18.02.2014
280 Taz online, 22. Januar 2014, www.taz.de/1/archiv/digitaz/artikel/?ressort=tz&dig=2014%2F01%2F22%2Fa0123&cHash=d56adc2ceb8f3cd430034c9e75edc86a, abgerufen am 18.02.2014
281 ebd.

DER AUTOR

Marc Halupczok – Jahrgang 1975, lebt und arbeitet seit vielen Jahren als Journalist und Buchautor in Braunschweig. Neben politischen und historischen Themen schreibt er über Musik (Fachgebiet Heavy Metal), verfasste mehrere Biografien über Musiker und Schauspieler und veröffentlicht unter dem Pseudonym Till Burgwächter satirische Glossen zu verschiedenen Themen. Pro Jahr absolviert er 50 Lesungen und mehr. Und nein, er möchte nicht nach Berlin ziehen!

Marc Halupczok
111 GRÜNDE, EDWARD SNOWDEN ZU UNTERSTÜTZEN
Eine Hommage an den wichtigsten Whistleblower der Welt
ISBN 978-3-86265-376-8 // 3/14

Bilder: S. 9 © tonda/www.thinkstock.com, S. 85 © MAI/www.splashnews.com, S. 107 © Qpic-Images/www.thinkstock.com, S. 127 © Server room/www.thinkstock.com | Alle Icons im Innenteil: © Pavel Konovalov/www.thinkstock.com | Lektorat: Svenja Conrad

KATALOG
Wir senden Ihnen gern kostenlos unseren Katalog.
Schwarzkopf & Schwarzkopf Verlag GmbH
Kastanienallee 32, 10435 Berlin
Telefon: 030 – 44 33 63 00 – Fax: 030 – 44 33 63 044

INTERNET | E-MAIL
www.schwarzkopf-schwarzkopf.de
info@schwarzkopf-schwarzkopf.de